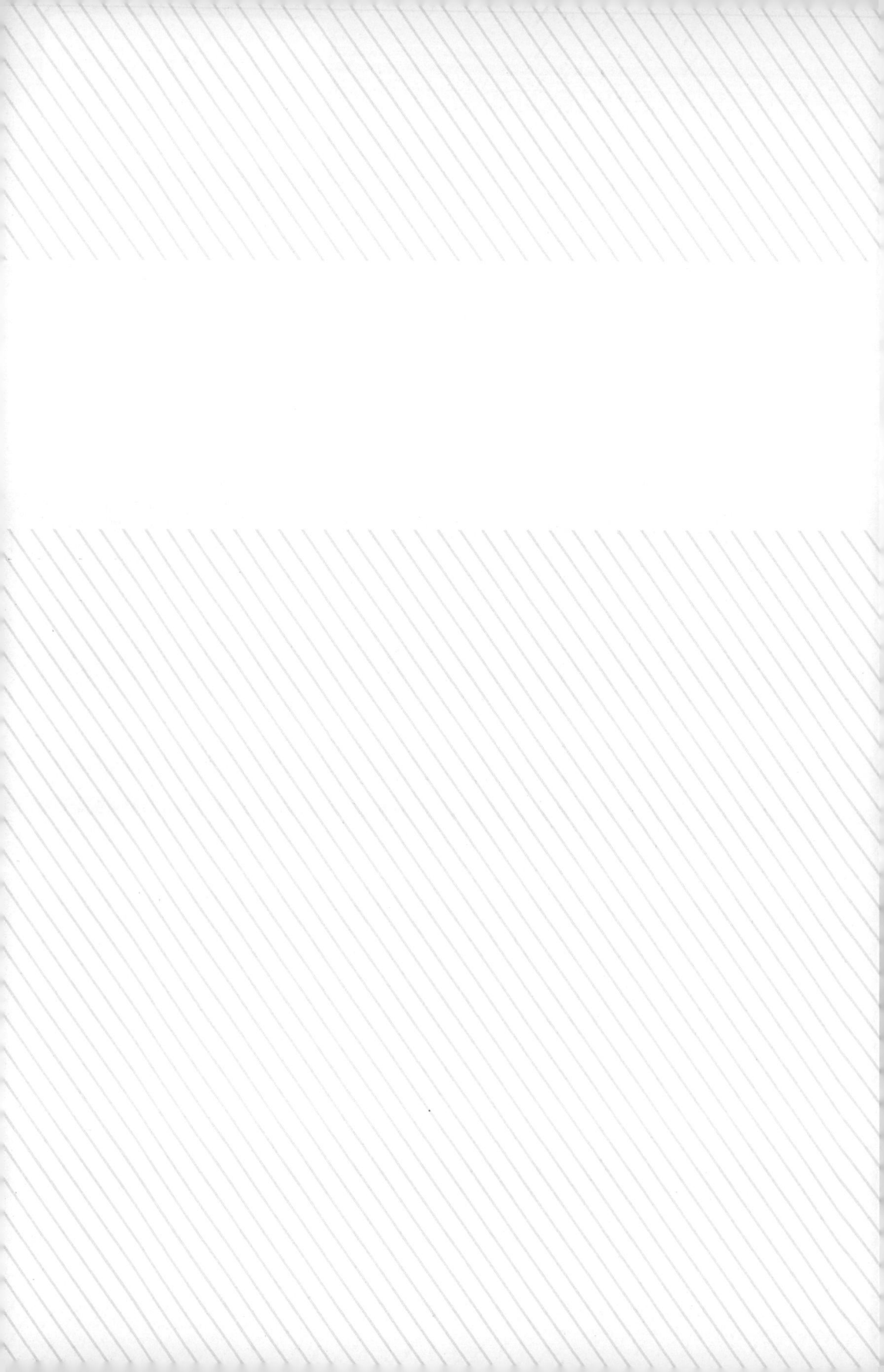

青年政治学概论

INTRODUCTION TO YOUTH POLITICS

海泽龙　著

天津出版传媒集团

天津人民出版社

图书在版编目（ＣＩＰ）数据

青年政治学概论 / 海泽龙著. -- 天津：天津人民
出版社, 2022.6
经典教材教参系列
ISBN 978-7-201-18448-7

Ⅰ.①青… Ⅱ.①海… Ⅲ.①政治学—高等学校—教
材 Ⅳ.①D0

中国版本图书馆 CIP 数据核字(2022)第 090614 号

青年政治学概论
QINGNIAN ZHENGZHIXUE GAILUN

出　　版	天津人民出版社
出 版 人	刘　庆
地　　址	天津市和平区西康路35号康岳大厦
邮政编码	300051
邮购电话	（022）23332469
电子信箱	reader@tjrmcbs.com
责任编辑	武建臣
封面设计	明轩文化·王　烨
印　　刷	天津新华印务有限公司
经　　销	新华书店
开　　本	710毫米×1000毫米 1/16
印　　张	19
插　　页	2
字　　数	249千字
版次印次	2022年6月第1版　2022年6月第1次印刷
定　　价	58.00元

序言一

作为一门历史悠久的学科,政治学本身与现实政治的关系最为密切。

政治学与其他社会科学一样,既要研究事物发展的客观规律,也要为社会实践服务,古今中外,概莫能外。政治学及国际政治学的理论与实践、教学与科研,也随着世界各国经济社会条件及政治形势的不断发展而日益充实和发展。21世纪以来,随着互联网的快速普及与智能手机的大范围使用,作为现实社会重要的组成部分,以及未来社会各项建设的生力军、主力军,青年民众对世界各国经济社会与政治发展的作用日益凸显。

在"国际政治国内化""国内政治国际化"双向互动、时常"共振",其消极作用与积极作用并存的背景下,以青年为主体的各类"颜色革命"及社会运动深刻影响着部分国家和地区的安全与稳定。青年的此类特殊政治作用,也为政治学研究及国际政治学研究提供了更为丰富的研究主题与研究素材。

"创新是哲学社会科学发展的永恒主题,也是社会发展、实践深化、历史前进对哲学社会科学的必然要求。"在东升西降的背景下,中华民族的伟大复兴进程突飞猛进。对中国政治学界及国际政治学界而言,面对"李约瑟之问",中国综合实力的日益提升呼唤中国学界,在包括政治学与国际政治学研究在内的诸多领域主动发挥更大的作用,从"中国制造"向"中国创造"稳步迈进,推动中国社会科学研究,尤其是中国政治学理论研究不断创新,以积极应对"百年未有之大变局"带来的挑战,助力民族复兴的历史进程。

从某种意义而言,理论创新的过程就是发现问题、筛选问题、研究问题、解决问题的过程。对此,作为"加快构建中国特色哲学社会科学体系"的有益探索和创新尝试,基于不同国家和地区青年民众特殊政治影响的青年政治学,正在逐步纳入政治学及国际政治学的研究范畴,也逐步纳入各地高校政治学与国际政治学教学范畴。

北京大学在中国近代政治学科发展史上，具有创始地位和引领作用。作为中国现代政治学发源地，北京大学（前身为 1898 年建立的京师大学堂，1912 年改为现名）在 1899 年即设立"政治科"，开启了中国高校政治学学科的先河。后续，北京大学最早成立政治学系，开设政治学课程，北京大学的政治学者还编写了中国第一本专业的政治学教材，培养了中国第一批政治学本科生和博士生。在"211 工程"和"985 工程"的支持下，北京大学进入了一个新的历史发展阶段，在学科建设、人才培养、师资队伍建设、教学与科研等各方面都取得了显著成绩，为将北京大学建设成为世界一流大学奠定了坚实基础。在此背景下，秉承实事求是、理论联系实际，胸怀"国之大者"，坚持政治学与国际政治学研究的科学性、严谨性、系统性，"博学之，审问之，慎思之，明辨之，笃行之"，包括北京大学在内的中国学者在政治学与国际政治学的教学与科研领域也出版了不少广受好评的优秀学术成果，推动了中国政治学与国际政治学的不断发展。2019 年 9 月，北京大学国际关系学院和政府管理学院还联袂举办了"开启、转换、传承与创新——纪念北京大学政治学120 周年研讨会"。可以说，北京大学政治学的发展，见证了近现代中国的革命、建设、发展等不同的历史阶段，始终与国家和民族的命运紧密相连。

这本教材的出版不仅增添了一本政治学与国际政治学的学术作品，增加了一门政治学及国际政治学专业或不同年级、不同专业公共选修的高校课程，而且使高校教师和学生多了一个日常学习与专业研究的阅读选择、审视各类政治发展问题的视角。基于此，这本教材可以称得上是一个政治学及国际政治学在教学与研究领域的"首创"抑或"奠基"之举。更为重要的是，它将引发更多的有关政治学与国际政治学教学与科研、理论与实践的学术争辩和深度思考。在祝贺海泽龙博士所著教材出版的同时，也希望学界对他在这方面的努力给予更多的支持和关注。

特此为序。

贾庆国

2022 年 1 月 15 日于北京大学燕园

序言二

　　21 世纪以来,随着互联网的快速普及与智能手机的大范围使用,青年民众对世界各国经济社会发展与政治发展的作用日益凸显。就这本《青年政治学概论》教材所涉及的青年政治学而言,无论是教育界还是学术界、理论还是实践、历史还是现实、国内还是国外,各界人士尤其是相关政治学者并不陌生——1919 年发生的五四爱国青年运动、1968 年法国青年学生掀起的"五月风暴"、21 世纪以来不同国家和地区发生的以青年民众为主力的社会运动……青年民众对相关国家和地区的政治发展和经济社会发展产生了重要影响,世界各国以及联合国等相关国际组织对青年民众的政治作用也随之日益重视。

　　回溯历史,不难发现,1919 年发生的五四青年爱国运动是因帝国主义在巴黎和会私相授受中国在山东的合法主权利益而起。基于青年民众政治影响的青年政治学也作为山东政治学界的有益探索和创新尝试,自 2017 年 9 月开发建设、2018 年 9 月正式授课,逐步被纳入各地高校政治学教学与研究。在此背景下,基于北京大学硕士、博士八年的严格学术训练,基于其主持开发建设的《青年政治学》课程与《青年政治学:理论与实践》专著,结合所在单位山东青年政治学院的教学、科研需要,因应国内外形势发展,海泽龙博士撰写的《青年政治学概论》教材顺利出版。

　　这本教材尝试在坚持马克思主义政治学基本立场、观点和方法的前提下,延续了专著《青年政治学:理论与实践》的成熟框架与主要结论,并结合高校政治学教学的实际需要进一步调整其体例格式而最终成稿。总体而言,这本教材围绕八个章节展开,即青年政治学导论、青年政治参与、青年政治体系、青年政治心理、青年政治思想、青年政治社会化、青年政治发展、青年政治与世界发展。

"学科体系同教材体系密不可分。学科体系建设上不去，教材体系就上不去;反过来，教材体系上不去，学科体系就没有后劲。"该书的出版不仅仅增添了一本政治学的高校教材，而且使得各界人士尤其是青年学生增加了一项可读性较强、兼具理论与实践功能的阅读选择,也增加了一个审视不同国家和地区各类经济社会及政治发展问题的视角。该书也是山东政治学界的青年学者努力因应民族复兴进程对培养高素质青年政治人才的需要，尝试"抛砖引玉"，贡献"山东智慧"，进而引发省内外、国内外更多的有关政治学教学与科研的学术争辩和深层思考。

政治学本身与现实政治的关系最为密切。秉承"不唯上，不唯书，只唯实"，坚持实事求是、"问题导向"、与时俱进，坚持政治学研究的科学严谨与守正创新，包括各高校和科研院所在内的山东政治学界在政治学教学与科研领域出版了许多质量好、水平高的学术成果,积极扩大山东在全国政治学领域的学术与社会影响力。随着中国综合实力的日益提升、民族复兴进程的深入开展，需要包括山东政治学界在内的全国各领域教学与科研人员、专家学者，不断"抛砖引玉"、守正创新，积极掌握核心话语权，加快构建中国特色哲学社会科学体系，推动中国特色政治学教学与科研不断发展，积极应对中国所面对的"百年未有之大变局"。

是为序。

方　雷

2022 年 2 月于山东大学青岛校区华岗苑

目　录

第一章　导论

第二章　青年政治参与

第三章　青年政治体系

第四章 青年政治心理

第五章 青年政治思想

第六章　青年政治社会化

第七章　青年政治发展

第八章 青年政治与世界发展

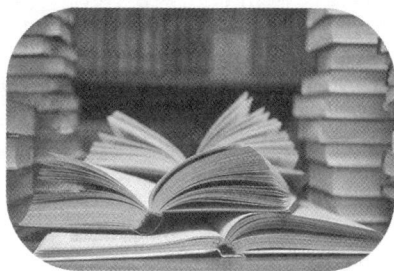

第一章
导　论

本章教学目标：

　　通过本章的学习，使学生识记青年政治学相关概念和基础知识，具备理解青年政治学的性质和特点的能力，累积应用青年政治学相关概念和理论剖析现实社会重大议题的综合素质。

本章教学基本要求：

　　了解：青年政治学的相关概念、性质和发展意义；

　　理解：青年政治学的基本分析方法和总体框架；

　　掌握：青年政治学的重要价值和主要研究方法。

第一节　青年政治学的基础概念

一、研究范式的转变

"创新是哲学社会科学发展的永恒主题,也是社会发展、实践深化、历史前进对哲学社会科学的必然要求。"[1]作为专项研究不同国家和地区的青年群体的政治作用、政治诉求,以及这些青年群体围绕国家政权开展的各类社会活动与社会关系总和的新兴学说,青年政治学归属政治学范畴,其自身也在不断成长和完善。遵循"经济基础决定上层建筑"规律,青年政治学的产生与发展同样有其深刻的社会发展背景。

21世纪初,随着信息时代的逐步深入、全球化在世界各地的不断拓展,用来认知不同国家和地区政治发展的研究范式也随之发生深刻转变,政治学与国际政治学研究的新理论、新领域、新方法也不断涌现。如后冷战时代的"历史终结论""文明冲突论"等政治理论或研究视角,简化的范式或地图就学术研究而言必不可少。[2]与此同时,面对"百年未有之大变局",作为国民生产总值仅次于美国的世界大国,中国正在迅速融入世界并深刻影响国际战略格局的演变。中国需要及时、准确地发出自己的声音,减少或消除各类无意与有意的误解,赢得世界各国更多的理解和支持;不同国家和地区的各界民众同样也需要及时、准确地倾听中国、认识中国。

有鉴于此,基于世界政治经济发展与中国特色政治理论的实际需要,逐步推进研究范式的转变与理论体系的创新,成为中国特色哲学社会科学研

---

[1]　习近平:《在哲学社会科学工作座谈会上的讲话》,人民出版社,2016年,第20页。

[2]　参见[美]塞缪尔·亨廷顿:《文明的冲突与世界秩序的重建》(修订版),周琪等译,新华出版社,2017年,第8~9页。

究的重要内容之一，政治学与国际政治学理论及其实践则围绕这些变量不断推陈出新。在这种转变中，按照"立足中国、借鉴国外，挖掘历史、把握当代，关怀人类、面向未来"的思路，青年政治学随着时代的发展而逐步创建、发展并不断充实、完善。

(一)政治学研究范式转变的时代背景

"坚持问题导向是马克思主义的鲜明特点。问题是创新的起点，也是创新的动力源。"[①]较之政治学及国际政治学，青年政治学同样也是为了回答现实生活中不同国家和地区的各界民众提出的诸多政治经济问题应运而生。21 世纪以来，以信息技术为中心的新技术革命成为国际政治领域的重要变化。[②]随着信息化的飞速发展，网络成为不同国家和地区民众日常生活不可或缺的重要组成，世界也因网络和交流交往的日益频繁而成为名副其实的"地球村"。以青年民众为主要用户和受众的网络尤其是智能手机的普及，使得青年群体的喜好爱憎和社会参与、政治参与广泛地渗透到社会发展和政治生活的方方面面。

表 1.1　基于信息网络的各类新型媒体

网络新型媒体类型	国外典型代表	国内典型代表
社交网络	Facebook	抖音、人人网
网络会议	Zoom	腾讯会议
微博	Twitter	新浪微博、腾讯微博
即时通信	MSN	微信、QQ
视频分享	Youtube	优酷网、QQ 视频
电子商务	Amazon	京东网、天猫网
餐饮消费	Yelp	大众点评、饿了么
知识百科	Wikipedia	百度知道、互动百科
知识问答	Answers	知乎、天涯问题
博客	Blogger	新浪博客
音乐 / 图片分享	Flicker	QQ 音乐、美拍

① 习近平：《在哲学社会科学工作座谈会上的讲话》，人民出版社，2016 年，第 14 页。
② 参见王逸舟：《国际政治概论》，北京大学出版社，2016 年，第 7 页。

以微博、微信、抖音以及推特(Twitter)、脸书(Facebook)等社交媒体为代表,不同国家和地区青年群体的各类诉求、关注、好恶,较之以往被互联网迅速放大。互联网这种信息传播新方式所引发的社会变迁,深刻影响着所在社会的各类社会关系、社会结构和政治文化。①作为互联网使用的主力军,青年民众从原本较为孤立的社会个体变为能与其他不同行业、不同地区乃至不同国家的民众密切联系,其个体言行引发的社会各界关注可迅速拓展到前所未有的范围。这种从青年个体到青年群体的力量集聚,其相互联络虽然更多发生在网络虚拟空间,但其"蝴蝶效应"的政治结果往往立竿见影,并影响到现实社会的舆情动向与事态发展,其社会影响与政治作用不可小觑。在现实中,随着"占领华尔街"②等社会运动的发生,从中东(如叙利亚)到西欧(如英国、法国),从美国到南亚(如印度),以青年民众为先锋和主力的各类游行示威、社会运动层出不穷,也引发了一些国家和地区的社会动荡,乃至绵延至今的国际热点事件,对旧有的国际战略格局也形成了冲击。

(二)青年政治学理论与实践的关联

"理论思维的起点决定着理论创新的结果。理论创新只能从问题开始。从某种意义上说,理论创新的过程就是发现问题、筛选问题、研究问题、解决问题的过程。"③作为青年政治学的学科依托,政治学就其理论探索和实践检验方面与自然科学存在诸多重大差异。政治学本身的诸多事实与包括青年民众在内的各界民众的政治思想及政治活动紧密相连,研究工作通常为探究国内社会、国际社会存在的各类政治现象、政治规律的愿望所推动,其研究的事实是从事各类政治活动的各界民众以特定的方式、对特定的条件所做出的各类反应——这种反应所展现的"事实"或"结论"往往受主观认知与主观意愿影响,带有一定的主观色彩,可能一开始就已经存在于研究者的各类政治认知之中——如"历史终结论""文明冲突论""大国政治的悲剧"等,而且能影响到其他国家与地区民众的言行。

---

① 参见[美]尼尔·波兹曼:《童年的消逝》,吴燕莛译,广西师范大学出版社,2004年。

② [美]莎拉·范·吉尔德:《占领华尔街:99%对1%的抗争》,朱潮丽译,中国商业出版社,2012年。

③ 习近平:《在哲学社会科学工作座谈会上的讲话》,人民出版社,2016年,第20页。

第一章

表 1.2　中国互联网发展状况部分统计数据[1]

	统计名称	数量	变化（较 2020 年 12 月）
1	网民规模	10.11 亿	增长 2175 万
2	互联网普及率	71.6%	提升 1.2 个百分点
3	手机网民规模	10.07 亿	增长 2092 万
4	使用手机上网比例	99.6%	基本持平
5	农村网民规模	2.97 亿	占网民整体的 29.4%
6	城镇网民规模	7.14 亿	占网民整体的 70.6%
7	网络新闻用户规模	7.60 亿	增长 712 万，占网民整体的 75.2%
8	即时通信用户规模	9.83 亿	增长 218 万，占网民整体的 97.3%
9	网络支付用户规模	8.72 亿	增长 1787 万，占网民整体的 86.3%

在青年政治学依托的政治学学科中，研究者的角色与实践者的角色存在重要区隔。政治理论研究人员甚至可以无视民众意愿、经济社会现实，以及政治发展的客观规律而"闭门造车"，导致其理论研究与具体实践的严重脱节。在政治实践研究中，实践研究者和实践执行者的角色常常会混为一体，政治目标与政治分析之间并不容易分开——实践执行者本身可能就是实践研究者，抑或有了较为丰富的实践经验，进而根据政治实践的现实需要将成功的政治经验与所发现的能够保障政治实践顺畅进行的政治规律总结归纳，逐步推而广之。换言之，理论和实践作为成功的包括青年政治学在内的政治学研究的有机组成，如同"一枚硬币的两面"而相辅相成、密不可分，并且根据政治理论与政治实践的不断深入而逐步充实、完善。

二、学科基础的关联

"观念的东西不外是移入人的头脑并在人的头脑中改造过的物质的东西而已。"[2]作为政治学的分支，在学科基础上依托政治学的青年政治学，同

---

① 《第 48 次中国互联网络发展状况统计报告》(2021 年 9 月)，中国互联网络信息中心，http://www.cnnic.net.cn/hlwfzyj/hlwxzbg/hlwtjbg/202109/P020210915523670981527.pdf，2021 年 10 月 22 日最后查阅。

② 《马克思恩格斯文集》(第五卷)，人民出版社，2009 年，第 22 页。

样不能跳出政治学发展的一般规律。

(一)青年政治学的"政治"关联

　　概念明确是人们进行正常思维、推动正常认知、做出正确判断的基础。对青年政治学而言，界定青年政治学相关基础概念无疑是青年政治学开展各类研究的首要步骤。政治作为人类社会生活的重要内容，长期被不同的学派从不同的角度加以界定和解释。这种"不同"实际也反映出人们基于不同的立场而形成的政治观念的差异。按照是否是马克思主义的观点，青年政治学通常将有关"政治"的界定划分为马克思主义和非马克思主义两大类别。

　　追根溯源，不难发现，"政治"一词作为概念，在人类文明史上发端比较早，自奴隶社会时期即开始出现。

　　在中国，先秦时期的诸多典籍中，即有与政治相关的说法出现。如《尚书·毕命》中有"道洽政治，泽润生民"，《周礼·地官·遂人》中有"掌其政治禁令"，《管子》也有"政治不悔"等论断与观点。然而中国古代的"政治"并非独立术语，"政"与"治"实际是分开的。这些中国古代有关"政治"的说法，虽然与现代政治的意涵有所区隔，但一定程度上反映了在当时的历史与社会环境中，中国各界人士对"政治"的思考，也包含着中国自身经济社会发展的政治特色。

　　在西方政治文明中，"政治"(politics)一词来源古希腊语"Polis"，其字面意涵则是指当时古希腊较为常见的"城邦"或"城市国家"，即当时古希腊时代民众聚居而生活的共同体，尤其是自身的政治体系。"政治"作为术语，在古希腊思想家柏拉图的《理想国》、亚里士多德的《政治学》等早期的西方政治著作中被频繁使用，并随着西方政治文明的发展而不断得到充实与发展。

(二)非马克思主义对"政治"概念的理解

　　综合来说，非马克思主义对政治的相关定义，包括但不限于以下主要观点：

　　其一，认为政治是具有社会规范性质的伦理道德。在中国，长期占据封建社会主要地位的儒家学派,其所主张的"修身、齐家、治国、平天下"①就是儒家对政治理念的阐释,强调通过完善自身、树立榜样而达到令行禁止的效果;所推崇的尧、舜、禹、汤、文、武等,都是具有较高道德水平的贤明君主,能够身体力行、以身作则,施行善政。古希腊的柏拉图也认为,政治的本质问题是"正义",正义和智慧、勇敢、节制作为美德,成为其主张的"理想国"的主要特质;②同时期的亚里士多德也持同样观点,认为政治等同于"最高和最广的善"③。

其二,认为政治是对权力的追求及其运用。对此,中国古代的法家主张"政治"就是法、术、势,即政治权力的获取、保持和运用,并主张用严刑峻法而非伦理道德来管理国家和民众。④欧洲文艺复兴时期的意大利思想家马基雅维利,也认为政治的手段就是玩弄权术,君王在统治之时要以实力原则,不择手段去达到自己的目的。其后的不少西方思想家的权力政治观中,美国现实主义学者汉斯·摩根索的观点最为鲜明,其声称国际政治与国内政治本质上都是争夺权力的斗争。⑤马克斯·韦伯则认为"政治"就是指力求分享权力或力求影响权力的分配。⑥

其三,认为政治是管理各类公众事务的活动。中国民主革命的先行者孙中山认为,政治就是公权力管理众人的事务,即以"管理"而非"统治"界定政治,称"政治两字的意思,浅而言之,政就是众人的事,治就是管理,管理众人的事,便是政治"⑦。西方一些政治家也认为,政治是在共同体中并为共同体的利益而做出决策和将其付诸实践的活动。⑧

① 参见《礼记·大学》。

② 参见[古希腊]柏拉图:《理想国》,郭斌和、张竹明译,商务印书馆,2017年。

③ [古希腊]亚里士多德:《政治学》,吴寿彭译,商务印书馆,2017年。

④ 参见《韩非子·外诸说左上》。

⑤ 参见[美]汉斯·摩根索、肯尼思·汤普森、戴维·克林顿修订:《国家间政治——权力斗争与和平》,徐昕、郝望、李保平译,王缉思校,北京大学出版社,2005年。

⑥ 参见[美]艾伦·C.艾萨克:《政治学:范围与方法》,郑永年等译,浙江人民出版社,1987年,第21页。

⑦ 《孙中山选集》(下),人民出版社,1981年,第661页。

⑧ 参见《布莱克维尔政治学百科全书》,中国政法大学出版社,1992年,第583页。

其四,认为政治是一种超自然或超社会的力量体现。无论是东方还是西方,"君权神授"的思想在古代长期占据统治地位。在中国,统治者被视为"上天之子"而被称为"天子";历代的皇帝,也从其出生、仪容、事迹、服饰、宫殿等强化其带有神秘主义色彩的权力基础,所谓"天命""奉天承运"等神权观点成为中国封建社会强化王朝统治重要的合法性依据,"普天之下,莫非王土;率土之滨,莫非王臣"①。西方也有所谓"朕即国家""君权神授"等观点。

(三)马克思主义对"政治"概念的阐释

马克思主义经典作家有关"政治"的论述有很多。综合来说,这些相关的对"政治"的定义主要包括:

其一,认为政治是建立在一定经济基础上的"上层建筑"。作为"上层建筑",政治是经济的集中体现。其中,经济基础是指与生产力发展阶段相适应的生产关系;"上层建筑"是指相关的政治法律制度、组织和设施等事物,以及相应的历史形态。政治则是整个"上层建筑"的重要组成,主要包括:政治法律制度、以国家政权机构为主体的各类政治组织形态和设施,以及与之相关的意识形态等。作为"上层建筑"的政治与作为经济基础的经济之间存在互动关系——政治以经济为基础,其性质和状况由经济基础的性质和状况所决定;同时,政治对经济还具有能动的反作用,可以促进经济或者阻碍经济的发展。

其二,认为政治是一种公共性质的社会关系。马克思主义认为,"人们的政治关系同人们在其中相处的一切关系一样也是社会的、公共的关系"②。这实际意味着人类社会是人与人之间各类关系的总和。在现实社会生活中,不同国家和地区人与人之间的社会关系包括但不限于:经济、政治、文化、家庭、民族、种族、地域等诸多错综复杂的社会联系。这些社会关系基于社会发展和人们彼此之间的交流交往而具有公共性质,这种具有公共性质的社会关系最终形成了政治。

---

① 《诗经·小雅·谷风之什·北山》。
② 《马克思恩格斯全集》(第4卷),人民出版社,1958年,第334页。

其三,认为政治的"根本问题"是国家政权问题。马克思主义认为,国家政权问题是"全部政治的基本问题、根本问题"①。国家政权问题的范围十分广泛,一般可以划分为两个大类,一类是国家政权本身的诸多问题,包括:国家的性质、政权的职能,以及国家权力结构与管理形式等;另一类则是通过国家政权实现对社会生活各个方面、各个领域、各个层级的诸多管理。这类管理,如果按照所属领域进行划分,则可包括政治、军事、经济、外交、公共安全与国家安全、社会保障等不同的领域;如果按照所属级别进行划分,则包括中央与地方等不同级别的事务管理。

其四,认为政治是有自身运行和发展规律的社会现象。马克思主义认为,政治现象和其他社会现象一样,其在本质上是一种社会矛盾运动,从产生、发展、变化乃至最终的消逝,都遵循着一定因果关联的规律性,有其自身的各类客观内容,因此,"政治是一门科学"②。这种政治现象错综复杂而又不断地发展变化,具有不以人的意志为转移的客观规律性。

三、政治内涵的界定

鉴于政治本身的错综复杂,直至目前,对"政治"一词的定义可谓五花八门、纷繁复杂,政治学界对"政治"的含义仍未形成相对统一的见解,"仁者见仁,智者见智"。这也与政治本身的复杂性、多样性等特性密切相关。

(一)青年政治学对"政治"界定的两难困境

在非马克思主义对"政治"的定义及马克思主义对"政治"定义的基础上,考虑到青年政治与青年政治学研究的实际需要,需要有更为清晰和明确的"政治"定义,兼顾不同的领域与跨度。

其一,"政治"概念作为"上层建筑"的重要组成,涉及的种类繁多。就种类而言,作为"上层建筑"的重要组成部分,"政治"所涉及的各类政治现象以

① 《列宁全集》(第37卷),人民出版社,2017年,第62页。
② 《列宁全集》(第39卷),人民出版社,2017年,第60页。

及所衍生、关联及影响的各类事件、人物、领域等十分庞杂,这主要涉及经济、军事、文化、种族、民族、安全及年龄、性别等。政治的运作与影响的过程或立竿见影,或草蛇灰线,或源远流长。需要指出的是,对于包括一些青年政治人物的评价和认知,在不同的国家和地区,可能会遇到不同的评价,而这种评价因政治立场的不同,有时候会针锋相对、不可调和。

其二,"政治"概念涉及的地区十分广阔。就地区而言,"政治"可以覆盖世界各地。这既包括生产力较为发达的欧美国家(如七国集团),也涉及生产力较为落后的一些亚非拉发展中国家;既涉及中国这样的处于经济社会快速发展阶段、国际影响力巨大的"超大型"国家,也涉及新加坡、马尔代夫、帕劳等国土面积狭小、人口较少而所谓"脆弱性"较大的小国①。"政治"的意涵必然也同时跨越国境,将国内事务和国际事务放到世界范畴予以审视,具有世界政治意味。这就要求研究者自身需要充分注意到国际社会与国内社会的性质区别,二者不仅在行为规范方面有重要不同,而且在其他诸多方面也存在重要差别。

其三,"政治"概念涉及的时间跨度较长。就时间而言,"政治"可以"往事越千年",跨度较长。在国外,可以上溯到古希腊时期,也绵延至当今以网络社会为潮流包括欧美在内的全球化时代;在国内,可以上溯到我国先秦时期的诸侯争霸、合纵连横、远交近攻,历经汉朝、魏晋南北朝、隋唐、宋元、明清等不同时期,也可涉及新时代的经济社会建设与中华民族伟大复兴征程。这些时间跨度需要根据青年政治学的理论与实践而不断从中发掘各类资料、案例,进而通过各类的比较、案例等方法进行分析。

其四,"政治"概念涉及的学派及学说较多。就学派或学说而言,政治学种类繁多的学派,侧重和核心论点也有较大差别,理想主义、现实主义对政治的理解存在重要分歧(包括"性善"还是"性恶"),曾长期争论不休,至今依然未能达成一致。如国际政治学,经过百余年的发展,其自身的流派十分庞杂。

实际上,任何试图厘清"政治"含义的尝试都"必须处理两个重要问题"②:

---

① 参见韦民:《小国与国际关系》,北京大学出版社,2014年,第65页。

② [英]安德鲁·海伍德:《政治学》(第二版),张立鹏译,中国人民大学出版社,2006年,第5页。

第一,"政治"一词在日常语言中使用时往往令人产生诸多联想,容易导致先入为主的诸多成见;第二,即使德高望重的权威学者,对政治的含义也观点不一。因此认为"政治"有多种可以接受或合理的含义,即"政治"本身是一个具有"实质争议"的概念,而这些不同的看法可以视为是对同一概念的不同理解,"横看成岭侧成峰,远近高低各不同"。

(二)青年政治学对"政治"内涵的界定

基于马克思主义有关"政治"概念,参考非马克思主义相关的代表性政治定义,根据青年政治学术研究的侧重点,青年政治学对"政治"的定义界定为:作为建立在一定经济基础上的"上层建筑"的核心部分,政治是不同国家和地区包括青年民众在内的社会成员所代表的各类社会经济利益及其政治诉求的集中体现,是围绕国家政权而开展的各类社会活动和社会关系的总和。在此"政治"定义的基础上,青年政治学展开有关青年政治、青年政治学理论与实践的探讨研究。

青年政治学对于"政治"的定义,有几点需要特别说明。

其一,青年政治学对于"政治"的定义存在有限性。基于学科发展和教学与研究的实际,青年政治学需要从理论上对"政治"进行界定——这既是青年政治学的起点,也是青年政治学的归宿。青年政治学目前在理论空间方面存在着"有限性",即仅只是不同国家和地区政治学研究者的"一家之言",但其并不否认其他学者、学派对"政治"的定义和认知。对"政治"概念本身的博大精深而言,青年政治学的这种定义只是"弱水三千,但取一瓢饮",需要从"政治"概念的深厚底蕴中,汲取与青年政治学相关的理论内容。

其二,青年政治学对于"政治"的定义存在粗浅性。在现实中,即使是对于发展十分成熟、名家辈出、流派众多、社会影响力巨大的国际政治学而言,单就其名称来说,同样存在一些至今久拖未决的争议。①青年政治学对于"政治"概念的界定同样也会存在各类学术争议。基于与不同国家和地区其他学者、学派的横向交流而言,青年政治学并不否认对"政治"定义本身的"粗浅

---

① 参见王逸舟:《西方国际政治学:历史与理论》(第二版),上海人民出版社,2006年,引论。

性"——这与青年政治学作为一门成长进程中的政治学分支,需要直面诸多学者、学派的质疑与批驳,以利于自身的成长与发展密切相关。因此,该定义更多是"抛砖引玉",以期引发学术界更为精确、科学的"政治"界定,而该过程也同样是青年政治学不断建设与发展的过程。

其三,青年政治学对于"政治"的定义存在暂时性。对于"政治"的定义,青年政治学就自身发展阶段(亦即基于纵向发展)而言,还具有"暂时性"。该定义是基于目前青年政治学在不同国家和地区尚处于研究起步或草创阶段的现实,迫切需要有一个相对完备的"政治"概念,作为学科发展的基点,并以之为依托,较为顺畅地开展后续的研究。所谓"合抱之木,生于毫末;九层之台,起于累土;千里之行,始于足下"①。青年政治学必须有自身关于"政治"的定义,其"政治"概念本身势必会随着青年政治现象的新发展和青年政治研究的不断深入而日益充实、调整及修正,青年政治学对于政治定义的探讨与研究也会在不同国家和地区的各类研究中逐渐丰富、充实、完善。

四、"青年"范畴的厘清

与"政治"概念相同,"青年"概念也是不同国家和地区青年政治研究的基础要素和重要前提。"青年"概念"具有确定的含义,不能似是而非,飘忽不定"②。无论是进行科学严谨的青年政治研究,还是开展有针对性的青年政治学学科建设,都需要辨析"青年"的概念,揭示"青年"概念的真实含义,界定"青年"概念的清晰范畴。

(一)不同国家和地区对"青年"范畴的界定

对于"青年"一词,不同国家和地区基于自身社会的文化习俗、生活水平、历史传统等诸多原因,其概念范畴并无统一的、能够让各界形成一致意见的定义,其意义在世界各地因社会不同而存在诸多差异。同时,关于青年

---

① 《老子·第六十四章》。
② 张良驯:《青年学学科设置的制约因素研究》,《中国青年社会科学》,2017年第3期。

的定义还随着"世界各国政治、经济和社会文化情况的波动"而"不断有所改变"。

其一,世界范围内"青年"概念的发展演变。现代意义上的"青年"概念通常认为正式确立于 19 世纪。此前,世界不同的国家和地区对"年轻人"均有各自的称谓。比如俄罗斯语中有关"青年"一词,含义为没有说话权力的人;英语中"青年"一词对应的有多个词语:青年、年轻人、男孩、女孩;日语中的"青年"一词实际就是汉字"青年"。

在历史上,古希腊的亚里士多德在其著作《修辞学》中曾将人的一生划分为三个阶段,即青年、成熟期、老年,并比较和分析了这三个阶段的各自特点。①随着欧洲文艺复兴的浪潮及近代人文主义的兴起,青年及青年群体作为一种打破原有封建等级桎梏、代表正义与热情的新生社会力量得以逐步显现。作为正规学校教育的有力补充,近代青年运动主要强调和推动不同国家和地区青年民众的自由、自治、自立。伴随近代社会的不断发展,青年概念与青年运动也逐步发展。在 19 世纪末、20 世纪初时期的欧洲,曾出现过"青年意大利""青年德国""青年法国""青年波兰"等推动所在国家和地区经济社会发展与政治变革的各类政治组织。特别是 19 世纪欧洲创建"基督教青年会"以来,"青年"一词正式出现并被广泛使用。

其二,"青年"概念在中国的发展演变。在中国,"青年"概念的意义及其界定同样经历了漫长的历史演变。

早在先秦的春秋时期,孔子就按"少""壮""老"把人生分为青年、中年和老年三个不同阶段。②同时,按照孔子对"三十而立""四十不惑""五十知天命"等人生历程的划分,③中国社会常用"而立之年""不惑之年""知天命之年"等指代相应的年龄阶段。

进入封建社会,"青年"作为年龄阶段开始得到承认。④汉代包括《史记》在内的史学、文学里,就有用"少年"一词来涵括对人生青年时期的描述,而

①④　参见李毅红:《青年概念的当代阐释》,《北京行政学院学报》,2007 年第 5 期。

②　参见《论语·季氏》。

③　参见《论语·为政》。

"青年"概念最早正式出现在唐代中期。在隋唐以后的文献中,"青年"概念开始出现在诗文中,到了宋元时代该概念已被相当普遍地使用。中国古语中的"青年""后生"及"郎"等词汇,通常指比较年轻或年幼的成年人,其上限与壮年、老年相对,其下限与儿童相对。例如周瑜在《三国演义》(元末明初)中常被称为"周郎",宋代苏轼也曾在其诗词中提及"三国周郎赤壁"。另外,"青年"也有"后生""年轻人"等不同说法。限于词语使用习惯和"青年"作为正式的术语使用相对较晚,"少年"一词时常被用于指代"青年",如"莫等闲,白了少年头,空悲切"。

鸦片战争后,面对列强环伺、国家时刻有被瓜分豆剖的风险,包括青年知识分子在内的各界仁人志士努力探索着救亡图存、富国强兵之路。当时"青年""少年"的概念大体上处于混同状态。该时期最为知名的描述"青年"政治作用的文章,一般认为是梁启超的《少年中国说》。

俄国十月革命一声炮响,给中国送来了马克思列宁主义。1919年,以爱国主义为核心的五四运动爆发,青年民众作为朝气蓬勃、爱国、进步的社会力量广为各界民众所认知、认可,"青年"一词在中国逐渐被广泛使用。为了纪念五四青年爱国运动,后来还设立"五四青年节"。社会各界也随之日益关注青年民众在社会进步、政治发展中的重要作用。

其三,"青年"概念界定标准是年龄。就"青年"概念界定而言,其本质属性是年龄。正是有了年龄的不同,人生可被划分为幼年、少年、青年、中年、老年等不同阶段,这也符合不同国家和地区各界民众的生活常识。把青年概念化成"一个与年龄相关的过程是最有用的"[1],生理年龄成为学界和社会民众辨别"青年"的主要标准。同时,作为一种简单易行的划分方式,依据出生年月从年龄方面对"青年"概念进行界定,也是国际社会的普遍做法。尽管不同国家和地区及国际组织对青年的年龄没有统一标准,但"年龄都是界定青年的最关键因素"[2]。实际上,自20世纪90年代以来,国际社会越来越倾向于从年龄方面对"青年"进行界定。

---

[1] [澳]Johanna Wyn & Rob White:《青年的概念》,纪秋发编译,《中国青年研究》,2008年第6期。
[2] 李培林等:《当代中国民生》,社会科学文献出版社,2010年,第273页。

在现实中，把"青年"概念作为一个与年龄相关的术语不单其标准明显、统一，而且其实施过程简单易行且最为现实。不同国家和地区的社会中属于青年的个体，其生理年龄成为学界和社会大众分辨青年的主要标准。联合国虽然将青年的年龄界定为15~24岁，但同时也指出：除了统计定义之外，"青年"一词的含义在全世界不同的社会中存在诸多差异，"青年"定义随政治、经济和社会文化环境的变换一直在变化。

（二）青年政治学对"青年"概念的界定

青年民众既是不同国家和地区经济社会发展的主要人力资源，又是这些国家和地区各类社会变革、经济发展和技术革新的主要推动者。这些青年民众的想象力、理想、充沛的精力和憧憬对其所在社会的继续发展至关重要。[①]对此，《青年工作手册》（1982年）对"青年"界定为：青年时期是人生的一个年龄阶段，即从少年到成年的过渡；人的个体（自然属性）和个性（社会属性），在发展中所呈现的身体达到成熟的过程和社会化的过程，就是人生的青年时期。[②]

中国共产主义青年团的团员年龄标准是14~28岁。共青团的章程规定，申请入团的一个条件是"年龄在14周岁以上，28周岁以下"的中国青年。中华全国青年联合会有关青年的年龄标准是18~40岁。"青年"界定一个重要的现实参考标准是2017年发布的《中长期青年发展规划（2016—2025年）》对于年龄的权威划分方法，认定"青年"的"年龄范围是14~35岁"[③]。

---

① 参见《到2000年及其后世界青年行动纲领》（联合国大会1995年12月14日第50/81号决议通过），联合国官网，https://www.un.org/zh/documents/treaty/files/A-RES-50-81.shtml，2021年9月20日最后查阅。

② 参见中国青年出版社编：《青年工作手册》，中国青年出版社，1982年，第1页。

③ 《中共中央国务院印发〈中长期青年发展规划（2016—2025年）〉》，《人民日报》，2017年4月14日。

表 1.3　部分政治组织或地区的青年年龄区间①

	组织或地区	青年年龄区间
1	联合国	17~24 岁
2	世界卫生组织（WHO）	16~44 岁
3	联合国教科文组织	13~45 岁
4	中国国家统计局	15~34 岁
5	中国共产主义青年团	14~28 岁
6	中华全国青年联合会	18~40 岁
7	中国台港澳地区	10~24 岁

　　不同国家和地区的学界对青年的概念莫衷一是，青年的年龄界限也众说纷纭。心理学界将青年的年龄界定为 14~25 岁（有些是 13~25 岁）；生理学界把青年划定为 14~22 岁；对于青年的年龄下限，社会学界与心理学界和生理学界较为一致，即 14 岁，而上限方面则提升到了 35 岁，甚至出于社会统计的实际需要进一步扩大到 40 岁。随着生活水平的逐步提高和医疗卫生条件的日益改善，世界各国的人均预期寿命也在不断提升，青年的年龄上限也在随之向上延伸。这本质上反映着社会选择的结果，即不同国家和地区的各界民众主观上较为乐意接受青年相关的年龄标准上限的拓展。

　　目前，基于国内外政治学科的发展现状和世界各地经济社会的历史及现实，确实并不存在关于"青年"的明确、统一且广为政治学界一致认可的定义。基于学科发展、教学与研究的实际，参照我国权威部门对"青年"的年龄界定标准，参考世界各国对"青年"划分的较为流行的做法，考虑到经济社会不断发展尤其是人均寿命的逐步延长，考虑到理论、学科发展的未来空间，考虑到青年政治学的学术研究与理论探讨的现实需要，青年政治学将"青年"年龄范畴界定为：14~40 岁。

　　需要说明的是，青年政治学界定的"青年"概念的下限即 14 岁，是参考中国共产主义青年团的年龄下限，也是相对比较集中或接近世界上绝大多数国家和地区有关"青年"年龄划分的下限；"青年"概念的上限是 40 岁，亦即中华全国青年联合会的年龄上限。在一些社会学统计（尤其是西方有关民意测

---

　　①　陈自满、疏仁华：《"识别"与"总括"：试析青年概念的三位一体结构》，《沈阳大学学报》（社会科学版），2012 年第 3 期。

验数据分析)中,31~40岁是一个比较重要的统计阈值,亦即存在所谓的"四十不惑"。这也是充分考虑到青年政治学所要涉及的相关国家和地区中,有关欧美地区的年龄统计与划分情况,以使得相关的统计及核算与国际接轨,并将国内政治和国际政治有效结合,最终不断推动青年政治学自身的建设与发展。

五、理论学科的创建

就文字而言,"青年政治"是"青年"与"政治"的有机组合,"政治"为主,"青年"为辅。基于"青年""政治"的两个概念及不同国家和地区青年政治学教学与研究的实际,同样需要尝试对"青年政治"的概念进行定义,以作为青年政治学研究的起点,也是青年政治学研究的归宿。

(一)"青年政治"概念及其特点

就青年政治学而言,将"青年政治"概念暂时界定为——"青年政治"作为政治的重要组成,是建立在一定经济基础上的上层建筑的有机构成部分,所影响的上层建筑对整个经济基础发挥着特殊作用,是社会成员中占据重要比例的青年群体或青年族群所代表的各种社会经济利益与政治诉求的集中体现,是以青年群体或青年族群为主体,围绕国家政权而展开的各类社会活动和社会关系的总和。

1.青年政治的概念内涵界定

青年政治学有关"青年政治"的概念内涵,有四点需要说明:①因为青年政治所依托的政治,其本身是建立在一定经济基础上的上层建筑的重要部分,而青年政治作为政治的重要组成,故此也顺理成章是上层建筑的有机组成部分。②因为政治作为上层建筑的重要组成会对经济基础发挥重要作用,因此青年政治所依托的上层建筑也对整个经济基础发挥影响,但这种影响在重要性方面可能会和政治整体有区隔,因此其影响是"特殊"的。③鉴于政治集中体现社会相关民众有关社会经济利益和政治诉求,社会成员中占据重要比例的青年群体或青年族群,同样会通过青年政治的方式,将自身所代表的各种社会经济利益和政治诉求予以集中体现。④鉴于政治的核心问题是国家政权问题,因此青年政治就是青年群体或青年族群为主体,为了维护和保障自身相关利益与诉求,以及国家和民众的整体利益与诉求,围绕国家政权而开展的各类社会活动和社会关系的总和。

不难想象,按照青年政治学的年龄界定,作为世界各国现实社会的重要组成,"青年民众""青年群体"或者"青年族群"(14~40岁),虽然在不同的国家和地区人口总量中的比例不尽相同,但通常会占据社会总人口的40%至65%不等。实际上,把青年民众当作一个社会群体来研究,需要有一个先决条件,即需要从属于这个年龄段的青年民众拥有超越其不同国家、不同地区、不同文化等身份背景而具有共同的意识、思想、行为等特征。这些特征需要具备独特性,具有较为清晰的辨识度,易于将青年群体与其他的社会民众所辨别、所区隔。

2."青年政治"概念的主要特点

青年政治的发展同世界和平与发展的时代潮流密不可分。进入网络社会以来,作为网络使用的主力军和占据技术优势的社会族群,依托网络与智能手机的政治动员能力、政治参与能力,青年民众对所在国家和地区的经济发展、社会进步、文化繁荣的作用更为直接、显著,青年政治的作用与意义也随之更加突出。

(1)现实性:青年群体是当代各国社会的重要组成,其所占各地总体人口的比例虽然在不同国家和地区有所区隔,但青年群体对自身的经济社会利益诉求较为强烈,对各国社会发展的影响也不容小觑。参照此前有关发展主题的各类会议的国际文书,为了向各国提供推动和促进青年发展的政策框架及指导方针,联合国制定了《到2000年及其后世界青年行动纲领》并经1995年联合国大会第50/81号决议通过。该决议明确指出:"世界各国的青年不仅是促进发展的主要人力资源,也是社会变革、经济发展和技术创新的关键性动力。""铭记用政策处理青年人难题和潜力的方式问题将影响到当前的社会和经济状况以及后代的福祉和生活。"[①]

(2)综合性:青年群体自身作为现实社会群体的重要成员而对所在社会

---

① 《到2000年及其后世界青年行动纲领》(联合国大会1995年12月14日第50/81号决议通过),联合国官网,https://www.un.org/zh/documents/treaty/files/A-RES-50-81.shtml,2021年10月20日最后查阅。

第
一
章

的政治经济发展发挥重要影响之外，还会涉及其所在社会的各类关系尤其是政治关系。如果考虑到青年群体在社会关系中的所谓衍生或关联，即青年在家庭中对上影响父母及其长辈有关政治议题、政治现象、政治人物、政治知识、价值观念的意见和看法，对下同样也会影响晚辈及下一代的成长。同时，青年民众的政治观点、政治态度、政治言行、价值观念等，也会通过现实中的实际交流与网络中的虚拟交流，影响身边的亲戚、朋友、同事等，以及更多的、更远地方的人，甚至发生所谓"蝴蝶效应"。

(3)潜在性：青年群体同样也是当代各国未来经济社会建设与政治发展的生力军、主力军。目前年龄在 14~40 岁之间的青年群体，其累积的各类政治知识、政治态度、政治思想、政治情感、价值观念等，会随着自身年龄的增长、知识的学习、财富的获得、社会地位的提升及政治经验的丰富、政治能力的增强、政治影响的增大等诸多原因，而逐步成为未来世界各国经济建设、社会进步与政治发展的新生力量乃至主导性力量，其对各国政治发展的作用无疑将大大提升。但应当看到的是，青年政治的这种潜在性，会受到诸多因素的综合作用，其发展演变对社会的影响，有其积极、进步的可能，也有消极、负面的可能。

(二)青年政治学的概念界定

基于"政治""青年""青年政治"的概念，"青年政治学"可界定为：专项研究青年群体的政治作用、政治诉求，以及青年群体围绕国家政权开展的各类社会活动和社会关系总和的学说。这同样是有可能引起争议的开拓创新之举。

1.青年政治学的概念

与青年学[①]相比，作为政治学随时代发展不断细化的产物，青年政治学

---

① 学者已经形成的诸多一致观点包括：第一，青年学是在马克思主义理论指导下的科学；第二，青年学的发展必须吸收其他学科的理论滋养；第三，青年学的研究对象是青年群体；第四，青年学的研究任务是科学认识青年本质，揭示青年发展规律，包括青年身心发展规律、青年与社会互动规律、青年工作规律等。不同的是各自概念的界定和知识体系的构建有着各自的倚重，并不存在本质上的差别。相关青年学的专著参见邹学荣主编：《青年学概论》，高等教育出版社，1992 年；陆建华主编：《青年学辞典》，安徽人民出版社，1990 年；吴广川主编：《青年学辞典》，吉林人民出版社，1989 年；黄志坚主编：《青年学》，中国青年出版社，1988 年。

也是与其他学科不断交叉乃至推陈出新的产物。虽然与其他学科(如文史哲经)相比,甚至与国际政治学相比,青年政治学属于一个发展较晚、目前尚处于创建阶段的政治学理论与学科。较之国际政治学或国际关系学等已经具备众多树根、树干、树枝、树叶的"参天大树",青年政治学只能算需要精心呵护与栽培的"幼苗"。也只有吸收和借鉴其他学科的知识与营养,不断地充实、完善自身的研究内容、研究方法,发展自身的研究力量,青年政治学的这棵"幼苗"才会越来越茁壮。

对青年政治学本身而言,其作为一个独立而完善的学科还需要很长的路要走。青年政治学面临同其他学科发展道路相同的境遇——任何一门学科在其未成"学"(科)之前,总是支离破碎、不成系统的,总是一些感性认识或部分理性知识的杂合,一旦成"学"(科),它就是一个由不同的但相互延伸并连接在一起的具有内在逻辑关系的各个知识单元和理论模块组成的知识系统。[①]

作为政治学的分支和独立的学科,国际关系学(国际政治学)[②]也同样经历了从无到有、逐步发展壮大的漫长历程,其正式诞生是在第一次世界大战后。一般认为,1919 年,英国威尔士大学设立第一个国际关系教席并设置国际关系课程,是国际关系学科正式建立的标志。法国巴黎(1925 年)、德国柏林(1927 年)及瑞士日内瓦(1927 年)先后在本国高校开设国际关系课程。在历经两次世界大战的沉重灾难,国际联盟和联合国等维护世界和平的国际组织的实践,以及美苏两大军事政治集团之间的冷战对峙等检验后,直到 20 世纪 70 年代,国际关系学(国际政治学)才具备学科的轮廓,进而在各国学术界的共同努力下,得以迅速发展,并对国际关系、国际政治的发展以及世界的和平与稳定产生重要影响,日益成为一门"显学"。

较之国际关系学(国际政治学)的发展,青年政治学作为一门正在建设中的新兴学科,除了像其他学科发展过程中要经历较长时间的检验,自身同样也要面对来自学科内部与外部有关研究内容、研究方法、研究对象等诸多质疑与批判。这些质疑与批判的回复与应对过程,实际也是青年政治学的苗

---

① 参见杨天平:《学科概念的沿演与指谓》,《大学教育科学》,2004 年第 1 期。

② 参见邢悦编:《国际关系学入门》(第二版),北京大学出版社,2017 年,第 8 页。

壮成长之路。青年政治学有着不同于其他学科的研究对象，特别注重多领域、跨学科的研究；其探索目标，以处在政治关系（包括国内政治、国际政治）中的青年群体及其地位与作用方式为中心，以政治学、历史学、经济学、社会学、人类学等对民族国家及世界体系的分析为基础，以对各种人文科学、社会科学的研究方法的综合应用为手段，分析变化中、进步中的世界。

2.青年政治学的概念特点

在对"青年政治学"的概念界定中，有几个特点需要说明：

（1）青年政治学专项研究的"青年群体"纵向而言涵盖古今。具体来说，青年政治学所专项研究的对象即"青年群体"或"青年族群"，指的是14~40岁的青年组成的社会群体或者社会族群。在这个青年群体中，基本上既包括初中阶段的青年学生、高中阶段的青年学生、大学本科阶段的青年学生及研究生阶段的青年学生，也包括已经毕业并走向社会的青年工作者（40岁以下）。同时，这个青年群体涵盖但不限于共青团员（14~28岁），且范畴更广（包括29~40岁）。与此同时，就历史的跨度而言，青年政治学所涉及的"青年"及"青年群体"也包括历史上的为国家、为民族做出重要贡献，推进政治发展与历史进程的各类青年或英雄人物的青年时期。

（2）青年政治学专项研究的"青年群体"横向而言囊括中外。具体来说，青年政治学所专项研究的对象即"青年群体"并不限于大陆（或内地）的青年（包括共青团、青联）等，就国内而言同样涵盖属于中国的台湾、香港和澳门；就国外而言包括欧美发达国家、亚非拉发展中国家的青年群体，所谓"失败国家"的青年同样包括在内。可以说青年政治学所要研究的"青年群体"范畴十分广泛，涉及不同地区、不同国家、不同教育水平、不同社会制度与经济制度之下的各类青年民众。与之相应，"青年群体"的政治诉求、社会活动、社会关系、青年政治参与的程度与方式则更为复杂。分析不同国家和地区的青年群体相关的政治行为、政治态度、政治参与等情况，必须充分考虑到这些青年群体所在国家和地区的风土人情。如在印度，青年政治学要研究其青年群体必须面对印度独特的种姓制度。

这实际意味着，青年政治学的研究需要克服不同地区之间、不同国家之间、不同历史文化之间、不同社会习俗之间等的诸多差异，也需要克服不同经济社会制度之间、不同社会发展阶段之间的诸多区别。这是青年政治学各项研究的难点之一,也是青年政治学的闪光点和价值所在之一。这无疑对青年政治学的研究者自身理论素养和实践经验提出了较高的要求。

第二节　青年政治学的发展与研究方法

一、青年政治学的历史

青年政治学作为政治学的新型分支,其诞生和不同国家和地区政治学不断发展与完善的宏观环境密切关联。

(一)青年政治学的学科发展历程

从学科发展的角度来看,鉴于中国古代社会的各类政治理论、政治研究、政治实践与社会伦理研究存在高度的结合,儒家的"修齐治平"①长期占据主要地位,因此中国古代社会并未能形成较为独立、自成体系且逻辑缜密的政治学学科。在此社会环境背景下,以政治学为基础与依托的青年政治学自然无从谈起。这与西方社会形成较为鲜明对比。

1.西方政治学的学科发展历程

通常认为,早在古希腊时期,亚里士多德就创立了政治学,并将政治学初步深入论证,而且与经济学、伦理学等做了较为初步却很重要的区分。在中世纪,西方基督教神学占据了知识界的统治地位,政治学自然也不能幸免。"中世纪把意识形态的其他一切形式——哲学、政治、法学,都合并到神学中,使它们成为神学中的科目。"②文艺复兴以后,随着马基雅维利、霍布斯

---

① "修齐治平"即修身、齐家、治国、平天下。《礼记·大学》:"古之欲明明德于天下者,先治其国;欲治其国者,先齐其家;欲齐其家者,先修其身。"

② 《马克思恩格斯文集》(第四卷),人民出版社,2009年,第310页。

等人的长期努力,政治学得以脱离神学的附庸角色,逐步形成独立的学科。近代以来,政治学一直是法学、经济学、伦理学、历史学、社会学等之外的社会科学中重要的独立学科。第二次世界大战之后,随着各类政治研究的深入与政治学学科自身的蓬勃发展,以及世界各国的各类具体政治实践与不同社会制度的政治发展,政治哲学与政治科学开始相互分化,形成政治学两个密切关联但又各自相对独立、拥有自身逻辑发展规律的重要领域,不断丰富和完善了政治学自身的学科内容。

同时,由于 20 世纪西方政治学随着世界各国政治经济形势的演变而不断繁荣发展,该领域的大师、名家迭出,其流派也异彩纷呈,各类著作近乎汗牛充栋,长期引领着世界各国的政治学发展方向,也为中国政治学界所积极学习、借鉴。就西方政治学的研究而言,如果从"主义"划分,则主要包括行为主义、功能主义、历史主义、新制度主义、后现代主义,如果从领域划分,则主要包括政治哲学、国际政治学(国际关系学)、比较政治学、政治社会学、政治心理学等,其涵盖了理论与实践、经验与规范、静态与动态、制度与文化、宏观与微观、历史与现实、个别与一般、本国与外国等各个研究层面。[1]

2.中国政治学的学科发展历程

较之西方社会,现代意义的中国政治学作为独立学科进入 20 世纪才逐步建立并发展。

1898 年 12 月,京师大学堂(1912 年改名为北京大学)成立;1899 年 9 月,京师大学堂开设政治专门讲堂,这是北京大学政治学科的最早渊源和开端,中国现代政治学的帷幕也从此拉开。作为京师大学堂所开设的八门课程之一,"政治科"成为"大学专门分科"的第一科,[2]并成为中国大学的第一门政治学课程。因此,可以说北京大学是中国现代政治学的发源地。在国内,北京大学最早建立政治学系,最早开设政治学的相关课程,北京大学的政治学人还编写了中国第一本专业的政治学教材,培养了中国第一批政治学本科生和博士生。

---

① 参见[澳]文森特:《政治理论的本质》,罗宇维译,天津人民出版社,2016 年,总序。

② 参见朱有瓛主编:《中国近代学制史料》(第二辑·上册),华东师范大学出版社,1987 年,第 754~755 页。

"作为维新变法的成果,北大政治学在诞生之初就确立了教育强国的宗旨。"①随后,中国各地陆续兴办的各类大学,基于教学和研究的不同需要,纷纷设立政治学系。截至1948年,在当时全国的百余所大学中,已经有40多所大学开设了政治学系,开展政治学的各类专业教学与研究,培养政治学的各类专业人才。在此过程中,基于政治学的各类协会也纷纷成立。1915年,中国社会和政治科学学会成立;1932年9月,中国政治学会成立。

1949年,新中国成立,马克思主义哲学、政治经济学和科学社会主义等成为诠释各类社会政治现实、指导各类政治实践的科学依据,相关学科建设也发生相应变化。随着1952年全国各个高校的院系调整,各高校的政治学系被取消,政治学相关的教学与研究人员则被划分到法学、哲学、历史学、中共党史和科学社会主义等学科领域。与之相应,中国政治学会也被归并到1953年成立的"中国政治法律学会"。

20世纪60年代初,鉴于国内外政治经济形势发展的需要,包括北京大学在内的全国不少大学重新设立了政治学系,主要讲授和研究马列主义。②1964年春,因应加强国际问题研究的现实需要,在周恩来的关怀下,北京大学、复旦大学和中国人民大学分别将政治学系改建成了国际政治系,且三所高校政治学及国际政治的教学与科研各有侧重。

1979年3月,邓小平在一次重要讲话中指出,"我并不认为政治方面已经没有问题需要研究,政治学、法学、社会学以及世界政治的研究,我们过去多年忽视了,现在也需要赶快补课"③。在此背景下,随着改革开放形势的发展与需要,中国政治学开始逐步恢复重建并得到迅速发展。

1980年12月,中国政治学会召开成立(重建)大会。时年80岁高龄的钱端升先生在发言中特别强调政治学研究应提倡"首创精神",要"采取一些新的想法,写出一些新的论著,使得我们的政治学能够在我们前进的道路上对

---

① 《纪念北京大学政治学120年研讨会在京召开》,中国社会科学网,2019年9月30日,http://sub.cssn.cn/dq/bj/201909/t20190930_4979738.shtml,2021年10月22日最后查阅。

② 参见赵宝煦:《中国政治学百年历程》,载《中国政治学年鉴2002》,中国大百科全书出版社,2003年,第3页。

③ 《邓小平文选》(第二卷),人民出版社,2001年,第167页。

第一章

所出现的政治问题做出正确的回答，从而推动我们国家的繁荣昌盛"。①此后，中国社会科学院和各地方的社会科学院相继成立了政治学研究所；同时，北京大学、复旦大学、吉林大学等近20所高校也逐步恢复或建立了政治学系。1984年，中国政治学会正式成为国际政治学会（IPSA）的单位成员，标志着中国政治学作为独立学科，实现了重新与国际学术界的接轨。中国政治学学科建设也随着改革开放的深入而获得快速发展，不断完善着自身的各项建设，并取得可喜成绩。②

20世纪90年代以来，尤其是21世纪以来，随着中国综合实力的进一步增强，基于中国特色的发展道路与政治学学科建设的现实需要，同时也为填补西方政治理论无法完全解释与解决诸多世界政治现实问题的缺憾，一些中国的政治学者提出了政治学（包括国际政治）有关"中国特色"的命题、呼吁与倡议，③其路径与方法多样，包括"双重阅读"。"双重阅读"两个不同阶段的区别在于，第一重阅读的重心仍然受到西方国际关系理论的吸引及其制约，因此相关评论、综述显得十分重要；第二重阅读的重心则已逐步发生偏移，其"质"的部分或者说其内核建构开始从西方理论转移到中国理论。④

2004年12月，国际政治（国际关系）领域的各主要研究单位在上海举行"全国国际关系理论研讨会"，直接以"创建中国理论，构建中国学派"为主题，可以说是尝试创建中国学派的一次标志性会议，也是国内人文社科界"立足本土，超越西学"的一次大胆尝试。⑤实际上，无论是"中国特色"还是"中国学派"，归根到底还是一个"中国化"问题，有学者已经指出："中国特色就是中国化。"⑥在此背景下，因网络时代的到来与智能手机的日益普及，其政治

---

①　燕继荣：《现代政治分析原理》，高等教育出版社，2004年，第Ⅱ页。

②　参见孙关宏、胡雨春、任军锋主编：《政治学概论》，复旦大学出版社，2003年，第42~43页。

③　梁守德教授相关观点包括但不限于：《试论中国国际政治学理论的中国特色》，《国际政治研究》，1994年第1期；《国际政治学在中国：再谈国际政治学理论的"中国特色"》，《国际政治研究》，1997年第1期；《中国国际政治学理论建设的探索》，《世界经济与政治》，2005年第2期。

④　参见李义虎：《地缘政治学——二分论及其超越》，北京大学出版社，2007年，自序。

⑤　参见郭树勇主编：《国际关系：呼唤中国理论——2004·上海·国际关系理论研讨会》，天津人民出版社，2005年。

⑥　梁守德：《中国国际政治学理论建设的探索》，《世界经济与政治》，2005年第2期。

作用日益凸显的各国青年民众也逐步纳入中国政治学者的研究视野。

3.青年政治学的建设与发展

作为迅速发展的政治学的新领域、学科建设的新分支,也作为中国政治学者对政治学学科建设的有益尝试,[①]青年政治学就狭义而言,即"青年政治学"概念本身作为政治术语或研究范式,尚在逐步的建设与发展之中;广义而言,基于长期、深度地对不同国家和地区的各界青年群体的研究,包括对共青团、青少年,以及对青年政治运动、青年政治参与的各类研究,则其发展具有较长的历史。

以五四爱国青年运动为例。1919 年 5 月 4 日,因巴黎和会拒绝中国作为战胜国收回中国山东的合法权益,由北京地区首先发起,爆发了一场以爱国青年学生为先锋和主力,广大群众、市民、工商人士等各界中下阶层共同参与的,通过游行示威、集体请愿、政治集会、罢工罢市、暴力对抗政府等多种形式的爱国运动。作为中国人民彻底的反对帝国主义、封建主义的爱国运动,五四运动向世人展示了爱国民众尤其是爱国青年的巨大力量与青年政治运动的巨大能量,对中国未来的发展产生了重要的积极影响,是研究青年政治运动、青年政治参与的重要案例,也是"青年政治"走入政治学学科建设与学术研究的标志。作为一门学科,青年政治学从创立、发展到成熟,仍然有很长的一段路要走,但这并不意味着青年政治学本身无所作为。

根据青年政治学建设的需要,参照相关政治学发展的资料,以中国视角为出发点,秉承"仁者见仁,智者见智"与"抛砖引玉",将青年政治及青年政治学的发展划分四个时期,主要包括:

(1)青年政治的萌芽期(古代至 1918 年)。在国内,有包括霍去病等青年政治才俊的杰出表现,有"公车上书"等对中国政治发展产生重要影响的青年政治举动;在国外,有一系列青年政治思潮及青年政治行为对各国经济社会发展及政治发展产生影响。总体而言,随着现代意义上"青年"概念的诞生、民族意识及民主意识的日益觉醒,青年政治也逐步萌芽、发展。

---

① 相关讨论参见:秦亚青:《国际关系理论中国学派生成的可能和必然》,《世界经济与政治》,2006年第 3 期;叶自成等:《中华民族复兴的历史根源:华夏主义——华夏体系 500 年的大智慧》,人民出版社,2013 年;阎学通等:《国际安全理论经典导读》,北京大学出版社,2009 年。

第
一
章

（2）青年政治的缓慢成长期（1919 至 1948 年）。以五四爱国青年运动为标志,青年及青年政治的社会作用日益被社会各界所认可,并在此后的历次国内革命战争及抗日战争得以进一步得到强化。与此同时,随着第一次世界大战的结束,鉴于战争造成的惊人的物质财产和生命损失,和平与发展逐步成为包括青年群体或青年族群在内的各国民众的美好期望。第二次世界大战中,作为反法西斯战争的主力,各国青年为之付出了巨大的牺牲。

（3）青年政治的稳步成长期（1949 至 2007 年）。在国内,随着新中国的成立,作为"早上八九点钟的太阳",青年及青年政治日益转入各项经济社会建设与发展中。尤其是改革开放之后,青年作为经济社会发展的主力军、生力军,其自身对求学、工作、生活等方面的需求,也成为经济社会发展的重要推动力。在国外,随着 1949 年两个德国的成立,美苏冷战全面开展,意识形态的对立与军事政治的对峙,导致青年政治本身受到压制,但青年及青年政治更多以社会运动的形式在世界各国产生应有的影响。随着 20 世纪 80 年代末冷战的终结,青年及其青年政治的作用也随着所谓的"第三波"民主运动而日益受到各国重视,同时也对一些国家的经济社会发展形成既有积极又有消极的双重影响。

（4）青年政治的快速发展期（2008 年至今）。2008 年的中国,以青年民众为主力的千万志愿者以其美好鲜活的形象,储存到社会的记忆里,铭刻在公众的心坎上。年初的抗击南方冰雪灾害中有青年志愿者;5 月,四川汶川抗震救灾中有大量青年志愿者奔波的身影及辛劳付出;北京奥运会、残奥会同样有大量青年志愿者的辛勤汗水及热忱奉献。有鉴于此,美国的《纽约时报》评论认为,青年志愿者大军"对全世界发出了中国形象的最强烈信息:年轻、有期望、自豪、爱国"[1]。以四川汶川抗震救灾、北京奥运等重大事件中青年志愿者展示出来的爱国、热忱、负责的青春形象为标志,青年及其青年政治的积极作用为国内各界所认知,甚至也有将 2008 年视为中国的"志愿者元年"[2]。

---

① 《国际志愿者日:回望 2008 年那些可爱的志愿者》,新华网－北京频道,2008 年 12 月 5 日,http://bj.xinhuanet.com/zt/zgzyz/20081205.htm,2021 年 10 月 11 日最后查阅。

② 张萍、杨祖婵:《中国志愿服务事业的发展历程》,《当代中国史研究》,2013 年第 2 期。

尤其是青年志愿者的大范围推广，青年的社会责任与奉献精神对经济社会发展的作用与价值日益得以体现。在国外，随着美国2008年爆发次贷危机及欧洲地区的金融危机，青年群体或者青年族群作为所在国家各社会阶层中受损害比较大的社会群体，因失业、收入下降等诸多现实问题纷纷走上街头，通过游行示威甚至暴力行为发泄自身的不满（包括美国的"占领华尔街"运动），表达自身的利益诉求，展示自身的存在。

其后，随着网络时代的不断深入发展，作为网络使用的主力军及现实社会的重要组成，青年民众通过网络等各种途径，在虚拟空间及现实社会积极拓展着自身的政治影响力，甚至在世界各地引发了若干以青年民众为主力的政治事件，对所在社会的经济发展和社会稳定形成不小的冲击，甚至波及地区和国际局势。由此，青年民众在政治发展和经济社会发展中的作用亦即"青年政治"的价值及作用，也随着时代的发展及国际国内形势的演变而"水涨船高"。目前，虽然青年政治学亟须完善及发展。"其作始也简，其将毕也必巨。"①

二、青年政治学的现实

21世纪以来，随着网络日益成为社会生活中不可或缺的重要组成，世界各国也因网络信息交流和人员交往越来越频密而形成名副其实的"地球村"，"国际政治国内化"与"国内政治国际化"双向互动、互相影响成为重要的政治态势。在此时代背景下，个人在各类政治生活中的重要性也逐步凸显，"尤其是在国际政治里，看上去个人的存在似乎并不重要，实际上国家的行为完全是由那些有复杂情感和理智的人决定的"②。随着智能手机的普及和网络几近无处不在的趋势，作为网络的主要用户和最为活跃的受众，时代的浪潮已经使得青年群体的政治偏好、政治参与乃至喜怒哀乐，广泛而深入地渗透到世界各国经济社会发展和政治生活的方方面面。

① 《庄子·内篇·人间世》。
② 王逸舟：《国际政治概论》，北京大学出版社，2016年，第187页。

(一)网络时代给青年政治学带来的重要契机

进入 21 世纪,以手机、互联网和各种新媒体为代表的信息技术获得飞速发展。与以往历次技术进步浪潮(如蒸汽机革命、铁路的修建或航空航海技术的突破)不同,以信息技术为中心的新一轮技术革命穿透了传统的政府信息垄断屏障,更多惠及不同国家和地区普通民众的跨国交流与信息获取,使得各种既有的管理方式受到较大程度的削弱,传统的治理方式和治理理念受到不同程度的冲击。

图 1.1　网民规模和互联网普及率①

在现实中,借助互联网制造的虚拟世界"无形的手",以微博、微信、QQ及推特、脸书等网络社交媒体为代表,不同国家和地区青年群体的各类诉求、关注、好恶,较之以往被互联网迅速放大。尤其是对西方国家的政治人物而言,面对纷繁复杂的以青年群体为用户主体的信息化社会,借助各种社交媒体、自媒体等网络手段充分展示自身所具备的政治个性与政治魅力,以青年民众喜闻乐见的方式推广宣传自身政治主张,获取广大青年民众支持、扩

---

① 《第 48 次中国互联网络发展状况统计报告》(2021 年 9 月),中国互联网络信息中心,http://www.cnnic.net.cn/hlwfzyj/hlwxzbg/hlwtjbg/202109/P020210915523670981527.pdf,2021 年 10 月 22 日最后查阅。

大自身的社会支持基础进而赢得选举胜利，已经成为一种行之有效的政治竞选方式。青年群体也成为不同国家和地区推动政治发展、维持政治秩序与维护社会稳定不容忽视的重要组成及社会力量。

近年来，随着"占领华尔街"等社会运动的发生，也包括 2020 年"黑人的命也是命"反种族歧视引发的蔓延美国各地的游行示威甚至社会动荡，从中东到欧洲（如乌克兰、英国），从美国到南亚、东亚，以青年群体为先锋和主力的各类游行示威、社会运动、政治运动此起彼伏，也引发了一些国家和地区的政治动荡，乃至若干绵延至今的国际热点事件（如利比亚内战、叙利亚内战），对旧有的国际战略格局也形成了冲击。在此背景下，青年政治与青年政治学也日益受到学术界、政治界及国际社会的关注。

2017 年 9 月，虽然"青年政治学"作为高等学校的专业课程开始规划建设，一定程度上可以算作青年政治学发展历程中具有"里程碑"意味的重要节点，但青年政治学作为政治学的一门正式的学科，其发展现状与应有的地位相比仍然相对滞后，尚处于"幼苗"时期，需要更多的"养分"与"培育"。同样是政治学发展的重要分支，在国际关系学（有时也称国际政治学）自身的发展历程中，高等院校开设相关的课程对于推广和充实学科内容与概念、推动学科建设发展、培养学科专业人才十分必要。这些专业课程本身对于相关学科的基础概念、研究内容、研究方法等的发展，包括引发的专家学者之间的学术争辩，同样对学科自身的发展十分重要。"九层之台，起于累土"。较之国际政治学的创建与发展，"青年政治学"作为高校课程的开设，对青年政治学的学科建设和发展而言，同样具有重要的现实意义。

（二）青年政治学发展的限制因素

回顾青年政治的发展历程，青年政治学自身出现诸多"历史欠账"有多种原因，主要包括：

1.青年更多是一种社会角色而非界限分明、独立自主的公民群体

青年与老年、少年等一起，是按照年龄的划分方式进行分类。在政治学、历史学、社会学等相关的学术研究中，青年作为一个重要的社会群体虽然会被常常提及，但更多是在各类具体的政治操作中，经常因国家、民族、性别、

职业、地域等标识性更强的社会关系符号而一定程度上被混淆和忽略。同时，虽然有与青年相关的各类研究，但往往是结合各类的职业、民族、国家或地区，尚缺少将青年作为一个特殊群体，深入、专项、全面地进行研究。如对"大学生认识能力的变化过程"，"青年"的角色意涵远没有"大学生"的角色更令人印象深刻、更为简洁明快、更易界限分明。

表1.4 大学生认识能力的变化过程①

初始	变化	成熟
认为所有的知识都是正确的	意识到知识是不确定的	知识的正确性是有条件的
认为知识判断的标准是唯一的	意识到知识对错的相对性	知识的对错是在不同的领域里判断标准不同
反对与己不同的信仰	从接收权威性知识向理解知识本身转变	用多元视角建设自己的观念

2.青年概念本身界定的模糊性

从青年政治学的学科建设看，学术界对青年政治的学科化水平提出的一个质疑是青年研究缺乏核心概念，因此加强青年政治学相关基础概念的界定与建设，无疑是夯实青年政治学理论与学科基础的重要举措。在青年政治学的诸多概念中，"青年"概念以其对青年政治研究对象的界定，当之无愧地成为所谓"第一概念"或"元概念"。因此，明确"青年"概念的内涵及其范畴，是构建青年政治学理论与学科的前提条件和研究基础。只有具备"青年"概念的清晰界定，才能后续做出关于青年政治以及青年政治学的判断和推理；反之，如果没有明确的"青年"概念，青年政治及青年政治学所涉及的不同国家和地区青年政治社会化、青年政治思想、青年政治参与等进一步的研究与探讨就无从着手，质言之，在"一盘散沙"的基础上，难以真正建立起科学、严谨、逻辑缜密的青年政治学理论与学科。

目前许多关于青年政治学研究乃至范畴更广的青年研究，常常采用标准不一的青年含义，导致青年政治学研究以及青年研究"先天不足"，难以得出科学严谨的研究结论。作为政治学中的政治术语或者政治概念，如果不能精确地进行界定，势必会引发不同国家和地区后续研究的诸多潜在矛盾，导

---

① 阎学通、何颖：《国际关系分析》(第三版)，北京大学出版社，2017年，第3页。

致诸多学术争议,损害"青年政治学"概念本身的界定及青年政治学作为学科建设的发展壮大。

3.政治学科发展的体制机制也对青年政治学发展形成制约

学科是"长"出来的,即人类在某一领域对知识的认识积累到一定程度,就形成了学科。[①]一般而言,政治学科的发展需要经过较为漫长的成长时期,较多专家学者深入研究,且在不同国家和地区有相应的社会地位。对此,青年政治学还存在较大的差距。与此同时,青年政治学研究面临的问题常常有些模糊,这些问题有时相似有时则存在重要差别,关键在于如何划分其彼此之间的界限,给出各界民众想要的严谨而科学的答案。

与青年政治学发展类似,现今蓬勃发展的国际政治学(也被称为国际关系学)作为一个专门的、完整的学科在 20 世纪之前却不曾出现。曾为 20 世纪国际政治思想提供充沛源泉的 10 位思想名家中,几乎没有一个可以归入当今意义上的"国际政治学家"范畴:修昔底德是一位典型的历史学家,马基雅维利、霍布斯是政治学家,康德和黑格尔是标准的哲学家,卢梭主要以文学家著称,布丹多被后人视为法学家,克劳塞维茨则属于军事战略思想家。[②]尤其是在全球化迈向深入的互联网时代,不同国家和地区原有的物理边界受到强有力的侵蚀,"国际问题国内化"与"国内问题国际化"双向互动十分频密,许多青年政治事件的发生、发展和结局往往夹杂着国内国际的诸多影响因素,具有更大的不确定性,使得青年政治学的研究结论并非总能与事实相符且让人满意。因此,青年政治学本身距离成为政治学的一门严谨、科学的学科还有较长的一段路要走。

(三)青年政治学学科建设亟待解决的学术问题

青年政治学作为课程建设和学科建设而言,同样遵循政治学学科发展的诸多规律,需要时间来检验,也需要不同国家和地区更多志同道合的专家学者从事相关教学与研究。目前来看,青年政治学学科建设与未来发展中亟待解决的问题主要包括:

---

① 参见鹿林:《应用型人才培养的逻辑》,北京大学出版社,2017 年,第 48 页。

② 参见王逸舟:《西方国际政治学:历史与理论》(第二版),上海人民出版社,2006 年,第 49 页。

其一,青年政治学的研究框架有待进一步明确。青年政治学如果需要成为政治学的新兴分支,其研究框架肯定需要有别于已有的政治学研究范畴并且能够做到、也应该做到在诸多领域的推陈出新,尤其是分析和研究不同国家和地区青年民众及政治学研究如何应对网络因素的影响与冲击。比较现实的问题在于,基于研究框架发展的一般经验,青年政治学的研究框架如何确定,需要一定的时间来逐步对相关的研究成果、研究内容进行多方面的考验,同时也需要不断地深入探索,甚至像政治学一些分支一样可能会遭遇波折与失败。既有理想主义因素,又有现实主义考虑,既涉及权力因素,又有道德准则规范,才是健全的青年政治学理论赖以存在的基础。

其二,青年政治学的研究内容有待进一步梳理。作为一门正处于初创阶段的政治学分支,青年政治学自身也同样在不断探索之中,包括其研究内容仍有待进一步梳理。"最大的驱动力来自现实的困惑与启示。"[①]青年政治学的研究内容主要包括哪些部分,这些研究内容彼此之间有什么样的逻辑关联,相互作用会在理论上与现实中产生什么样的影响,其间的作用机理是什么;研究这些内容需要或者能够采用什么样的方式方法,得出什么样的结论等,都需要一步一个脚印地深入探讨。尤其是在网络时代,伴随着信息技术的迅猛发展,各类的新资料、新案例层出不穷,世界各国爆发出来的各类包括青年政治事件在内的诸多热点事件时有发生,需要包括青年政治学研究学者在内的各类专家对这些内容及时总结、归纳,得出能够合乎青年政治学内在逻辑的一般规律。与此同时,青年政治学也需要不断汲取历史学、生物学、经济学、心理学、人类学、社会学以及其他相关学科的知识,来解释各类青年政治现象、充实青年政治相关研究内容。

其三,青年政治学作为一门政治学学科需要时间检验。无论是理论层面还是现实环境,学术界和社会各界接受青年政治学作为政治学的正式学科需要一定的时间。对青年政治学自身而言,参照政治学已有的学科分支,青年政治学作为政治学学科,同样需要经历从萌芽、发端、建立、发展、稳定等一系列的时间阶段。对于这个时间阶段,可能是几年,也可能是十几年甚至

---

① 王逸舟:《国际政治概论》(第二版),北京大学出版社,2016年,第253页。

几十年。不同国家和地区发展较快的若干政治理论学派,从创建、发展到逐步成熟通常需要十几年甚至几十年的时间。如国际政治学中的建构主义学派,从 1987 年萌芽到 1999 年得以为国际政治学界广泛认可,用了大约 12 年的时间。①欧洲一些伟大的天文学家、物理学家和数学家,包括哥白尼、布莱赫、开普勒、伽利略和牛顿等人,甚至大多数历时一个半世纪才逐步完成其相关领域的研究范式转变。"艰难困苦,玉汝于成"。青年政治学的社会影响和作用、意义也同样有待一定的时间进一步进行检验。

其四,青年政治学研究力量有待进一步充实。目前研究青年政治与青年政治学的主要力量比较薄弱,这实际也是由青年政治学处于初创阶段的现实状况所决定的。不同国家和地区研究力量同样需要一定的时间不断地发展壮大。长期以来,研究青年政治及青年政治学的各类学者更多关注的是不同国家和地区青年政治或者青年群体的鲜活案例,并非关注理论性极强,时空跨度、学科跨度较大,且难度较高,需要专业性、系统性理论支撑的青年政治学本身。在现实中,青年政治及青年政治学的研究更多是隐含在大学(包括本科与研究生)的各项教学科研活动之中。对青年政治学而言,作为一门初创时期的政治学新兴学科,其在不同国家和地区自身研究力量的培养、理论水平的提升以及相关的学科力量建设任重而道远。

三、青年政治学的研究方法

"包括国际关系在内的社会科学和自然科学都属于科学范畴,因此,它们最基本的共性就是使用科学的研究方法。科学研究方法有很大的局限性,它并不能解决所有的问题,但是科学的方法可以解决很多其他研究方法所不能解决的问题。"②鉴于理论是"一套有机的逻辑关系对客观现象做出的系统解释",作为解决理论相关问题的手段,研究方法一般包括工具、技术、推

---

① 参见[美]亚历山大·温特:《国际政治的社会理论》,秦亚青译,世纪出版集团、上海人民出版社,2014 年,译者前言。

② 阎学通:《国际关系研究中使用科学方法的意义》,《世界经济与政治》,2004 年第 1 期。

理、设计、试验、调查、分类、综合、讨论、交流、计算、收集信息等。①在科学化研究趋势下,理论、命题、假设、概念、变量、测度成为整个研究的核心概念和过程。②作为政治学的一个新型分支,对不同国家和地区青年政治学研究而言,政治学的相关研究方法同样适用。

(一)青年政治学主要的研究方法

对青年政治学而言,其研究方法主要包括:

其一,历史分析法。该方法主要以历史资料为依据,注重不同国家和地区青年政治历史资料的搜集与整理,注重青年及青年政治在政治发展史和政治思想史中的描述,尝试通过研究青年政治观念和青年政治事件的发展历程,阐释青年政治现象背后蕴藏的规律,解释青年政治生活的一般规则。历史研究法从纵向研究不同国家和地区青年政治学的各类政治现象及其变化,经常被运用在青年政治思想的演变过程、青年政治事件的变化过程等方面,阐释青年政治历史演变的轨迹。需要说明的是,因为历史上的一些国家和地区的青年政治事件与青年政治人物并非完全符合现代意义层面的青年政治,因此应当以批判性的眼光来看待这些历史人物和历史事件。

其二,案例分析法。该方法主要通过不同国家和地区青年政治相关经典案例,理论联系实际,进行深入分析。在一定程度上,较之青年政治学枯燥无味的理论分析和模型建构,案例分析法因其浅显易懂、深入浅出且理解起来容易而比较常用。在此过程中,通过不同国家和地区青年政治典型案例(单一事例或有限事例)的研究与探讨,尝试总结归纳青年政治发展的一般规律,或者根据已有案例预测青年政治相关未来。基于研究的严谨性和科学性,案例分析法需要对青年政治典型案例或事件所涉及的各部分的互相依赖关系及这些关系发生的方式进行深入的研究。除了五四青年运动等典型案例,还可包括曾经导致法国社会政治动荡的 1968 年法国青年学潮,越南战争期间美国青年学生掀起的反战风潮加速了美国侵越战争的彻底失败

① 参见阎学通、孙学峰:《国际关系研究实用方法》,人民出版社,2001 年,第 28~29 页。

② See Alan S. Zuckerman, *Doing Politcal Science:An Introduction to Political Analysis*, Boulder. San Francisco. Oxford:Westview Press,1991,pp.6–13.

等。因为有鲜活的案例,案例分析法在青年政治学理论与实践的相关研究中占据十分重要的地位。

其三,比较分析法。一般而言,作为社会科学中常用的分析方法之一,青年政治学中的比较分析法是指将不同国家和地区的青年政治典型事物,就其历史背景、现实环境、主题诉求、利益关联、社会影响等方面进行比较,分析它们的相同之处与主要差异,直观地看出青年政治事物某方面的变化或差距,从而揭示这些异同所代表的青年政治发展情况和内在变化规律,最终得出相关结论,加深对青年政治理论与实践的认知与掌握。也可将阐释与认知某个青年政治事件的不同理论、不同视角及不同维度等进行比较。在比较分析法中,也可进一步分为不同国家和地区青年政治事物的横向比较与纵向比较,抑或青年政治事物的相同点比较与差异点比较。但比较分析法应当保证对可比的青年政治事物相比较,同时也需要选择和制定较为精确、稳定的比较标准。

其四,定量分析法。"随着社会数据的长期积累和系统搜集,定量方法在社会科学研究中已变得日益普遍和重要。"[①]作为社会科学研究中的常用方法,建立在实证主义的方法论基础上的定量研究实际上是一种事实判断。青年政治学中的定量分析法,一般是用数据分析不同国家和地区诸多青年政治事件的参与人数、社会影响、新闻报道数量等,以及分析与青年政治相关的政治、经济、文化等社会现象的数量,通过量化处理的参数或者因素,推导社会现象的规律和特征并从中得出结论。基于不同国家和地区大量的与青年政治相关的各类数据,定量研究的研究设计通常是为了能够通过对此类数据的比较与分析,增强阐释青年政治各类内在发展规律与青年政治诸多特点等的"说服力"与"规律性"。

作为最为重要的青年政治研究方法和路径之一,定量分析的前提是清晰的青年政治学理论,统计和建模都需要各类专家和学者对与研究问题相关的青年政治学理论有较为全面的掌握和理解。得到统计分析结果后,研究者还必须对定量分析的解决基于青年政治理论进行解读与评估。因为定量分析本身并不发展理论,只是能够验证青年政治学相关理论,因此通常需要

---

① 庞珣:《国际关系研究的定量方法:定义、规则与操作》,《世界经济与政治》,2014 年第 1 期。

根据青年政治学的理论和逻辑,先建立相关理论框架,再用定量分析来检验理论框架及其内在逻辑。

其五,定性分析法。定性就是用文字语言进行相关描述。青年政治学中的定性研究是指运用文献资料分析、历史事件回顾、实地调查研究等方式,获得不同国家和地区青年政治相关的各类研究资料,并用非量化的研究手段对这些资料进行分析进而获得结论。作为建立在解释学、现象学和建构主义理论等人文主义方法论基础上的一种价值判断,定性分析法一般常用于定性分析不同国家和地区青年政治事件或青年政治行为的性质、对经济社会发展的作用(推动还是阻碍)、青年民众的政治诉求(合理还是不合理)、执政当局的地位(合法还是非法)等,需要运用主观判断来分析研究对象的性质、特点及其发展变化规律。

需要指出的是,鉴于当代不同国家和地区的各类政治现象已经不仅是政治学家在研究,在社会科学发展日益呈现跨学科趋势的时代背景下,诸多学科之间彼此交叉与综合,产生了不少对政治相关问题进行跨学科分析与探索的多元方法。目前,较为公认的在政治研究方面有较大影响的跨学科方法主要有政治社会学、生物政治学、政治地理学、政治人类学、政治经济学、政治心理学六种。[①]

(二)青年政治学研究方法的社会科学特性

在实际的研究与学科建设中,青年政治学的研究方法远不止以上几种,甚至是多种研究方法混合使用,以期圆满实现最终的目标。

其中,国际政治学理论研究中"边缘吸收"的综合性功能同样可运用于青年政治学研究。这就要求用跨学科办法对待青年政治学理论,博采众长地吸纳各个学科的优秀成果——政治学、经济学、历史学、社会学、地理学、心理学、生物学、传播学和其他相关学科。这些学科对不同国家和地区青年政治学的种种现象,从自身的学科建设与知识基础出发,都有自己的独特说明与诠释。对于不同国家和地区想要深入研究青年政治学的学者而言,需要对

---

① 参见孙关宏、胡春雨、任军锋主编:《政治学概论》(第二版),复旦大学出版社,2008年,第19~20页。

作为人类社会重要组成的青年群体的不同方面有更为深入、更为系统的了解。

　　青年政治学作为社会科学的一种，其自身必须具有科学的属性，而"科学是从确定研究对象的性质和规律这一目的出发，通过观察、调查和实验而得到的系统的知识……科学的基本特征是，它是通过人的有目的的活动与客观的、可证实的知识体系的结合"①。在现实中，各个学科的每个领域都有各种不同的理论，其数量之大，几乎和需要回答的问题一样庞大。对社会科学理论而言，一般可划分为：①历史描述理论，寻求对过去和当前的各类历史事实的概括；②科学预测理论，利用数学上的相互关系来预测未来发展的可能性；③思辨–规范理论，用演绎的方法推理改善世界的可能性和应该做的事。②有些理论混合使用这些方法。需要澄清的是，不是所有的青年政治学研究者对所有的青年政治问题和所有的青年政治理论都感兴趣。

　　实际上，就自身的发展而言，青年政治学要想成为经得起时间和实践检验的理论，关键在于其能够对于包括上述诸多学说及其方法有符合逻辑的论阐与说明，形成"闭环"即"自圆其说"。青年政治学需要在不同国家和地区经过时间和实践的进一步检验，以使其自身能够帮助社会各界把现有的知识门类、知识体系、知识结构等安排得更加井井有条，并且能够提高发掘新学科知识、新研究方法、新理论范式的效率。青年政治学本身也需要能够提供一个思想框架抑或研究范式，使得人们能够逐步确定并采用最为合适的方式方法来收集和分析不同国家和地区相关的理论资料、现实案例，归纳总结相关的内在逻辑规律，进而推导和获得相关的逻辑结论。

四、青年政治学的社会价值

　　作为专项研究不同国家和地区青年群体的政治作用、政治诉求，以及青年群体围绕国家政权开展的各类社会活动和社会关系总和的学说，青年政治学无论是学术理论层面还是实践应用层面均具有独特的价值。

---

　　① 袁方主编：《社会研究方法教程》，北京大学出版社，2000年，第3页。

　　② 参见[美]詹姆斯·多尔蒂、小罗伯特·普法尔茨格拉夫：《争论中的国际关系理论》(第五版)，阎学通、陈寒溪等译，世界知识出版社，2013年，第18页。

(一)青年政治学的学术理论价值

1.青年政治学尝试建构政治学学科的新分支

政治学作为学科门类而言,分支繁多,划分方法也多种多样。现代政治学科的分支学科和研究领域通常可以被划分为八个部分,即政治制度、政治行为、比较政治、国际关系、政治理论、公共政策和公共行政、政治经济、政治学方法论等。青年政治学则融合了政治行为、政治心理、比较政治、政治理论等分支,基于不同国家和地区经济社会的现实和网络时代的发展演变,逐步把大多数社会科学以及包括自然科学、物理科学在内的诸多理论观点兼收并蓄、推陈出新,汇聚而成一门独立学科或者所谓"边缘学科",进而逐步成长为政治学学科的亚分支、新分支。

"理论尽管与需要加以解释的世界密切相连,但却独立于真实的世界。"①在具体操作中,青年政治学尝试逐步强调青年政治学研究的独立学科属性,努力为不同国家和地区青年政治领域的全面深入地进行相关研究奠定较为坚实的基础。同时,青年政治学重视包括政治、经济、历史、文化、社会、心理等领域的边际性和跨学科的碰撞与交融,以作为现实社会重要组成及未来社会各项建设的生力军、主力军的青年群体为研究对象,尝试使原先从事其他学科研究的专家学者进入青年政治学研究的宽阔空间并充实丰富这一学科成为可能。

2.青年政治学尝试开拓政治学研究的新领域

青年政治学聚焦在网络时代,不同国家和地区借助网络力量而发挥越来越大的社会影响力及"政治能量"的青年群体。与政治学的其他学科不同,青年政治学尝试将青年群体(也称为青年族群、青年民众等)作为一个较为独立的研究对象,从原有的职业、地域、民族、宗族、性别乃至国家等旧有的政治学分析框架独立出来,深入进行跨领域、跨学科的探讨和研究,并将对"现在怎样""未来怎样",以及"或许会怎样""应当会怎样"等诸多问题进行了综合分析。面对国际政治格局"百年未有之大变局"和中国综合国力与国际影

---

① [美]肯尼思·沃尔兹:《国际政治理论》,信强译,苏长和校,世纪出版集团、上海人民出版社,2014年,第7页。

响力的日益增强,青年政治学将努力尝试逐步强化其政治学研究的中国特色、中国视角、中国经验,①为中国特色政治学、中国特色国际政治学的构建进行有益探索。青年政治学尝试在政治学和国际政治学的建设中,承认政治学理论和国际政治学的多样性,重视开拓性,追求杰出性;同时也将努力尝试在新时代对"马克思主义中国化"的命题贡献青年政治学研究者的绵薄之力。

与自身学科历史的短暂相一致,青年政治学事实上仍然缺乏独立的"知识学"基础,尚缺乏属于自身独立而成熟的概念系统和方法论。目前,青年政治学诸多创意与研究内容还是源于传统学科或其他分支——包括国际政治、外交学、地缘政治、系统理论、批判哲学、政治参与、政治心理等,亦即青年政治学的本体论与人们所期望的高度成熟还有十分漫长的一段路要走。青年政治学上下求索的漫漫征程,实际上意味着不同国家和地区有关政治学更多的新领域的开发与建设,并将青年政治学提升到前所未有的高度。

3.青年政治学尝试总结归纳青年政治历史经验

作为研究对象的系统反映,理论是解释各种现象,向人们展示其是如何以有意义、有规律的方式相互联系,而不是"无序世界中不规则的散乱个体"②。基于青年政治的历史经验与影响力,青年政治学从不同国家和地区的青年群体所涉及的青年政治诉求、青年政治参与、青年政治心理等方面入手,结合其典型案例,深入总结其历史经验,总结归纳其跨越时间、地域、国家、民族、种族、文化背景等现实框架的一般规律,为从理论上深入认知青年群体的政治行为、政治诉求、政治心理等积累理论经验。

同时,青年政治学会引发人们对不同国家和地区青年政治发展历程中的重要事件、重要事物、重要人物等的关注,并从青年政治学的视角出发,努力探索先前未曾被关注、被探究的隐含在人类社会历史发展中的规律与联系。作为一种理论,基于不同国家和地区青年政治的历史经验,青年政治学应该、也需要同时兼具归纳性与演绎性、微观性与宏观性、普适性与特殊性。

---

① 参见[英]马丁·雅克:《当中国统治世界:中国的崛起和西方世界的衰落》,张莉、刘曲译,中信出版社,2010年。

② [美]詹姆斯·多尔蒂、小罗伯特·普法尔茨格拉夫:《争论中的国际关系理论》(第五版),阎学通、陈寒溪等译,世界知识出版社,2013年,第18页。

(二)青年政治学的实践应用价值

各类学科通常需要相应理论来指导自身的各项研究,并为解释本学科所涉及的诸多自然和社会现象提供相关理论构建及研究工作的基础。如果可能的话,与学科相关的诸多理论往往还应使该学科具备某种程度的前瞻能力或预测能力。这对青年政治学同样适用。

其一,青年政治学尝试深入探讨和研究青年政治的发展规律。"我们假如可以比较清楚地意识到那些指导我们行为的理论,那么就能够更好地理解他们的长处与短处,以及知道在什么时候加以应用。"[1]青年政治学既是作为人类社会重要组成部分的青年群体活动的一个特殊领域,也是不同国家和地区的青年群体活动的一个特殊领域,既有国内政治的元素,也有国际政治的元素,同时也有国内政治与国际政治相互影响、相互渗透的冲击。不管是政治学还是政治哲学均未能就青年群体的此类活动与规律进行深入的专项研究。因此,青年政治学尝试深入专项地探讨和研究不同国家和地区的青年政治发展规律,进而根据青年政治的发展趋向,在"国内政治国际化"与"国际政治国内化"双向互动的时代背景下,对青年群体的各类诉求做到"前沿部署"。

其二,青年政治学尝试探讨规范青年政治在合适的轨道顺畅前行。青年政治学尝试探讨青年政治在不同国家、不同文化背景、不同历史时期、不同政治制度的各类表现,以及影响青年政治的诸多因素。[2]这既包括应用于青年政治历史经验的道德的或法律的权衡,又包括实证的内容,亦即限定或解释青年政治实际特征的诸多典型案例。同时,尝试借鉴自然科学的方法,用严格的、经验的程序,从逻辑上甚至数据上探寻不同国家和地区相关青年政治蕴含的诸多内在规律及其经验教训——包括青年民众的政治认知、政治态度、政治思想、价值观念等的形成与培养,以及青年民众的政治行为、政治参与的方式、方法及其渠道。基于不同国家和地区青年政治的深入研究,青

---

① [美]小约瑟夫·奈:《理解国际冲突:理论与历史》(第五版),张小明译,上海人民出版社,2005年,第10页。

② 参见赵汀阳:《天下体系:世界制度哲学导论》,江苏教育出版社,2005年。

年政治学尝试从中找出青年政治发展的积极因素、内在动因和客观规律,弘扬青年政治积极的社会影响和社会价值,引导和规范青年政治在合适的轨道顺畅前行,进而推动所在国家、地区乃至世界各国的经济社会健康发展。

其三,青年政治学尝试适时消除与青年政治相关的消极因素。青年政治学尝试紧跟 21 世纪网络社会发展与全球化时代的趋势,聚焦不同国家和地区政治活动最为活跃、政治热情最为高涨,同时也因政治经验相对较少而容易受到各类不良政治势力干扰的青年群体。在具体的操作中,青年政治学尝试积极剔除各类非科学、非逻辑的研究内容,深入探讨"国内政治国际化""国际政治国内化"双向互动对青年群体的影响与冲击,并基于世界各国经济社会现实的发展演变,及时发现各类不良苗头和外来干扰因素,包括一些国际政治学者曾思考过的"我们是谁"①"中国威胁论""修昔底德陷阱"等问题。与之相应,针对这些有可能导致青年政治偏离正常发展、引发所在社会的政治经济混乱或者动荡的消极因素,青年政治学尝试通过基于经济社会发展及国际国内政治事实的研究分析,选择合理的研究范式,进行符合实际情况的推理演绎,以期能够及时"辨证施治"对各类消极因素、不良冲击进行不同程度的"清理"和"救治"——虽然"社会科学中的理论要做到确定无疑的预测总是困难的"②。

青年政治学这种"清理"和"救治"尝试从不同程度上消减现实的和潜在的各类有可能危及不同国家和地区经济社会发展与政治稳定的诸多障碍与隐患,并尝试将青年政治事件的负面效应亦即对经济社会发展与政治发展可能的冲击逐步降低,进而稳健青年群体的思想政治水平,维护社会整体利益与地区政治局势稳定。青年政治学作为政治学的组成,其政治作用与现实价值在网络时代对于不同国家和地区而言,可谓"周虽旧邦,其命维新"③。

---

① [美]塞缪尔·亨廷顿:《我们是谁:美国国家特性面临的挑战》,程克雄译,新华出版社,2005 年。

② 苏长和、信强:《一种国际政治的理论——结构现实主义评介》,载[美]肯尼思·沃尔兹:《国际政治理论》,信强译,苏长和校,世纪出版集团、上海人民出版社,2014 年,译者序。

③ 《诗经·大雅·文王》。

思考题

1.青年政治学研究的时代背景是什么?青年政治学理论与实践的源点来自哪里?

2.马克思主义与非马克思主义对"政治"的解释是什么? 青年政治中的"政治"又该如何理解?

3.将青年作为一个特殊群体进行专项且全面研究的必要性是什么?

4.青年政治中对青年的界定是什么? 青年政治概念的特点是什么?

5.青年政治学发展的不同时期有哪些? 限制青年政治学发展的因素有什么?

6.什么是青年政治学科建设亟待解决的问题? 青年政治研究主要包括哪些?

7.什么是青年政治学的学术理论价值及实践应用价值?

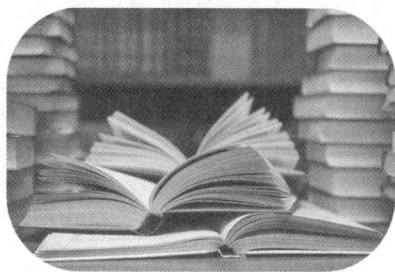

第二章
青年政治参与

本章教学目标：

    通过本章的学习,使学生掌握青年政治行为、青年政治参与等相关基础知识,具备辨别与分析青年政治参与发展规律和趋势的能力,强化分析政治行为、政治参与性质与作用的意识。

本章教学基本要求：

    了解:青年政治行为和政治参与的方式和条件;

    理解:国内外青年政治行为和青年政治参与的现状与经验教训;

    掌握:青年政治行为和政治参与的发展规律和趋势。

第一节　青年政治参与的基础概念

一、青年政治行为与政治参与

无论是在中国还是在外国，经常可以看到大量青年民众参与各类的选举、投票、参政议政的活动，这些均归属青年政治参与的范畴。包括青年政治参与在内的各界民众的不同形式、不同规模的政治参与，是不同国家和地区现代社会政治生活的重要组成。

（一）青年政治参与的概念历史

政治参与的历史十分悠久。在中国，"参""与"两个字在古代典籍中都有过"参加""参与"的意思，但二者并非一个单词，而是经常分开使用，各行其道。中国古代的政治参与基本上都是君臣共谋政治决策，如，汉昭帝时期有关盐铁等是否官营的争论，唐太宗李世民与李靖有关用兵的讨论、与魏征围绕朝廷大政的争论。这与现代意义上的政治参与有重要区隔，只能是属于其自身所在时代的"政治参与"。带有时代特色的青年政治参与，最为著名的则属东汉末年，作为青年知识分子的诸葛亮与暂时依附刘表的落魄皇族刘备之间的"隆中对"①。

在西方，政治参与的概念可以追溯到古希腊时期。古希腊哲学家亚里士多德指出："人在其本性上也正是一个政治动物"，而这句名言的事实依托就是古代政治参与典型之一的古希腊城邦政治生活。包括青年民众在内的公民（citizen），可以通过直接或间接的政治参与——鉴于古希腊城邦国家的性质，很多政治参与及青年政治参与以直接民主的形式表现出来。如，针对具

---

① 《三国志·蜀书·诸葛亮传》。

体事件或公共政策的公开辩论,针对某个事件或政策措施的投票或表决,参加例行的或特殊(紧急)的公民大会等多种方式,行使相关公民权利,表达相关政治诉求,进而影响到公共事务管理与公共政策制定,最终影响当地城邦的政治发展与社会生活。如古希腊城邦还曾依托包括青年在内的普通民众的裁决,实施所谓"陶片放逐法"。

(二)青年政治参与的概念现实

在现代政治生活中,包括青年民众在内的政治参与作为公民的重要政治行为日益受到学者们的关注。青年民众作为社会成员的重要组成而进行的各类政治参与及政治行为,通常也是不同年龄、不同阶级、不同阶层、不同地区、不同民族、不同职业等各界民众政治参与的重要组成。

一般而言,青年政治行为是指不同国家和地区的青年群体基于特定的利益基础,围绕政治权力的获取及运用、政治权利的获取及实现而投身其中的各类政治活动。作为青年群体诸多社会行为的有机组成,当青年民众介入所在社会的政治生活并与相关政治环境(包括政治制度、法律法规、国家与国体、政府与政体)发生不同程度的关联时,其言行举止的各类作为与反应——不管这种反应是积极的主动还是消极的被动的,是线上虚拟空间的还是线下现实空间的,均归属青年政治行为范畴。因此,也可以说青年政治行为就是青年群体与政治环境相互作用的结果。青年政治行为往往意味着青年民众对所在社会政治生活的各类政治参与。

由于分析和观察青年政治参与的角度不同,人们对青年政治行为和政治参与也有不同的理解和认识,其主要包括但不限于:①青年政治行为和青年政治参与所涉及的是社会民众中的青年群体直接地、或多或少试图影响政府人事的选择亦即政府各类行政机构人员的任免(如投票选举或弹劾官员),以及其所采取行动而付诸实施的各类行为;②青年政治行为和青年政治参与是青年群体作为社会成员,选择所在社会的统治者或治理者(一般通过各类政治选举),以及直接或间接影响公共事务管理与公共政策制定(如公共卫生、社会福利)等方面的各类活动。

综合来说,青年政治行为相对更为零星、碎片化、个体化,而青年政治参与的目的性更强、整体意味更浓郁且更为正式,而青年政治参与通常会通过青年实施各类政治行为表现出来,二者密切相关。

二、青年政治参与的主要特征

(一)青年政治参与的定义

青年政治参与的概念建立在政治参与的概念基础上。作为包括青年民众在内的各界普通公民通过一定的方式影响相关政治权力体系及其公共政治生活的行为,政治参与是现代社会民主制度存在和发展的重要基础,也是民主政治的基本特征之一。作为现代社会包括青年民众在内的各界民众成为"政治人"的必要途径,政治参与是不同的社会阶层或社会群体围绕着"凝聚共识(合法性)或标识分歧(偏好冲突)"而发生的诸如投票选举、游行示威、政治运动等各类政治行为。①

在一定程度上,政治参与对现代国家的构建及其政治发展至关重要,也是联系包括青年民众在内的各界民众与国家政权、政策制定、政策实施之间的重要纽带。从狭义的视角来看,政治参与通常是"平民或多或少以影响政府人员的选择及(或)他们采取的行动为直接目的而进行的合法活动"②。广义而言,政治参与应包括非法的政治活动,即政治参与包括影响政府的所有活动,而不考虑这些活动根据政治系统的既定规则而言是合法还是非法;因此,诸如抗议、游行示威、暴动甚至叛乱都属于政治参与范畴。③

---

① 参见[美]西摩·马丁·李普塞特:《政治人:政治的社会基础》,张绍宗译,上海人民出版社,2011年,第9~10页。

② [美]格林斯坦、波尔斯比编:《政治学手册精选》(下卷),储复耘译,商务印书馆,1996年,第290页。

③ 参见[美]塞缪尔·亨廷顿、琼·纳尔逊:《难以抉择》,汪晓寿等译,华夏出版社,1988年,第6页。

表2.1　青年政治行为的不同划分方式

划分依据	划分种类	具体内容
官方与否	官方的青年政治行为	青年民众行为主体为政府
	民间的青年政治行为	青年民众行为主体为民间（非官方）
合法与否	合法的青年政治行为	国家法律许可的青年政治行为
	非法的青年政治行为	国家法律禁止的青年政治活动
自愿与否	自愿的青年政治行为	青年民众心甘情愿的政治行动
	强制性的青年政治行为	青年民众在强迫条件下做出的政治选择
个人与否	个人的青年政治行为	单个青年的政治行为
	集体的青年政治行为	集体参与的青年政治行为
自觉与否	有意识的青年政治行为	青年民众有意识的政治行为
	自发的青年政治行为	青年民众潜意识的政治反应
直接与否	直接的青年政治行为	不通过任何中介环节而对环境刺激做出的政治反应
	间接的青年政治行为	经过中间媒介而对政治环境的刺激做出的反应
理性与否	理性的青年政治行为	青年民众根据逻辑推理而做出的政治选择
	非理性的青年政治行为	青年民众基于直觉的政治选择
国内与否	国内的青年政治行为	青年民众行为的影响局限于国家内部
	国际的青年政治行为	青年民众行为的影响波及其他国家和地区
网络与否	真实/线下的青年政治行为	青年民众行为在真实/线下的环境中发生
	虚拟/线上的青年政治行为	青年民众行为在虚拟/线上的环境中发生

　　基于学科建设与学术研究的需要，青年政治学所涉及的青年政治参与更多是参照政治参与的狭义界定范畴。就青年政治学而言，青年政治参与通常是不同国家和地区的青年民众通过各种合法方式和渠道，参加各类政治生活，并影响相关政治体系的内容构成、运行规则、运行方式、政策制定及政策实施的各类行为。作为青年民众相关利益诉求、政治权利得以维护及实现的重要方式，青年政治参与反映着不同国家和地区的青年民众在社会政治生活中的政治地位、政治作用和政治影响力。

(二)青年政治参与的特征

　　根据青年政治参与的定义,青年政治参与的基本特征主要包括：

1.就主体而言,青年政治参与是青年民众的政治行为

这里的青年民众是指普通青年公民，通常不包括政府中的青年公务员及青年职业政治活动家的相关活动,亦即主体是狭义方面的青年政治参与。虽然这种狭义划分有其局限性——现实中的青年公务员与政治参与的青年民众之间的互动较为频繁,可能导致这种界限日益模糊,但出于理论研究的科学性、规范性,尤其是突出政治参与中的青年民众的地位与作用,有必要、也需要将青年政治参与同其他政治行为尤其是行使政府权力的青年公务员区别开来。同时,按照青年政治学的标准,只有 14~40 岁的青年民众(其界定的主要依据是年龄)才能够成为青年政治参与的主体,实际也意味着老年民众、儿童等非青年民众不能划入青年政治参与当中。

2.就内容而言,青年政治参与是青年民众对社会共同利益或共同感兴趣的政治议题的各类主张和行为

如青年群体要面对的学费、就业等与青年群体及青年个体利益密切相关的问题,青年民众政治参与的内容或途径有:①通过罢课、抵制、请愿、游行示威甚至是政治暴力活动,向政府部门和社会各界展示青年民众的力量;②在各级选举中投票选举支持解决青年学费或就业问题的候选人或者政党上台;③组织青年政治社团或政治党派中的青年群体的利益代言人及支持者,通过各种形式发表意见和建议;④青年诉求的代表与所在地或所在国家的制定相关学费、就业政策的政府部门官员或政治党派相关对象,进行偶发性、公众性、集体性的互动,彼此交流各自对学费、就业等问题的意见、立场、看法,协调解决之道,等等。

通过各种为青年群体的学费、就业等问题,不断向政府、党派及社会各界呼吁乃至施加政治压力等方式,青年群体努力通过青年政治参与保障与拓展自身的共同利益。鉴于青年民众是不同国家和地区社会总体的重要组成,青年政治参与通常会涉及社会生活及政治生活的大部分内容和过程,青年民众的呼声一般也不容易被忽视。尤其是对刚刚进入社会生活的青年一代,因为其支持特定政治派别的政治认同并不坚定或者政治认同较为模糊,时常会被认为是所谓"中间派"或"摇摆派",有较大的可塑性,因此也是各党派和政治人物争取的重要对象。

3.就法定关系而言,青年政治参与是青年民众对于公共权力的政治权利、政治义务和政治责任关系

青年民众在政治生活中不仅有服从的义务,而且有参与的权利;同时,一旦所在地区或者国家就某政治问题基于国家利益①形成法律性的共识或政治性决定,即使对青年群体(部分甚至整体)本身的利益有消极影响甚至严重损害,青年民众作为社会成员也有责任予以遵守。这种情况较为严重的是在国家间爆发战争,需要青年民众即使面对生离死别也要为保卫本国国家利益而战斗;而在和平时期,则较多以青年民众服从国家或政府的各类政治决策的形式体现。如 2016 年 6 月,英国就是否脱离欧盟举行全民公投。综合全部计票结果显示,"脱欧"一方支持率为 51.89%,而赞成"留欧"的投票者占 48.11%。虽然英国青年民众中也不乏支持"脱欧"但仅为极少数。作为将受"脱欧"影响最大的群体之一,英国青年群体显然因自身的未来被老一辈投票决定而深感遭到背叛。②鉴于政治权利与政治义务具有统一性,青年政治参与作为政治权利行为过程的同时,也是政治义务行为的过程,因此对英国青年民众来说,不论是否愿意,"脱欧"作为全民公决的结果,包括青年民众在内的全体英国民众必须面对。

4.就外延而言,青年政治参与一般只限于青年民众以合法手段影响政府的活动

狭义而言,青年政治参与并不包括各类非法行为。如果将外延扩展到各类非法、违法的暴力活动,青年政治参与则可包括推翻既有政治秩序的对抗性政治行为。一般情况下,专制独裁制度或者反动制度之下的民众尤其是青年民众面对专制独裁者或者反动派的暴力镇压,一般只能通过较为激烈的政治斗争乃至轰轰烈烈的暴力革命才能实现自身的政治权利。与之相对,而

---

① 关于国家利益,参见金应忠、倪世雄:《国际关系理论比较研究》,中国社会科学出版社,1992 年,第 119 页;阎学通:《中国国家利益分析》,天津人民出版社,1997 年,第 10 页;陈岳:《国际政治学概论》,中国人民大学出版社,2010 年,第 127 页;梁守德、洪银娴:《国际政治学概论》,北京大学出版社,2008 年,第 80~84 页。

② 参见《西媒称调查显示英国年轻人对脱欧不满:深感遭到背叛》,新华网,2017 年 10 月 23 日,http://www.xinhuanet.com/world/2017-10/23/c_129724837.htm,2021 年 9 月 22 日最后查阅。

民主法治制度下的青年公民政治权利则一定程度上可以通过青年政治参与影响或者控制政治权力，以较为温和渐进的社会改良或政治改革来逐步实现，只有在特殊情况下或出于施加压力的暂时性需要，才会在一定时期诉诸激烈的政治斗争。需要指出的是，鉴于国际社会一些国家基于自身政治利益而对诸多事物存在所谓"双重标准"，"合法"还是"非法"划分及判断标准的本身就存在诸多争议。

就宏观层面而言，社会民主与法治状况、居民的经济收入状况、国家的治理能力状况等会影响不同国家和地区青年政治参与的集体行动倾向。在微观层面，青年民众对国家的政治信任程度、教育文化程度、社会组织发展程度，以及青年民众的政治思想、价值观念等因素会影响青年政治参与中的各类具体行为。综合而言，不同国家和地区的青年民众各类合法的政治参与，通常建立在政府或党派之间基于各自的政治利益及政治诉求不断博弈的基础上。这种博弈意味着青年政治参与在"有所得"的同时，也可能在其他方面或领域"有所失"，需要有所权衡、有所侧重，分清轻重缓急。通过各类青年民众的政治集会或游行示威等不同形式，即青年民众自愿参与的合法的异议表达行动，如果青年民众的诉求得以全部或者部分实现，则往往会影响到青年自身其他方面的利益诉求，或者影响到其他一方及多方的社会民众利益。

5.就空间而言，青年政治参与涵盖现实社会(线下)及网络空间(线上)

较之现实社会的各类青年政治参与，基于虚拟空间的青年政治参与的数量、比例及其社会影响，随着网络在社会生活中的广泛应用和智能手机的日益普及而逐渐增大。就社会整体而言，网络政治参与随着不同国家和地区网络社会的发展而日益成为政治参与的重要形式之一。[1]对互联网而言，其自身具有的面向各界民众而不考虑年龄、威望、辈分、资历等因素(这些因素往往是青年民众所欠缺的)，且身份较为隐蔽等诸多特点，推动了青年民众的网络政治行为、网络政治参与的大量涌现。较之现实社会(线下)青年政治参与的相对稳定，虚拟空间(线上)青年政治参与的形式日益复杂与多样，并且在青年政治参与涉及的各类议题层面存在诸多差异。基于互联网的各类

---

① 参见邓希泉：《当代青年政治参与新特征新趋势》，《人民论坛》，2012 年第 13 期。

青年政治参与通常可分为青年群体政治关注和青年群体集体行动。在政治性引导或者适当的政治条件(如政治事件)诱发下,不同国家和地区的青年群体集体行动往往会从虚拟空间(线上)激烈的政治争议、政治抗争迅速转变为现实社会(线下)的政治行动,其积极作用与消极因素并存,也会对社会稳定与繁荣产生不同程度的影响和冲击。

在全球化时代,各界民众的政治参与呈现从"解放政治"到"生活政治"的转变趋势。[1]单一的政治参与形式如投票、表决、选举等,逐渐被多元的政治参与观念所取代,不同国家和地区的社会利益分配格局日益复杂化、碎片化。这导致基于个体利益诉求的青年政治参与的方式与途径日益增多,青年群体政治参与的重要性也逐渐加大。对不同国家和地区的青年民众(非青年公务员)来说,现实社会(线下)十分正式的参政议政行为并不经常发生,青年民众的政治参与更多地表现为基于"个体利益表达"的青年政治参与。因此,青年政治参与形式也可归纳为"选举参与""利益表达参与"和"维权抗争参与"三类。这是基于现实生活中青年实际的利益、政治权利、社会地位、价值观念等切身诉求,自主关切各类的政治现象、政治决策、政治形势的自发活动。

三、青年政治参与的类型

(一)青年政治参与的基本类型

根据不同国家和地区的青年民众对政治参与的行为状态,青年政治参与通常划分为主动参与、动员参与和消极参与三种类型。

其一,主动参与类型。这是不同国家和地区的青年民众基于自身的经济利益、政治权利、政治诉求等,积极、主动地参与到各类政治行动或政治运动中,对各类政治进程、政治过程主动地施加不同程度影响的青年政治行为类

---

① 参见[美]吉登斯:《超越左与右:激进政治的未来》,李惠斌、杨雪冬译,社会科学文献出版社,2000年,第11页。

型。一般来说,主动参与类型的青年民众,其政治方面的积极性、主动性都很高,有自身对各类政治事物、政治现象、政治知识、政治人物、价值观念相对较为主动、稳定甚至较为激进的看法和意见;或者青年政治参与本身涉及自身及所在族群、所在社区乃至所在民族、所在国家的重要权益或政治利益,因而常常在青年民众各类的政治参与中产生重要影响。具备这种政治参与类型的青年民众,通常是各类青年政治活动、政治组织、政治社团的活跃分子甚至是领导者、发起者。

其二,动员参与类型。这是不同国家和地区的青年民众因为受到其他青年民众或社会群体的宣传、鼓动,抑或响应政府或包括政治党派、政治社团在内的各类政治组织的号召而参与其中,进而发生的影响政治进程、政治过程的政治行为类型。动员参与类型的青年民众,积极性、主动性相对不高,自身对各类政治事物、政治人物、政治制度、政治思想、价值观念的看法和意见较为模糊,对政治议题、政治事件或政治事物不够敏感,或者对其中的重要意义、重要价值的认知程度不够深刻,对自身是否参与各类政治行动、政治组织等时常处于观望状态,或认为自身的政治参与无足轻重、可有可无。在外来力量的影响和宣传鼓动下,不同国家和地区此类青年民众政治参与的热情往往逐渐高涨,产生足够的兴趣和意愿进而加入相关政治活动及政治组织。

其三,消极参与类型。即青年民众出于自觉或者不自觉的原因,对政治问题漠不关心,对各类政治活动采取消极态度或不理不睬的政治行为类型。一些消极参与的青年民众,往往对各类政治事物、政治现象、政治人物、政治制度、政治思想、价值观念的看法和意见较为冷淡,甚至宁可宅在家里也不出去参加各类政治活动、政治组织、政治社团,所谓"事不关己,高高挂起"。即使受到相关政治动员,也因自身政治参与积极性不高,或者认为自身行为无足轻重,或因对相关政治制度及政治事件认可度较低甚至刻意采取消极态度进行政治抵制亦即政治不服从。这些青年民众通常属于西方选举研究视野中"沉睡的狗"的社会群体范畴。

第
二
章

(二)青年政治参与的类型转化

在不同的国家和地区,青年政治参与的三种类型在现实的政治生活中通常并不单独存在,所谓"混合状态"更为常见,即主动参与、动员参与和消极参与三种状况并存,但其表现形式和结合方式会根据政治环境的实际状况而存在较大差异。较为常见的情况是,民主程度较高的国家,青年民众主动参与的类型占据较大优势,而民主程度较低的国家,青年公民消极参与的作用范围则会相应扩大;而在二者之间的转变过程中,国家或者政府通过不同方式动员参与的作用则比较突出,也较为常见。①

基于经济社会发展的不断发展和青年民众自身的成长,青年政治参与的三种类型之间时常处于动态演变状态。最初一般属于消极参与状态,但在经过其他民众或政府的劝说及宣传、引导之后,青年的消极政治参与则通常会转变为动员参与类型;在持续的外来宣传和鼓动下,随着对相关议题及政治诉求的认知逐步深入,青年民众自身的积极性、主动性逐渐增强,进而逐步从动员参与转变为主动参与,即自愿地实现青年民众自身的公民责任。与之相反的是,最初是青年积极主动的政治参与类型,也可能因其政治参与的过程或结果受到某种操纵或干扰而"无感",导致积极性不高,甚至下降为动员参与;当青年动员参与遇到挫折或者失败,青年民众自身对政治目标的责任感、使命感遭受挫折和打击,则青年民众的政治参与热情和意愿可能会继续下降,变为消极政治参与,进而对相关的政治活动、政治议题采取冷漠态度,置之不理或束之高阁。

对于三种类型的青年,不同国家和地区的历史与现实中不乏相关案例。即使在我国古代,也有相关青年政治参与类型不断转换的典型案例。比如东汉末年的司马懿(179—251),就是一个三种类型转换的典型案例,其卷入了东汉末三国时期的政治纷争,并且对三国时期的局势转变乃至中国政治发展的历史进程都产生了重要影响。②

---

① 参见[美]迈克尔·罗斯金等:《政治科学》(第九版),林震等译,中国人民大学出版社,2009年,第246~248页。

② 参见《三国志》《晋书·宣帝纪》。

四、青年政治参与的主要途径

与青年政治参与类型密切相关的是青年政治参与的途径，其主要包括选举投票、政治结社、政治集会、游行示威、暴力活动等。

(一)选举投票

选举投票是青年政治参与最直接、最基本的方式，也是不同国家和地区的青年个体接受政治社会化后在行为层面的具体表现。选举投票通常是指达到法定投票年龄且具有投票权利的青年公民，按照相关的选举法案和选举规则，在相应的地区或者相应的投票点，作为候选人或者投票人，参加相关的选举投票，选出自己认为合适的候选人或者比较中意的政党；或是就某一议题通过投票(公投或公决)表达自己的支持或者反对的意见。

在现实社会中，美国、俄罗斯、法国等国家，每隔一定时期就会举行总统大选，包括青年公民在内的各界公民，大体上都能够按照相应的选举要求，就自己中意的领导人进行投票。这些国家的地方选举及议会的选举同样需要包括青年民众在内的各界民众定期投票，选举相关的不同级别的政治领导及相关政党。如在英国"脱欧"的过程中，按照所设定的议题，包括青年民众在内的英国民众于 2016 年 6 月通过投票，表达自己对"脱欧"的看法，结果"脱欧"意见略占微弱优势。①实际上，后来的一项调查显示，大多数英国青年民众对"脱欧"的决定感到困惑、恼火甚至不满。

(二)政治结社

政治结社，一般是指具有某种共同利益的社会民众，结成存在时间较为长久的政治集团或政治组织的各类政治行为。在不同的国家和地区，此类组织可能专门关注某些特殊权益或特定方向(如关注残疾青少年、留守儿童)，

---

① 参见《英国公投决定脱离欧盟》，新华网，2016 年 6 月 24 日，http://www.xinhuanet.com/world/2016tfsj5/，2021 年 7 月 2 日最后查阅。

也可能致力于社会公共利益(如针对环境保护的公益性组织),但其基本目标是通过自身的组织力量不断影响政府的相关决策及其实施。青年民众加入此类组织以后,不管是否参加了该组织的相关具体活动,其参加政治结社这种行为本身实际上就已经形成了青年政治参与的具体行为。鉴于政治组织包括政治党派与政治社团两大类别,与之相应,不同国家和地区的青年民众的政治结社一般包括:青年民众自身成立政治党派(如青年党)或政治社团,也可以是参加所在社会的相关政党或政治社团,并以不同形式参与其涉及青年民众的各类政治活动。

如成立于 1919 年 9 月的觉悟社。它是五四运动中发展起来的天津青年学生的进步社团,由天津学生联合会和女界爱国同志会中的青年骨干周恩来、马骏、邓颖超等 20 名青年发起。[1]觉悟社以"革心""革新"为宗旨,团结爱国力量开展反对封建、反对帝国主义侵略,进行改造社会、挽救祖国的革命斗争活动。作为进步青年组成的青年社团,觉悟社的成员大都站在青年学生运动和爱国运动的最前列,是天津青年学生运动的领导核心。伴随着五四爱国青年运动的深入发展,通过这些核心成员,觉悟社在青年学生运动和爱国运动中发挥了积极的领导作用,并不断探索着救国救民的道路。

(三)政治集会

一般而言,青年民众的政治集会是不同国家和地区的青年民众或以青年民众为主的各界民众,为某个共同的目标或议题而组织、汇聚起来,以会议形式表明青年民众自身的政治倾向及政治立场,或者支持,或者反对,公开向执政当局提出自身的政治诉求,寻求社会各界不同程度的理解与支持。政治集会也可以是青年民众作为社会成员的重要组成,在参与相关党派或政治团体的政治集会中,通过党派或者政治团体的平台,向执政集团和社会各界表达自身作为青年民众、青年派别或者青年团体的声音。

不同国家和地区的政治集会形式或发起类型不一而足——可以是有组

---

① 参见孙珊:《五四运动中的周恩来》,《党的文献》,2019 年第 2 期;邱文利、郭辉:《觉悟社早期组织及活动研究》,《鲁迅研究月刊》,2018 年第 4 期;郭辉:《对觉悟社存在时间的再思考》,《中国纪念馆研究》,2015 年第 1 期。

织地向政治体系或执政当局提出要求的动员型参与，也可以是自发形成的主动型参与;可以是通过包括政党、社团等政治组织定期组织安排的(周期固定性)，也可能是针对某一突发事件而临时举行的(临时性)。如美国曾因枪支犯罪导致诸多伤亡较为惨重的政治事件,引发基于反对美国枪支泛滥的不同规模的政治集会,其中青年民众占据集会人员的相当比例。较有影响、规模较大的政治集会,通常是基于集会主题比较简洁明快、集会民众热情比较高涨、集会组织比较规范和严密。作为青年政治集会的发起者、组织者及其核心团队成员，青年民众往往通过各种形式包括走向街头向社会各界民众宣传造势、扩大影响,进而在各界民众的理解与支持之下,转变成规模较大、社会影响较强的政治集会乃至游行示威。这其中,青年民众通常会成为政治集会中宣示政治诉求、表达政治观点的主要力量。

(四)游行示威

　　游行示威一般是指不同国家和地区的包括青年民众在内的各界民众针对相关社会事件、政治议题或政府决策,为了表达自身的纪念或庆祝、支持或反对的立场、观点、诉求,在公共场所(特别是一些具有重要政治意义的街道、广场、建筑)举行的人数较多、规模较大、有一定社会影响的政治行为。青年民众往往因自身政治热情高涨、精力饱满旺盛、斗争精神鲜明而成为各类游行示威的先锋与主力。

　　如果就游行示威进行种类划分, 可以依据其利益诉求而将其划分为单一政治诉求的游行示威、多种政治诉求的游行示威;也可以依据其参加游行示威的人员数量,将其划分为规模较小的游行示威、规模较大的游行示威;还可以依据举行游行示威的地区数量,将其划分为单一地区的游行示威、跨地区的游行示威,甚至还包括跨国的游行示威。在现实生活中,西方国家时常可以看到诉求各异、规模不等的各类游行示威,其中青年民众往往成为各类游行示威中发挥先锋和主力作用的社会群体。

(五)暴力活动

　　暴力活动一般是指不同国家和地区的青年民众, 通过打砸抢等暴力方

第二章

式损坏他人财物或者社会公共财产(如商店、酒店、银行、交通设施乃至政府机关等),以此宣泄青年民众对某些涉及自身切身利益与政治诉求未能有效满足的强烈不满,或者某些涉及青年群体利益、社会公平正义、国家整体利益等方面的各类政治诉求未能得以积极回应的强烈不满。通过暴力活动,可以向不同国家和地区政府和社会各界显示青年民众所蕴含的政治能量,引发各界对青年民众相关政治诉求的强烈关注,进而影响甚至迫使政府部门调整、改变相关政治决策及政治举措。

在现实社会中,暴力活动往往是在大规模的游行示威过程中,包括青年民众在内的各界民众基于高涨的公平正义热情、政府未能积极回应与满足相应的政治诉求,导致参加游行示威的各界民众群情激昂从而引发较大规模的抗议与混乱。暴力活动往往是超越现实社会既定法律法规的、非正常状态的青年政治参与途径,是青年民众同现存政治体系或相应的执政当局矛盾尖锐化的表现。此种类型的青年政治参与也可以算作青年"不服从"的政治参与行为。

五、青年政治参与的影响因素

青年政治参与是建立在一系列基本条件之上的,而这些基本条件的发展演变,影响着青年政治参与的演进。因此,青年政治参与的基本条件和影响因素是相一致的。在政治学说中,对政治参与的基本条件和影响因素的分析同样存在不同的视角。①对青年政治学而言,不同国家和地区青年政治参与的基本条件和影响因素主要包括:

(一)宏观层面:社会政治参与及民主法治的成熟程度

对不同国家和地区而言,青年政治参与作为政治参与和民主法治运作的有机组成,其相关的社会政治参与的成熟程度及民主法治的体制机制的成熟程度,直接影响着青年群体的政治参与。

---

① 参见宋雁慧:《放弃还是被放弃:英国青年不参与投票的原因分析》,《中国青年研究》,2011年第7期。

其一,社会政治参与及民主法治体制机制运作较为成熟,往往有利于青年政治参与的开展及发展。如果不同国家和地区相关社会整体上政治参与和民主法治体制机制运作较为成熟,对青年政治参与的处理经验和方式方法较为丰富,可使得青年政治参与有比较宽松的社会氛围。在此环境中,无论是政府、社会还是民主法治本身都对各类青年政治参与行为较为包容,无疑将会使得青年政治参与处在一个较为合适的发展环境中,无形中也鼓励青年民众投入适当精力到各类政治参与中。即使一些青年因为经验不足,在实际的政治参与行为中存在或者产生一定的偏差,也不至于受到严厉的制裁与打击。同时,对不同国家和地区的某个社会而言,依托较为成熟的民主法治机制,青年群体的相关呼声、意见、利益等政治诉求,也能够较为顺畅地通过青年政治参与的各类行为、相应政治组织及其运作机制实现。但在实际中,也存在因为青年群体自身的各项利益与呼声已经能够通过青年政治参与和民主法治成熟的机制运作而有较为良好的保障,导致青年群体的理性"政治不参与"抑或所谓"政治不服从"[①]。英国青年对民主进程的态度可以说是西方国家的一个缩影。

其二,社会政治参与及民主法治体制机制运作不成熟、不完善,往往对青年政治参与的开展及其发展形成制约。如果不同国家和地区相关社会的政治参与程度较低,民主法治的体制机制不够成熟和完善,通常情况下会导致整个社会生活与政治生活中存在大量的政治弊端乃至民生议题得不到有效的解决,包括青年民众在内的社会民众中存在大量的经济诉求、文化诉求与政治诉求等需要执政集团及时回应和处理。在这种情况下,迫于社会的整体氛围和巨大政治压力,包括青年群体在内的社会各界的整体政治参与一般情况下程度较低。但也存在另一种可能,即面对巨大政治压力的阻碍与制约,包括青年民众在内的社会各界的政治参与热情会较之平常更加高涨。尤其是对青年群体而言,作为当前社会成员的重要组成、未来社会建设的生力军、主力军,基于自身对社会责任的热情、时代担当的政治激情,还有可能涉

---

① "政治不服从"有别于盲目的、情绪化的造反行为和暴动,也有别于以彻底地推翻现行体制为目标的政治革命,其对国家体制和法律仍然基本上持承认和尊重态度,并无颠覆一切的企图。参见何怀宏编:《西方公民不服从传统》,吉林人民出版社,2001年。

及自己切身利益的关切程度,其青年政治参与有可能受到的压力越大,产生的青年政治参与愿望及最终可能导致的青年政治参与的烈度更大。[①]在这种情况下,青年政治参与的程度与所在社会的政治参与氛围并不同步,甚至有可能因为青年的激情和热情,掀起各种形式的较为激烈的青年政治参与甚至引发一系列革命行为与社会运动,引发所在国家和社会的重大政治变革。

(二)中观层面:配套法律法规及青年政治团体的成熟程度

在不同国家和地区,青年政治参与如果能有较为完备的配套的法律法规制度,则意味着两个方面的有力保障:一方面,对青年群体而言,完备的法律法规制度意味着青年政治参与的各类政治行为、政治诉求有了法治的强有力保障,其表达途径、实现效果更为规范化、常态化,青年群体的各类诉求大休能够得以受到关注及最终实现,对所在社会和相关政府或执政集团的政治认同度得以进一步加强。另一方面,对相关政府和执政集团及社会整体而言,关于青年政治参与较为完善的法制法规,需要吸收和认可青年政治参与的合理诉求,稳固青年群体作为社会成员重要组成部分的政治热情与政治支持,也使得青年政治参与的行为有了强有力的约束与规范,使青年政治参与能够服从和服务于社会政治发展的整体进程。[②]如果青年政治参与的相关行为违反了法律法规,对社会政治生活形成冲击,乃至对社会整体利益造成损害,则可运用相关法制法规对其进行规范和惩处。

同时,对青年政治参与而言,不同国家和地区的青年政治团体或政治团体中的青年机构(包括某些政治党派中的"青年委员会")是其重要的组织依托、行动基础及实现平台。[③]如果青年政治团体及政治团体中的青年机构运作的各类体制机制能够较为成熟,则其本身实际就意味着这些青年政治团体或政治团体所代表的青年群体利益能得到较为妥善的保障。这些不同国

---

① 参见[美]塞缪尔·亨廷顿:《变化社会中的政治秩序》,王冠华等译,生活·读书·新知三联书店,1992年,第283页。

② 参见尚杜元、单其悦:《细数那些引导青年的"国家战略"》,《中国共青团》,2015年第10期。

③ 参见陈洪兵、张小青、程旭辉:《墨西哥三大政党的青年组织》,《中国青年研究》,2013年第11期;石国亮:《国外政党青年工作的基本经验研究》,《中国青年研究》,2006年第8期。

家和地区的青年团体或政治团体中的青年机构能够较好地向社会各界和政府机构传递青年民众的利益诉求,引发各界关注,无疑将吸引更多的青年民众参与到相应的政治组织中,使青年政治团体及相应的政治团体有了更为广泛和牢固的人员基础、社会基础。同时,在实现自身利益诉求、发动各种形式的政治参与进而影响到政府政策与政治行为等方面,如果不同的国家和地区的青年政治团体或政治团体中的青年机构的体制机制运作更为成熟,青年民众尤其是青年政治团体内的青年民众参与的热情也往往更为高涨。

(三)微观层面:青年民众自身的个人政治参与意愿与能力

不同国家和地区的青年政治参与最终是要落实到青年个体的政治参与中,并将个体的青年政治参与逐步汇聚,集腋成裘、聚沙成塔。因此,如果青年民众自身对政治参与的意愿比较强烈,可为之投入适量的精力、财力,甚至有足够的政治动员能力、组织能力,影响和感召其他青年民众及社会群体参与到各类政治行为中来,形成“众人拾柴火焰高”的局面,则这些青年个体的政治参与热情和激情无疑将更为高涨。在现实中,包括青年民众在内的积极的公民参与是现代民主政治的重要标志,而一个治理良好的国家或地区往往离不开包括青年民众在内的各界民众的政治参与。

反之,如果青年民众自身不愿意投身政治参与,其政治参与的能力也较弱,对青年个体而言也许无关紧要,但当此类消极的政治参与逐步从青年个体蔓延到青年群体时,容易出现“万马齐喑”的局面。这最终会影响到青年政治参与的整体效果,从而对包括青年群体在内的整个社会的政治发展、社会进步形成冲击。对西方国家公民特别是青年公民政治参与度的不断下降,有观点认为青年公民的政治参与问题已成为当代西方社会中备受关注的议题。[1]

---

[1]　Judith Bessant, Mixed messages:youth participation and democratic practice, *Australian Journal of Political Science*, Vol.39, No.2, 2004, pp.387–404.

第二节　青年政治参与的作用与发展

一、青年政治参与的政治作用

作为实现青年公民自身政治权利的主要途径，政治参与在青年的政治生活和社会生活中，都发挥着十分重要的作用。

（一）青年政治参与影响政治统治的合法性及政治权力的运作

青年政治参与通常以青年民众对于所在国家和地区的政治认同作为心理基础。认同所在的国家及其政权或执政集团，认同现有的政治、经济与社会领域的体制机制，毫无疑问就会通过青年政治参与的多种形式，对所在国家和政权给予相应的政治支持。在遇到内部或外部的诸多压力或纷争乃至外敌入侵的情况下，青年民众会采取各类措施，投身保卫国家的各类政治参与之中。对青年民众而言，对国家的认同往往就是对执政集团政治统治的承认亦即政权统治合法性的认可与拥护，并会采取各类政治参与方式积极投身其中，加强和巩固国家的政治、经济、文化、军事等方面的基础。在不同的国家和地区，这种量的积累通常产生质的转变，进而加强和巩固所在国家和执政集团政治统治的合法性。反之，如果青年民众不认可所在国家或政权，对其不支持乃至采取各类政治措施予以反对，相关的国家或政权的合法性可能会受到侵蚀甚至在其他因素的共同作用下最终被推翻。如自 20 世纪 80 年代至 21 世纪 10 年代，部分西方国家的代议制民主遭遇到空前危机，其表现之一就是包括青年民众在内的投票弃权率长期居高不下，对相关国家议会的信任度也呈持续下降趋势。

在具体操作中，不同国家和地区的青年民众通过青年政治参与——包括投票选举、政治集会、政治结社、游行示威乃至一些非法的暴力活动，影响甚至冲击所在社会的社会秩序、政治稳定、经济发展及政治权力的合法性与具体运作，最终实现青年民众自身诉求或作为社会重要组成的社会整体利益诉求。鉴于政治权力承担着社会中经济、政治、文化等诸多资源分配的功能，青年民众为了自身的群体利益抑或社会整体公共利益的诉求，就必须与政治权力发生不同形式、不同级别的互动联系。作为青年民众与政治权力发生互动联系最为直接和主要的方式，青年政治参与必然影响到政治利益、经济利益、文化利益等在社会整体以及青年群体内部的相关分配。每个青年公民都在有意无意、有形无形地通过各类青年政治参与或者作为重要组成的各类政治参与，来主张和实现自身青年群体的利益以及自身所在政治集团或社会阶层的利益。

如 2002 年的法国总统大选。因为法国民众投票率较低，导致带有强烈反对欧洲联合的极右翼总统候选人在第一轮选举中胜出而进入第二轮，引发法国政坛和欧洲各国一片哗然。在这场政治危机中，法国青年(18~25岁)的投票弃权现象十分严重，在第一轮投票弃权率高达 34%。①在第二轮投票中，经过各方大力宣传鼓动，为"拯救法兰西"，包括青年群体在内的法国民众纷纷用选票阻击极右翼候选人，使希拉克(1932—2019)以 82%的超高得票率顺利当选法国总统。法国青年民众政治参与的重要性对法国政治乃至欧洲政治发展的影响可见一斑。

(二)青年政治参与影响政治管理和政治文化发展

通过青年政治参与，不同国家和地区的青年民众可以向政府和社会各界表达青年群体对公共利益和共同利益分配的意愿和选择。与之相对，相关政府也因此不断获得来自青年群体有关政治管理、经济社会发展等领域的各类反馈与信息，进而根据政府管理和经济社会发展的实际情况，对政府的行政管理举措与相关体制机制予以相应的调整和完善。这个过程实际上就是不同国家和地区包括青年民众在内的公民通过政治参与来表达自己的利益与诉求，并参加政府的相关政策或决策制定的过程。

---

① See De Boissieu Laurent, "Participation et abstention aux elections", http://www.france-politique. fr/participation-abstention.htm, 2021 年 8 月 22 日最后查阅。

整体而言,通过选举、投票、任命或罢免公职人员,通过民意表达(包括政治集会与游行示威)及舆论监督,或者通过直接介入政府政治决策与行政管理的过程等来制约政府的政治管理活动,不同国家和地区的包括青年民众在内的全体公民可从一定程度上通过各种形式的政治参与保障政治管理的廉洁程度与效率程度,也可不断推动民主与法治的体制机制建设。例如,英国伦敦高校的部分青年学生就曾因学费上涨问题,自 2010 年以来,多次举行游行示威乃至演变成骚乱,展示出英国青年对学费大幅上涨的强烈不满,给英国政府和教育部门带来较大压力。

在青年政治参与的实施过程中,较之传统的政党或者组织完备的政治团体,青年民众自身组成的青年政治组织(或青年政治运动)一定程度上会具备更多的比较灵活的优势。这主要是与青年民众或青年群体自身所谓"不成熟"的特点密切关联,甚至"其兴也勃焉,其亡也忽焉"①。在现实社会中,无论本质立场是属于亲政府还是站在政府的对立面,不同国家和地区的青年政治组织(也包括青年政治运动)往往不会像传统政党将某种明确或鲜明的政治意识形态作为指导自身各项建设与工作的政治纲领。这些不同国家和地区的青年政治组织(包括青年政治运动)往往更倾向基于某个或某类相对较为明确、具体的社会现象而采取共同行动。

这种政治目标较为模糊的所谓纲领或原则,因其功能性较强、政治意味较弱,更容易吸引社会不同阶层的青年民众加入,但也有可能引发诸多不稳定因素。例如,2011 年 8 月,因一名黑人青年被英国警方击毙引发各界民众对警察滥用武器的诸多不满,伦敦当地民众进行抗议示威并逐步失控,进而演变为打、砸、抢、烧的暴力骚乱,扩散至伦敦的几十个街区,随后蔓延至英国其他城市。②作为自 20 世纪 80 年代初以来英国最严重的社会骚乱,这次伦敦骚乱与其他一些国家和地区的骚乱不同,可谓是一场"无统一的组织""无统一的行动""无统一的目的""无统一的诉求"的"四无"骚乱。③

---

① 《左传·庄公十一年》。

② 参见《伦敦骚乱蔓延至多个城市》,新华网,2011 年 8 月 10 日,http://www.xinhuanet.com//test/xi-lantest.htm,2021 年 9 月 24 日最后查阅。

③ 参见中央组织部党建研究所课题组:《英国骚乱的原因及启示》,《党建研究》,2011 年第 11 期。

实际上，较之不同国家和地区的很多传统政党附属的青年组织，这类独立性较强的青年政治组织(甚至只是部分青年民众的一时兴起)通常会淡化与现有政党体系尤其是主流政党的关系。这种操作往往使各界青年民众即使抱着好奇或尝试心理参与青年政治组织各类活动，也不会被贴上某类传统政党"政治标签"，从而消除了诸多青年民众的所谓"后顾之忧"，因而能在一定时期、一定领域引发社会各界的强烈关注和支持。但这种带有即兴性质、一哄而起的青年政治组织或青年政治运动，因其缺乏较为严密的组织和纲领，常常如同璀璨的流星一闪而过，存在时间较为短暂，"时来天地皆同力，运去英雄不自由"①。

(三)青年政治参与从正反两个方面影响社会稳定状况

青年公民的政治参与事关所在国家和地区的政治现代化发展，但青年政治参与并非完全与政治稳定成正相关的关系，其具有积极作用和消极作用两个方面。一般而言，青年政治参与对政治稳定的影响取决于两个因素：一个是政治参与过程中青年民众的意愿，另一个则是政治制度的包容程度或纠错能力。如果不同国家和地区的青年政治参与旨在善意建言献策及维护当前的政治体系和执政当局，且相应的政治制度及法制法规相对较为包容、成熟，则青年政治参与将在不同程度推动政治发展的同时，其社会稳定程度通常呈现虽有波动但大体稳定的状态；如果青年政治参与旨在抗议乃至推翻当前的政治体系及执政当局，且政治制度及法制法规的包容性相对较低，则所在的国家或地区往往因青年政治参与而导致较大幅度的波动，甚至在一些国家引发所谓"颜色革命"。

在现实中，某些西方政治机构和政客鼓吹的所谓"颜色革命"其实并不是什么"社会革命"，而是西方政治势力进行干涉内政、颠覆政权的工具。②究其实质，就是某些西方国家通过钱款资助、政治支持、骨干培养等方式方法，培植各类亲己势力(包括以青年民众为主体的反对派及反政府武装)，假借

---

① (唐)罗隐:《筹笔驿》。

② 参见《"颜色革命"危害深重》，新华网，2015 年 6 月 14 日，http://www.xinhuanet.com/politics/2015-06/14/c_127913579.htm，2021 年 8 月 22 日最后查阅。

这些政治反对派和反政府武装之手,尝试推翻那些不亲西方或不服从西方国家利益的政权及其政治领袖。这其中,塞尔维亚(2000 年)、格鲁吉亚(2003年)、乌克兰(2004 年,2013 年)、吉尔吉斯斯坦(2005 年),以及叙利亚(2011年)都是"颜色革命"的"经典"案例。[①]

　　研究显示,在"颜色革命"形成过程中,一些青年政治组织成为"颜色革命"爆发的重要推手,而基于青年民众为主导力量的激进政治参与成为"颜色革命"必不可少的重要内容。不同国家和地区的青年群体基于本身认知特性、高参与度,实际上已经"圈定"青年政治组织在"颜色革命"通常发挥更为重要的作用。例如,在 2000 年塞尔维亚发生的"颜色革命"中,当地青年政治组织"反击"在一定的时间节点上的青年政治参与,使其成为这场政治变革最为积极的推动力量。国外一些具有应对"颜色革命"实际经验的政府官员已意识到,治理青少年和民间组织是削弱影响社会稳定与政治局势的"颜色革命"式政治冲击的关键。也有学者把青年政治组织及其相应的青年政治参与在"颜色革命"背景下的发展壮大,归结为外部政治势力的扶持和培育,而青年政治组织及其相应的青年政治参与是此类国际政治博弈格局的工具。[②]简而言之,这些不同国家和地区的以青年民众为主体的政治反对派、反政府武装及其相关的各类青年政治参与,实际就是服从和服务于西方某些国家霸权利益的所谓"棋子",其引发的社会动荡及政治混乱无疑对所在国家和地区的经济社会发展形成冲击。

二、青年政治参与的社会价值

　　作为现实社会的重要组成及未来社会各项建设的生力军、主力军,青年群体的各类政治参与及政治行为对所在国家和地区的社会发展有其特殊的价值,其主要包括但不限于以下三方面。

---

　　① 参见《"颜色革命"是难民危机之源》,新华网,2016 年 2 月 26 日,http://www.xinhuanet.com/mil/2016-02/26/c_128753544.htm,2021 年 8 月 12 日最后查阅。

　　② 参见罗英杰:《独联体国家青年政治组织的政治行为浅析——以俄罗斯和乌克兰为例》,《中国青年政治学院学报》,2014 年第 6 期。

（一）青年政治参与培养现代公民意识

青年政治参与加深了不同国家和地区的青年民众在政治层面对各类政治知识、政治人物、政治思想、价值观念的认知，以及对政治制度、政治运作的实际掌握，培养其现代公民意识。在青年政治参与的历程中，通过参加不同级别、不同地区的选举与投票，以及各类政治集会、游行示威乃至游走于法律边沿的暴力活动，不同国家和地区的青年民众可以通过各类途径向社会各界和政府机构表达自身作为青年个体，也作为青年群体成员的各类利益目标与政治诉求，了解包括政党和政治社团在内的政治组织的特性与运作机制，体验作为政党成员或政治社团成员对社会发展、政治进步、经济建设等方面的个人价值及政治作用，同时熟悉相关的法律法规、政治决策与政治博弈的具体运作。

在各类不同级别的政治参与中，不同国家和地区的青年民众通常可对政治制度与自身所在国家与社会的发展趋势、社会问题等有更深刻的认知；对如何通过青年政治参与，发挥法律法规及政治制度的相关优势，捍卫国家利益、青年群体利益及青年个体利益得以亲身体验。同时，也会对青年政治参与的路径、方式乃至一些"政治红线"等更为熟悉，对所在社会及国家有关青年政治参与的总体态度也增加了较为深刻的体会。在此过程中，不同国家和地区的青年民众自身通常从缺少政治经验的年轻公民，逐步成为具备较为丰富的政治参与经验、政治实务经验，对社会问题认知更为深刻的现代社会公民。这既是青年个体的青年政治参与过程，也是青年个体政治成长的人生历程，即从所谓"自然人"逐步成长为具备丰富政治经验的"政治人"。

（二）青年政治参与是维护社会稳定发展的"减压阀"

通过不同形式、不同规模、不同界别的青年政治参与，引发社会各界及政府部门对青年个体与青年群体各类政治诉求的关注与回应，同时也可适时向外界宣泄青年群体存在的各类不满情绪，有助于不同国家和地区的青年民众获得一定程度上的"满足感"与"收获感"。这使得青年政治参与一定程度上成为维护社会稳定发展的"减压阀"。不同国家和地区的青年民众时常因为社会经验不足、缺乏对社会问题及政治现象的深刻认知,容易感性冲动而被一些社会人士视为"愣头青",容易被眼前的表面现象所迷惑。与此同时,正是因为其涉世未深,正义感较强,青年民众存有指点江山与伸张正义的豪情壮志,对社会中存在的一些不良现象反应较为激烈甚至应对方式极端。不同国家和地区的青年个体及青年群体中广泛存在的这种现象,极易因各类刺激甚至政治人物、政治势力的诱导及煽动而蓄积大量的不满及负面情绪,可能走向街头游行示威乃至发生各类暴力行动。由此,青年政治参与有可能沾染暴力因素。

如果不同国家和地区的政府部门能够及时回应青年民众对相关议题的关注,妥善处理青年民众的各类利益诉求与政治权利呼吁,并积极建立行之有效的政治沟通体制机制, 甚至采取相应措施及时将相关青年民众与青年政治组织的领袖吸收进政府的行政体系而参政议政, 通常可及时降低乃至消除来自青年民众的各类危害社会稳定的消极因素。实际上,这种过程本身就是通过青年政治参与有效提升青年民众参政议政程度, 积极维护社会稳定的有效方式。即使是爆发了以青年民众为主体的各类游行示威,通常在感性情绪的畅快宣泄之后,面对政治现实与社会生活,青年民众往往又能较快地回归现实、回归工作,恢复正常社会生活。

(三)青年政治参与积极反映青年民众自身利益及诉求

青年民众作为现实社会的重要组成及未来社会各项建设的生力军、主力军,自然会有其自身的经济利益需求和政治权利诉求。一般而言,主要包括求学(如学费问题、专业设置问题等)、就业(如薪资待遇、医疗保险)、婚恋(如财产权益)、住房(如住房贷款额度)等一系列的实际需求与利益诉求。较之物质领域, 不同国家和地区的青年民众在精神领域通常也会追求更为自由、更为舒适、幸福感更高的社会生活,这可能涉及出境旅游、出国留学与学术交流、在社会影响力及信誉度较高的跨国企业、国际组织工作等。

就不同国家和地区的青年民众而言,无论是其个体还是群体,通常都需要保护相关的利益诉求、表达相关的政治权利。这一般需要通过青年政治参与的诸多渠道及途径,及时向所在国家和地区的各级政府部门、社会各界及时反映其利益和诉求，引发各界关注，从而不断纠正政府决策机制的若干不足，加强不同级别行政管理的实际效能，并且逐步推进政治的有序发展。在现实中，青年民众通常可以通过青年政治参与介入所在国家和地区的社会政治生活、政府行政管理，以及包括选举投票、游行示威、政治集会、政治结社等多种政治参与的形式，向社会及政府部门反映自身的利益诉求，在部分国家和地区甚至还会演变成为暴力违法行为，以维护青年民众自身的利益与权利。

三、青年政治参与的历史与现实

（一）青年政治参与的历史

就青年政治参与的历史而言，虽然与当代青年政治参与的标准形态存在重要差异，但历史上确实发生过许多以青年为主体的政治参与事件，影响所在国家乃至世界的历史进程。历史人物青年时期的政治言行一定程度上也可归入青年政治参与的历史。[1]在西汉时期，就曾发生过以青年民众为主体的太学（即中国古代的高等教育机构）学生策划及组织千余人的政治集会，救助因执法不阿而遭受贪官污吏打压的司隶校尉鲍宣，成为古代中国青年政治参与的典型案例。我国有历史记载的第一次青年学生运动亦即青年政治参与取得了阶段性成功。

进入 20 世纪，面对中国半封建半殖民地的境况，以救亡图存、振兴中华为目标的青年群体，积极投身各类社会变革中，使不同形式、不同规模的青年政治参与风起云涌，包括但不限于五四运动、五卅运动、一二·九运动等。这些以爱国青年为主体或主力的各类政治事件或政治运动，充分显示了爱国青年民众的蓬勃力量，促进了社会各界民族意识的觉醒，激发了不同社会

---

[1]　西汉司马迁《史记》中有诸多典型案例，包括青年时期说出"燕雀安知鸿鹄之志"的陈胜，其发动大泽乡起义、反抗秦王朝统治的政治言行参见《史记·陈涉世家》；青年时期说出"吾将取而代之"的项羽（公元前 232—公元前 202），其政治言行参见《史记·项羽本纪》。另见东汉班固《汉书·陈胜项籍传》。

阶层的爱国情怀,推动着整个中国社会的进步与发展,并为新中国的成立奠定了一定的社会基础。在这些青年政治参与进程涌现的诸多青年领袖人物,有不少在历经各种严苛政治考验和社会严酷磨炼之后,逐步成长为影响中国政治、经济与社会等诸多领域发展的精英人才。

在国外,20世纪60年代的以青年学生为主体的政治参与及政治运动同样成为推动西方社会政治变革的强大动力。青年群体作为现实社会的重要组成,对所在的西方国家的社会生活、政治发展的冲击和影响,使西方政治界、学术界不得不重估社会群体的分类方法。包括法国、美国等在内的西方国家也意识到,青年民众作为现实社会的重要组成,在国家政治生活中的重要作用正在日益提升。

就法国而言,1968年由青年学生发起的五月风暴推动了法国社会的个性自由解放运动,也引发了法国政坛及政府内外政策的诸多重要变动,展示出法国青年民众的巨大政治能量。有鉴于此,想方设法获取青年民众的支持成为当时法国政坛的重要政治风向。这导致1974年法国新政府做出决定,从法律上降低青年民众投票权的年龄限制,将其法定最低年龄从21岁降至18岁,当年就有约240万的法国青年成为合法选民。这种通过"赋权"争取青年民众支持的政治意味无疑十分明显。

就美国而言,1965至1973年间,久拖不决的越南战争引发以美国青年民众为先锋和主力的诸多大规模游行示威与反战运动。美国高校青年学生以"拒绝战争""抵制征兵"等为口号,通过游行示威、政治宣讲、政治集会等形式,在各地掀起了反战运动的高潮,引发一系列政治事件和社会动荡,使深陷越南战争泥潭的美国政府最终不得不承受了巨大的民意压力。某种程度而言,正是以青年民众为主体所进行的包括反战游行示威等多种形式的政治参与,迫使美国政府从越南战争撤出,一定程度上也对形成中美苏"大三角"国际政治格局发挥了特殊作用。

(二)青年政治参与的现实

20世纪80年代末90年代初,随着美苏冷战的结束,东西方政治军事集团之间的意识形态斗争逐步被所谓"文明的冲突"及具体的国家利益争夺所替代,原先受到强力制约的青年政治参与也因新一轮所谓"民主化运动"而在不同国家和地区得到蓬勃发展。

随着 21 世纪网络时代的到来,作为互联网络的主要使用者,青年在不同国家和地区政治经济发展过程中的影响力大大拓展, 也使得青年之间的互动更为频繁,社会热点的关注程度更具有随意性、突发性等特点。这种情况导致青年政治参与自身附带随意性、突发性,同时也加剧了青年政治参与在现实中的风险性及消极性。尤其重要的是,网络时代使得线上政治参与与线下政治参与的界限日益模糊。在此情况下,西方国家打着"人权高于主权""民主""自由"等口号,根据自身的霸权利益需要,利用一些国家和地区原有的经济社会矛盾,通过推动青年民众冲击现有的国家政权与政治体系等不同方式,策动多种形式的"颜色革命"。

在中东北非地区,自 2011 年逐渐兴起带有"颜色革命"性质的阿拉伯社会剧变亦即所谓"阿拉伯之春"。这场因青年而起、绵延日久的社会剧变①,其爆发的重要原因在于相关国家因长期的经济社会矛盾积累,加上西方国家债务危机的冲击,导致包括青年民众在内的大量人员失业,相关经济利益与政治权利受到严重侵害。在外部势力的干预下, 受过教育但对现实深感不满、在总人口所占比例过大的青年群体存在大量不满情绪,导致以青年民众为主体的各界民众走上街头游行示威。在内外多种因素的推动下,这种青年政治参与逐步转变为大规模的暴力冲突乃至武装对抗,引发所在国家一系列的社会动荡乃至政权更迭。②

有鉴于此,如何确保青年政治参与不偏离已有的法治轨道,推动所在国家和地区的经济社会发展,避免各类经济社会危机与政治局势动荡,其严峻现实与经验教训值得各国政府和社会各界深思。

---

① 参见《法媒:"阿拉伯之春"五年 局势仍混乱》,新华网,2016 年 1 月 15 日,http://news.xin-huanet.com/world/2016-01/15/c_128632815.htm,2021 年 9 月 26 日最后查阅。

② 参见《"阿拉伯之春"五周年记:中东大乱 世界之痛》,新华网,2016 年 1 月 14 日,http://www.xinhuanet.com/world/2016-01/14/c_128626881.htm,2021 年 9 月 29 日最后查阅。

四、青年政治参与的未来展望

随着时代的发展,不同国家和地区的青年政治参与同样也在与时俱进。综合而言,未来的青年政治参与具有以下三个特征:

(一)互联网的作用日益增强

随着互联网在世界各地的普遍应用、智能手机的日益普及与网络技术的迅速发展,基于网络虚拟空间(线上)的民意表达成为报纸、杂志、广播、电视等传统媒体的主流话语之外的重要渠道与途径,并对各国社会现实空间(线下)的政治生态、政治发展产生深刻影响。作为一种便捷、易得、门槛较低的技术手段,互联网无疑为不同国家和地区的包括青年民众在内的各界民众的个体利益表达提供了新的平台,而网络政治参与已成为青年政治参与的重要形式和途径。[1]互联网的开放、匿名要求及比现实社会更易逃避责任等特点,为青年个体的权益诉求表达、社会热点评论等提供了低成本、低风险的重要选择。在网络空间日益成为青年政治参与重要平台的社会背景下,对青年网络政治参与的研究理应成为焦点。[2]如同一枚硬币的两面,网络普及对青年政治参与而言,实际带来了正反两个方面的影响。

就其积极影响而言,网络的快速发展与普及,将强化不同国家和地区青年政治参与的平台效应。在网络虚拟空间,以青年民众为主体的各类用户往往可以畅所欲言,其作为一个交流的平台不仅促进社会互动,而且可发表不同见解。[3]鉴于政治权力在虚拟空间"碎片化"成为网络时代的重要趋势,现实环境中的政治权力也会受到不同程度的影响和冲击。同时,作为网络的主要使用群体,由不同国家和地区的青年民众发起或者作为主要参与者的各类政治参与通常会"一呼百应",导致不同程度的"蝴蝶效应",使得青年政治参与的"能量"倍增。

---

① 参见吴庆:《论青年政治参与研究的利益分析法》,《中国青年政治学院学报》,2013年第1期。

② 参见聂晓静:《互联网对青年政治参与的影响研究》,《中国青年社会科学》,2015年第2期。

③ See Samantha M.Shapiro, *Revolution*, Facebook-Style, *The New York Times*, January 25, 2009.

在消极影响方面，网络的虚拟特性导致的政府和社会对网络的各类监管呈现软弱无力状态甚至监管缺失，使得网络成为不同国家和地区包括青年民众在内的各界民众宣泄现实各类不满与负面情绪的重要场所。网络虚拟空间崇尚个人自由、否认权威，也无法用"少数服从多数"的常规方式有效管理，时常由网络个体提出尖刻议题而靠"眼球效应"大量跟帖或者关注。这种跟帖与关注很多并非基于理性和客观，一定程度上会导致严重的无政府状态乃至反社会倾向。一些媒体把突尼斯、埃及和利比亚等国 2011 年以来的政治剧变，称为"推特革命"或"脸书革命"。由此，基于互联网的青年政治参与，"国内政治国际化"与"国际政治国内化"不单发生双向互动，而且时常发生"共振"，结果导致更大的社会动荡。

（二）青年政治参与的法治建设日趋完善

在网络时代，不同国家和地区的青年政治参与日趋跨越地区乃至国境的限制，一地或者一国的内部事务，有可能越来越多地引发全球范围内的讨论，迫使相关执政当局无法忽视青年政治参与的声音与诉求，因此提高了政治体系与执政当局有可能产生强制行为的门槛。相应的，政治体系或执政当局为了加强对青年政治参与的监管，通常会通过加强制定相关的法律法规等方式，为相应的治理措施提供法律依托，弥补所谓"法治漏洞"；在制定相关法律法规的过程中，相关各方通常会考虑到青年政治参与的能量及外界可能的评价与影响，法律法规的制定一定程度上会更为开明和包容。这使得青年政治参与的法治环境建设日趋完善。

另一方面，不同国家和地区的青年政治参与也会受到更多的法治束缚，更需要理性。除了相应的法制法规，执法部门也对应对青年政治参与、维护社会稳定有了自身的经验与具体举措。[①]包括美国在内的西方国家警方在处理以青年为主体的各类示威活动时，通常依法"果断"处理，以尽快控制局势、平息事态。一些国家和政府甚至根据游行示威的实际情况，通过增加相

---

①　参见《西方现退役警察：对激进示威果断执法尽快控制局势是警方职责所在》，新华网，2019 年 8 月 19 日，http://www.xinhuanet.com/world/2019-08/19/c_1124895529.htm，2021 年 9 月 24 日最后查阅。

关法律条款甚至新设相关法案等措施,加强对各类青年政治参与的管控。

(三)青年政治参与的形式更加多样化

在智能手机日益普及、互联网成为社会生活有机组成的网络时代,作为不同国家和地区的公民的重要组成部分, 也是重要的社会利益群体的青年民众,出现基于现实空间与虚拟空间不同维度的政治参与形式,加上其群体与个体的不同特点,使得青年政治参与的形式更加多样化。

一方面,在一些国家和地区,包括青年在内的各类公民在现实中的选举投票率逐步降低,所谓"理性不参与"在增长。自 20 世纪 80 年代以来,西方发达国家的所谓"代议制民主"遭遇前所未有的危机——作为公民政治参与主要组织的政党和工会的吸引力大幅下降, 加入政党和工会的公民数量也不断降低。包括青年民众在内的各类公民投票的弃权率则长期居高不下,对各级政府官员和各级议会议员的信任程度也呈持续下降趋势。这种"投票弃权"的"政治不参与"现象波及西方发达国家包括青年民众在内的不同阶层、不同行业、不同地区、不同群体,甚至冲击到以公民直接投票为决策方式的政治公投。①

另一方面,包括网络政治参与在内的各类非制度性政治参与不断增长。实际上,青年民众拒绝投票的"政治不参与"也是政治参与权利的一种表达形式。不同国家和地区的青年群体并非因循守旧,而是通常对传统或现有制度的态度更为苛刻,不满情绪也更为突出。带有浓厚的反传统、反主流及个人自由主义色彩的青年政治参与,往往呈现主观情感化、形式多样化,缺乏内在的规律和持续性,但可在一个较短时期内呈现"高政治参与"现象。更广泛意义上的青年政治行为则通过网络参与的形式, 日益渗透到青年民众的日常生活,形成互联网环境的"泛政治化"。不同国家和地区的青年民众往往不再仅热衷于参与政治党派、政治社团等传统政治组织,而是时常根据个人喜好和时代变化,适度参加一些目标明确、风格明显的非政府协会或公益组

---

① 对于青年群体存在的投票弃权现象,也有专家认为它是一种"年轻时期的投票押后"现象。See Muxel Anne,Les jeunes:des intentions de vote disperses? *Les electorate sociologiques*,2011(2),p.531.

织,包括青年志愿者组织、人道主义组织、环保组织等,"小确幸"色彩浓厚,进而通过提供各类社会服务实现自身的政治参与。

思考题

1.何为青年政治参与? 青年政治参与的特征有哪些?

2.青年政治参与的基本类型有哪三种? 侧重点分别在哪里?

3.青年通过哪些途径能够参与政治?影响青年参与政治的基本条件及其因素有哪些?

4.参与政治的青年能发挥何种作用? 其带来的社会价值是什么?

5.基于青年政治参与的历史和现实,从中可以汲取哪些经验与教训?

6.青年政治参与的未来发展有哪些特征?

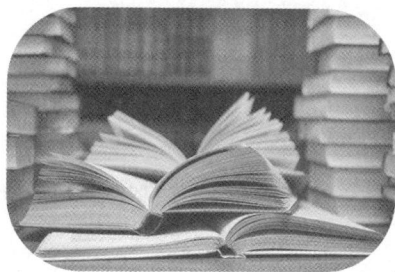

第三章
青年政治体系

本章教学目标：

通过本章的学习，使学生熟悉青年政治体系相关基础知识，具备辨析青年政治体系的种类及其特点的能力，累积应用青年政治体系相关概念和理论于学习与生活的素质。

本章教学基本要求：

了解：青年政治体系的内涵及关联；

理解：青年政治体系相关内容的划分；

掌握：青年政治体系相关的特点及应用。

第一节　青年政治与国家

一、青年政治与国家本质

"国家"作为政治学研究的重要概念和研究内容之一,意义十分重要,青年政治学也概莫能外。在青年政治的发生、发展,以及青年政治学的研究范式中,"国家"实际扮演着一个不可或缺的重要角色。

(一)国家概念的历史沿革

在现实中,国家的影响几乎涉及人类的各项活动,同样也对作为不同国家和地区社会重要组成的青年群体产生深刻影响。从学前教育到宏观经济管理,从社会福利到生态环境,从交通出行到公共卫生,从内部的社会秩序到外部的安全防卫,国家都发挥着十分重要的乃至决定性的作用。作为政治学的重要概念,"国家"一词的历史也十分悠久。

在我国先秦时期,"国"与"家"含义不同:诸侯的封地称为"国",卿及士大夫的封地称为"家",而天子的统治地区则通常称为"天下"。公元前221年,秦始皇嬴政统一中国,废封建,立郡县,[①]"国家"开始和"天下"逐渐通用。此后,虽在不同朝代有所反复(如汉景帝时的"七国之乱"、西晋时的"八王之乱"、明朝初期的"靖难之役"),但在中国的政治话语情景中,"国家"即"天下"的概念基本没有太多变更。

在西方,古希腊国家大多数为幅员和人口相对较小的城邦,故此时"国家"即是城邦,其"完全是同一个概念"。城邦的起源有两种观点:其一是军事因素,就是一群本来分散在各处的民众聚集在一起,在有城墙保护的城中定

---

① 参见吕思勉:《中国通史》,新世界出版社,2008年,第117~120页。

居;其二是政治因素,即一群人同意在一个权威的统治下生活,无论周围是否有城墙的保护。在古罗马时期,共和国(Res publica)的概念逐步盛行,即共和国就是人民之国(res populi),代表着一套制度安排,以及这种制度在追求所有人最大福祉之时赖以维持的行为准则。[1]"国家"指的就是这种共和国。在欧洲文艺复兴时期,意大利人马基雅维利在其名著《君主论》一书中,用拉丁文"status"指称国家,从此,"state"成为"国家"在政治意义和政治学研究中的专用概念,其内涵是指包括土地、人民、政府及其统治技术等国家的相关构成要素。

在中外政治学的发展历程中,国家一直是不同国家和地区的各类学者们所探讨和研究的重要对象,关于国家作为政治概念的定义自然也多种多样。其中,非马克思主义的国家定义主要包括但不限于:国家契约说、社会共同体说、国家神权说、管理劳动说、国家要素说。也有从唯心主义视角、功能主义视角和组织视角等不同的视角来看待国家。[2]这些学说从不同的角度,阐释了非马克思主义对于国家的理解,也为马克思主义对国家的认知提供了重要的理论参考。

马克思主义经典作家从考察社会阶级利益的对立和国家的产生入手,认知和剖析国家的本质及其相关的社会关系。就国家的阶级性而言,马克思主义认为,"国家是阶级矛盾不可调和的产物和表现"[3];"国家无非是一个阶级镇压另一个阶级的机器"[4];就公共性即不同社会制度之下存在的国家的共性而言,"国家的本质特征,是和人民大众分离的公共权力"[5]。"社会创立一个机关来保护自己的共同利益,免遭内部和外部的侵犯。这种机关就是国家政权。"[6]质言之,马克思主义的国家观主要认为,国家是阶级社会中的特别的公共权力,具体来说就是经济上占有统治地位的阶级为了维护和实现

---

① 参见[英]阿兰·瑞安:《论政治》(上卷),林华译,中信出版社,2016年,第196~200页。

② 参见[英]安德鲁·海伍德:《政治学》(第二版),张立鹏译,欧阳景根校,中国人民大学出版社,2010年,第107~108页。

③ 《列宁选集》(第三卷),人民出版社,2012年,第114页。

④ 《马克思恩格斯选集》(第三卷),人民出版社,2012年,第55页。

⑤ 《马克思恩格斯选集》(第四卷),人民出版社,2012年,第114页。

⑥ 同上,第259页。

自己的阶级利益所实行的政治统治和管理组织。

(二)青年政治学视角下的国家概念

青年政治学视角下的国家，更多是着眼青年民众及青年政治在不同国家内部及不同国家之间所发挥的各类作用。

鉴于国家具有的四个基本要素(即定居的居民、固定的领土、健全的政府组织和完整的主权)及三重属性(即阶级性、民族性和国际性)①，就国家内部而言，青年民众作为国家所包含的居民及社会成员的重要组成，自身也可按照马克思主义的相关标准划分成不同的阶级与阶层。不同阶级的青年自然更多从自身所在阶级(或阶层)的立场思考和认知所在的国家，认知所在国家的政治、经济、文化、教育、科技等体制机制。在一些西方国家(如美国、英国)，青年民众往往从自身所处的社会界别(如劳工界、非洲裔等)或者利益集团(如青年学生、蓝领工人、移民等)的利益出发，推动所在国家的各类政治运作，调整甚至改变相关的政府决策、法律法规。对于同类问题，在发展中国家则往往因经济发展水平、社会发展目标的不同，导致这些国家青年民众的立场、观点与发达国家的青年民众存在重大差异。例如移民问题，总体趋势是发展中国家包括青年民众在内的各界民众向经济社会条件更好、生活水平更高、薪资条件更为优越的发达国家移民。

"国际政治是以主权国家的诞生及其交往为前提，并随着国家的兴衰及其相互关系的发展而演变的。"②涉及国家的外部事务时，作为某个国家的青年群体，通常更多从所在国家的角度和利益认知本国在国际社会的各类活动，保护本国的整体利益。同时，在全球化背景下，一些国家以青年民众为先锋与主力的各类社会运动如"颜色革命"等，在一定程度上也给外部政治势力干涉相关国家的内部事务提供了机会。在一些国际场合，基于所在国家的立场分歧，不同国家和地区的青年民众也曾因维护各自祖国的利益而彼此爆发不同形式、不同程度的矛盾乃至冲突。随着国家交流交往的日益频繁，包括边界冲突、贸易摩擦在内的国与国之间的各类争端也成为青年政治的

---

① 参见梁守德、洪银娴：《国际政治学概论》，北京大学出版社，2008年，第72页。

② 梁守德、洪银娴：《国际政治学概论》，北京大学出版社，2008年，第76页。

重要议题,青年群体也时常充当涉及国家利益的各类游行示威的急先锋、主力军。与此同时,随着互联网的日益普及,以及"国际政治国内化"与"国内政治国际化"的双向互动,某国青年发生的政治倡议或者政治运动,有可能以"蝴蝶效应"深刻影响乃至冲击世界各国的政治运作。

以叙利亚为例。自 2011 年受中东北非地区阿拉伯国家社会剧变冲击,叙利亚内部也爆发以青年民众为主力的反政府运动,并在外部政治势力的干涉下形成诸多反政府派别及近百个反政府武装。① 2016 年 3 月,在俄军对叙利亚境内目标首次空袭 5 个月后,俄罗斯从叙利亚撤出大部分武装力量,其原因是俄军有效的军事行动为启动叙利亚和平进程创造了条件,但俄军仍将继续驻扎在叙利亚的多个军事基地。实际上,自 2011 年 3 月爆发的叙利亚内战导致大量的人道主义惨剧,叙利亚经济发展已呈现瘫痪状态,其经济社会水平倒退至少 30 年。2016 年,联合国的数据就曾显示,当时已经至少有 300 万的叙利亚民众处于失业状态,约 80% 的叙利亚民众沦为贫困,其中包括 700 万儿童。叙利亚普通民众的生活十分艰难。

不难想象,俄罗斯军队中的青年军人期望能够按照俄军目标,打击反政府武装和极端组织;叙利亚政府及政府军的青年军人则期望能迅速击败反政府武装与极端组织,早日恢复叙利亚社会的和平与稳定;反政府武装中的青年民众则期望能够抵抗叙利亚政府和俄罗斯的军事打击,获取更多的外部支持并扩大自身政治影响。对于包括青年民众在内的广大叙利亚普通民众而言,尽快结束纷争不休的战乱,结束颠沛流离的艰辛生活,则是更为实际的政治诉求与未来期望。总而言之,在叙利亚内战中,不同背景的青年民众基于政治立场和政治利益的差异而产生严重分歧。

二、青年政治与国家政权组织形式

国家政权的组织形式即国家政体,通常是指不同国家和地区的相关社会阶级采用何种组织形式而实现反对敌人、保护自身等政治目标的政权机

---

① 参见《叙反对派称 97 个反对派武装同意接受停火协议》,新华社,2016 年 2 月 26 日,http://www.xinhuanet.com/world/2016-02/26/c_1118175016.htm,2021 年 9 月 27 日最后查阅。

关。"国体"也可界定为表明国家根本性质的国家体制,由社会各个阶级在相关国家的地位决定。①实际上,所谓"国体"是指"社会各阶级在国家中的地位",即哪个或哪些阶级处于统治地位,哪个或哪些阶级处于被统治地位,亦即"国体"体现着相关国家的阶级本质和阶级利益内容。"政体"和"国体"是相适应的,②但其翻译则有待进一步规范。实际上,"这个国体问题……就是社会各阶级在国家中的地位。……至于还有所谓'政体'问题,那是指的政权构成的形式问题,指的一定的社会阶级取何种形式去组织那反对敌人保护自己的政权机关"③。

在西方国家,古希腊的亚里士多德曾按照"谁统治"和"谁从统治中受益"进行政体分类,提出六种政体类型,其中,三种维护共同利益的"正宗"类型为君主政体、贵族政体和共和政体,三种只维护统治团体自身利益的变态政体为僭主政体、寡头政体和平民(民主)政体。对此,托马斯·霍布斯、让·布丹等政治思想家根据时代的演变继续发展了亚里士多德的政体分类,并更关注主权原则,视之为所有稳定政体的基础。约翰·洛克和孟德斯鸠等人则主张建立"立宪政府",并随着世界各国政治发展和时代演变,逐步形成并完善了现代意义上的政体概念。

(一)青年政治与国体及政体的合法性

国体通常是政权组织形式的基本决定因素,必须通过一定的国家政权组织形式即相应的政体来反映和实现。对现代国家而言,无论是国体还是政体,如果需要长期的生存与发展并维持经济社会的繁荣稳定,除了保有相应的军队、警察等国家与政权的强力机关,最为根本的则是需要获得包括青年民众在内的拥有足够数量的各界民众的大力支持——这既是国体与政体的合法性重要来源,也是国体与政体得以正常运作的重要支撑。青年政治则在

---

① 参见"国体"词条,载《现代汉语词典》,商务印书馆,2010年,第522页。

② 参见倡化强:《国体的起源、构造和选择:中西暗合与差异》,《法学研究》,2016年第5期;范贤政:《"国体"与"政体"在近代中国的演变与分化》,《学术研究》,2014年第3期;林来梵:《国体概念史:跨国移植与演变》,《中国社会科学》,2013年第3期。

③ 《毛泽东选集》(第二卷),人民出版社,1991年,第676~677页。

国家的国体与政体的合法性方面发挥着特殊的作用。

其一，青年民众是国体及其政体获得合法性的重要来源。青年民众作为社会成员的重要组成部分，数量十分庞大。如果获得了包括青年民众在内的各界民众强有力的政治支持，相关国体及其政体的政治权威无疑会增强，其政治合法性也会随之得到不断提升，加上其他经济、政治、文化、社会乃至军事层面的举措，无疑会巩固相关国体与政体的政治基础，推动其经济社会的繁荣发展。对此，中国古代就有所谓"天视自我民视，天听自我民听"①、"民惟邦本，本固邦宁"②、"水能载舟，亦能覆舟"③等政治言论，亦即"得民心者得天下，失民心者失天下"。在古希腊时期，亚里士多德曾提出"怎样才能创建一个良好的政体"，认为所谓"政体"就是全城邦居民可以分配政治权利的体系④。在近现代的西方政治思想中，"人民统治"的观念不断得到充实和完善。美国前总统林肯曾提出要建立"民有、民治、民享"的政府，孙中山也曾提出以"民族""民权""民生"为核心的"三民主义"。概而言之，就是要"得民心"。不管是城邦国家还是"人民统治"等政治理念，作为国体与政体合法性来源的各界民众的重要组成，青年民众的作用也随着公民权利与权力的增强而"水涨船高"。

其二，青年民众是危及国体与政体稳定与生存的重要力量。青年民众自身精力充沛但社会经验较少，社会正义感较强且较易冲动，也因此容易被反对相关国体和政体的国内外政治势力煽动、诱导。"如果政府不能够满足民众诸如民主方面的诉求，随时都会面临失去民众支持与合作的危险，民众甚至会组织起来反对、推翻政府，重新建立新政权。"⑤因此，在一定的社会经济条件（如因经济不景气或经济衰退导致的大量失业）和政治事件的激发下，青年民众有可能会走向街头从事各类游行示威与政治集会，或者从事各类反对现有政权的政治活动，从而危及所在国家和地区的社会稳定，进而冲击经济社会发展。近年来在一些国家和地区爆发的形形色色的"颜色革命"

① 《尚书·泰誓》。

② 《尚书·五子之歌》。

③ 《荀子·哀公》《荀子·王制篇》《贞观政要·论政体》。

④ 参见［古希腊］亚里士多德：《政治学》，吴寿彭译，商务印书馆，2017年，第112~117页。

⑤ 倪世雄等：《当代西方国际关系》，复旦大学出版社，2006年，第414页。

中,在相关国家的内部及外部政治势力的纵容、煽动下,一些青年民众和青年政治组织成为反对现有国家政权的"急先锋",对所在国家和地区的政治发展形成冲击,也影响了这些国家和地区的社会稳定。

质言之,对现代国家相关的国体和政体而言,需要关注青年民众的各类呼吁与利益,争取更多的包括青年民众在内的各界民众的支持,增强其合法性和权威性,同时采取积极措施,化解青年民众存在的若干消极作用,进而巩固相关国体与政体的政治基础。

(二)青年政治与国体及政体的现实运作

作为社会成员的重要组成部分,14~40周岁的青年群体通常情况下大致占据整个社会成员的一半左右甚至更大比例;与此同时,青年群体也是整个社会成员中最为活跃、政治不稳定性较大的社会族群。面对如此重要的民众群体,对不同国家和地区而言,无论是国体还是政体,最为行之有效也最为现实的方式,就是在国体和政体的运作机制方面,能够吸收和容纳其相对合理的政治诉求,巩固青年群体对国体和政体的支持,降低或大幅度削减乃至消除青年群体对国体和政体的反对与抵制,维护国体与政体的民意基础、政治基础与合法性。与此同时,青年政治如果走向偏差,也可能对国体和政体产生负面影响,进而可能影响到整个国家的政治走向。

作为青年政治的典型案例,20世纪前半期由"青年土耳其人"亦即青年政治主导的土耳其革命与变革(从封建专制到君主立宪再到共和制)①,改变了包括国体与政体在内的土耳其政治与社会生活的诸多方面,使其逐步摆脱了落后挨打甚至濒临亡国的局面,在世界历史及各国政治发展历程中也占有较为重要的地位。

三、青年政治与国家结构形式

国家结构形式通常是国家内部,其中央权力机关与地方权力机关、整体

① 参见昝涛:《现代国家与民族建构——20世纪前期土耳其民族主义研究》,生活·读书·新知三联书店,2011年;[英]伯纳德·刘易斯:《现代土耳其的兴起》,范中廉译,商务印书馆,1982年。

与局部之间关系的构成方式，是中央与地方的各类权力关系在国家组织结构形式及其原则等方面的具体表现。现代国家的国家结构形式主要分为单一制和复合制两种类别。①一般而言，因为国家结构形式的不同，其国家自身政治运作的机制及其发挥政治效能的侧重点也有所区隔，导致青年政治的影响效果存在区别甚至重大差异。因此，面对不同的国家结构形式，为保障青年民众的相关权益及政治诉求，需要具体情况具体分析，青年政治的影响重点和表现形式、运作机制也有所不同。

(一)青年政治与单一制国家结构形式

单一制国家通常是指由若干个不具有独立性的行政单位或自治单位组成的单一主权国家的结构形式。

1.单一制国家结构形式的主要特点

单一制国家结构形式的特点主要包括：

(1)法律体系方面：国家只有一部统一的现行宪法(成文或不成文)和一套统一的法律体系，作为地方的各行政区域的法律法规和宪法相统一。

(2)国家组织结构方面：国家具有统一的立法、行政、司法系统，各行政区域的立法、行政和司法体系一致。

(3)中央与地方关系方面：中央政权掌握和统一行使国家最高权力，各地方政权的权力由中央政权授予，并接受中央政权机关的统一领导，中央权力与地方权力之间是整体和部分、领导与服从的关系。

(4)对外关系方面：国家主权高度统一，由中央政权机关代表国家在国际社会充任国际法主体，对外统一行使外交权；各行政单位或地方政权及自治单位不具有独立的外交权，即使个别地区享有一定的自治权限，但这种权限被限制在统一的国家主权范畴之内。

(5)国籍方面：各地方的公民具有统一的国籍身份。

目前，包括中国、英国、法国、日本、意大利等国在内的世界上大多数国

---

① 关于各国政治制度，参见唐骁、王为、王春英：《当代西方国家政治制度》，世界知识出版社，1996年；李晨荣、谭融编著：《外国政治制度》，南开大学出版社，1997年。

家都采取单一制的国家结构形式。

2.青年政治与单一制国家结构形式

在单一制国家中,青年民众及青年政治组织所要面对的是一个统一的政府,遵循一部统一的宪法和一套统一的法律法规体系。青年政治所涉及的各类政治参与、政治结社、政治投票、政治选举等,也需要与这种整体化一的形式相适应,并遵循相关的法律法规。单一制国家的统治权力通常集中于中央政府,地方各级政府受到中央政府的严格控制,或者地方政府即使有较大的行政自主,但中央政府在立法、行政、财政等方面具有巨大权限而实现对地方政府的掌控。因此从青年政治的成本收益考虑,青年民众及青年政治组织往往会更多侧重于影响中央政府的各项决策与政策法规,或是以影响中央政府为优先目标乃至首要目标,以达到"自上而下"、由中央至地方的活动方式推行自身政治诉求的目标。

同时,一些地方领域所发生的各类青年政治事件,在向相关的地方政府(省、市)表达政治诉求、捍卫政治利益的同时,也会积极向更高一级的政府部门乃至中央政府进行逐级甚至越级"上诉",以期望推动更高一级政府部门乃至中央政府的关注和介入,从而寻求单一制国家管理体系"自上而下"地妥善解决。与单一制国家中央与地方关系相适应,青年政治所涉及的各类政治组织一定程度上也存在中央总部与地方分支的关联。鉴于单一制国家施行的统一的法律法规体系,全国各地之间的相关法律法规彼此基本相同,即使存在大量地方性法律法规也无根本性差异,因此青年政治参与及青年政治组织通常也遵循共同的类似"宪法"的组织章程或行动规范,整体化一的情况更为常见。

(二)青年政治与复合制国家结构形式

复合制国家在形式上则相对比较复杂,通常是以两个或多个有一定独立性的政治单位(具体形式包括共和国、加盟共和国、州、盟、邦等)组成联盟的国家结构形式。按联邦政治单位之间联合的紧密程度,近现代的复合制国家通常可分为联邦制、邦联制[①]两种。

---

① 鉴于邦联自身作为国家间组织,其重心仍然在主权国家而非邦联,其形式上也无法构成严格意义上的国家,因此邦联并不在青年政治与复合制国家结构形式的讨论范畴。

1.联邦制国家结构形式的主要特点

就联邦制国家而言,其是由若干成员单位(邦、州、共和国等)联合组成统一的复合国家,其特点主要包括:

(1)法律体系层面:除联邦政府有一部宪法(或具备宪法职能的法律文件)外,在联邦宪法和联邦基础性法律许可的范畴内,各邦、州或(加盟)共和国同样有自己的宪法及相关法律法规。

(2)国家组织机构层面:除设有联邦的立法机构、司法机构和行政机构外,各邦、州或(加盟)共和国还设有自身一整套的立法机构、司法机构与行政机构;后者与联邦机构之间通常不存在隶属关系,并在各自管辖的领域内根据相关法律而独立行使各项权力。

(3)中央和地方权力关系层面:由于联邦制国家在形成以前,各成员单位基本上已经是拥有一定主权的政治实体,联邦政府是各成员单位让渡了先前拥有的部分权力而建立,因此联邦政府行使立法、财政等主要权力,但各州、邦或(加盟)共和国在立法和财政等方面,也有较大自主权。

(4)对外关系层面:联邦政府在外交、军事领域拥有较大权力,各联邦组成单位也具备对外交往的相关独立性,可在联邦宪法允许或授权的范围内,与外国政府或经济实体等就国家主权以外的次要事务(包括经济、旅游、文化、教育等)签订相关协定;有些联邦国家的组成单位还能以独立资格加入国际组织。

2.青年政治与联邦制国家结构形式

在联邦制形式的国家中,青年民众及青年政治组织的各类政治行为、政治运作、政治参与必须与联邦制国家的法律法规、政治规范和相关政治管理制度相适应,尤其是与联邦及各州之间诸多政治权限的划分相适应,以期能够顺畅表达青年民众及青年政治组织的各类政治诉求。青年民众或青年政治组织如果试图更好地发挥自身的政治作用、影响联邦政府与联邦议会有关法律法规的制定及其各类行政举措,就需要根据联邦和各州(邦)的权限划分而有所侧重。

在具体的运作中,青年民众与青年政治组织既需要和联邦宪法与法律法规相适应,也需要与各州(邦)的宪法与法律法规相结合。尤其是在选举制度方面,各州(邦)作为联邦单位,其权限同样巨大;联邦议会作为国家最高立法机构,其作为联邦各类政治精英和政客们的聚集之地,同样也是青年政治的关注重点。另外,联邦制带来的分权可能导致久拖不决的社会"顽疾",包括青年民众和青年政治组织在内的各类政治运动并不能真正予以尽快解决,仅能在一定时期通过包括游行示威、政治集会、网络政治等政治行为表达自身政治诉求,引发联邦和各州(邦)及社会各界关注,进而不断助力青年民众政治诉求目标的实现。

四、青年政治与国家机构

在现实生活中, 各类青年政治参与与青年政治组织为实现相关政治诉求,不可避免地与不同级别的国家机构发生这样或那样的关联。而在青年政治所涉及的国家机构中,主要包括但不限于从国家到地方的各级领导人,以及行政机关、立法机关、司法机关等多个部门。

(一)青年政治与国家机构各级领导人

青年民众和青年政治组织在所从事的各类青年政治参与中,经常会涉及从国家到地方的各级领导人。其中,对不同国家和地区的各级领导人而言,不论是单一制国家还是联邦制国家,也不论是何种社会制度及政治制度,国家元首和政府首脑的地位均十分重要。

1.不同制度下国家首脑的主要类型

国家元首是"主权国家对内对外的最高代表,是国家机构的重要组成部分"[1],国家不论大小、贫富、强弱,通常都会设置国家元首这一职位,"有国家,就有元首"[2]。与之相应,政府首脑作为相关国家的政府(或内阁)的领导人,是行政部门的最高负责人,全面负责相关政府部门的各类政治运作,故一般也称为行政首长。国家元首和政府首脑又常常被统称为国家首脑。

国家元首和政府首脑之间依据政治制度与国家体制的不同而呈现多种形式的关联,这也是导致国家元首和政府首脑在名称方面的诸多差异。在21世纪,

---

① 《中国大百科全书·政治学》,中国大百科全书出版社,1992年,第144页。
② 龚祥瑞:《比较宪法和行政法》,法律出版社,1985年,第184页。

青年民众和青年政治组织经常与之发生关联的较常见的国家首脑类型包括：

（1）在总统制下，一般由国家元首（总统）兼任政府首脑，以美国为典型。

（2）在半总统制下由国家元首（总统）在议会多数党中指定政府首脑（总理），以法国为典型。

（3）在共和制度下的议会制中，国家元首（总统）多为象征性的虚位元首，政府首脑（总理）掌握较大的政治权限，以德国为典型。

（4）在君主立宪制下的议会制中，国家元首（国王或女王）作为国家元首，或拥有较大权力，或作为虚位元首，政府首脑（首相）掌握较大政治权限，以英国、日本等国为典型。

鉴于从国家到地方的各级领导人社会影响力和政治地位十分重要，是包括中央权力和地方各级权力的重要所在，尤其是国家首脑（即国家元首与政府首脑）的地位更为尊崇，成为各类政治竞选和政治博弈的重要目标，因此也是青年民众和青年政治组织所要涉及及重点关注的。对青年民众和青年政治组织而言，其对包括国家首脑在内的国家机构各级领导人，除了政治领域的诸多互动之外，还有多种能够施加青年政治影响的方式，主要包括：

2.青年政治与国家首脑

（1）青年民众作为各国社会公民的重要组成部分，依相关法律，拥有选举权，可通过投票选举包括国家首脑在内的国家机构各级领导人。

（2）作为国家公民，青年民众在具有选举权的同时，也依法拥有被选举权，可以凭借自身的政治能力和领导才干，被选举或被任命，担任国家相关机构的领导人，甚至是担任国家首脑。

（3）青年民众作为所在国家现有社会的重要组成和未来社会建设的主力军和生力军，可经过青年政治不断的政治实践和政治历练，在增强自身的政治才干与领导才能的同时，可在未来担任国家不同级别机构的领导职务。

如不丹王国作为喜马拉雅山脉南麓的袖珍国家，人口仅 68 万，面积 3.8 万平方千米。在年轻国王多杰·旺姆·旺楚克的推动下，经各方政治力量的不断努力，不丹已经从原有的君主制平稳转变为议会制君主立宪国家。[①]与不

---

① 参见［不丹］多杰·旺姆·旺楚克：《秘境不丹》，熊蕾译，九州出版社，2012 年。

丹锐意进取的青年国家元首相对应,就政府首脑而言,31 岁担任奥地利政府总理的塞巴斯蒂安·库尔茨(1986 年生)、34 岁担任芬兰政府总理的桑娜·米蕾拉·马林(1985 年生)则先后成为欧洲政坛的亮点。

(二)青年政治与国家不同机构的政治运作

青年民众与青年政治组织与国家不同机构的政治运作关系密切。一般而言,国家机构主要包括行政机关、司法机关、立法机关三大类。

对青年民众和青年政治组织而言,其对包括行政机关、司法机关、立法机关在内的国家不同机构,除了政治领域的诸多互动之外,同样存在多种能够施加青年政治影响的方式,主要包括:

1.青年政治与国家机构领导

作为各国社会公民的重要组成部分,不同国家和地区的青年民众依相关法律,拥有选举权,可通过投票直接选举国家不同机构(包括行政机关、立法机关、司法机关)的各级别的领导人或负责人,或者间接影响国家不同机构领导人尤其是部门负责人的任命。对于各级行政领导人,青年民众通常可以通过投票直接或间接选举, 如按照选举投票的得票情况, 产生政府总理(首相)、总统,或各地方的州长/省长、市长、县长等。

对于具体行政部门的负责人,如政府(内阁)各部部长,州/省各局局长等,因为这些部门负责人大多由各级行政领导人提名,并经过相应级别的立法机关(议会)批准而获得任命,实际上是依托所选举的各级行政领导人与相应级别的立法机关共同产生,因此可以说是通过投票选举而间接发生影响。

2.青年政治与国家机构日常运作

作为国家公民,不同国家和地区的青年民众在具有选举权的同时,也依法拥有被选举权,可以凭借自身在专业领域的卓越才干和业务能力(包括行政管理、法律事务、司法事务等),通过被选举、被任命、被聘任或实习等不同形式,担任国家不同机构的负责人或部门负责人、重要成员、一般工作人员,亲身参与此类机构的日常运作,甚至在和相关国家机构及其人员的冲突与摩擦之中,加深对这些机构政治功能的认知,反思自身的经验教训与知识局限。

鉴于一些国家级别的机构对工作经验和业务素养要求较高, 实际是无形中用工作年限与业务经验等与年龄相关的诸多因素划定相关门槛，因此现实中较为常见的是青年民众作为国家相关机构的一般工作人员、实习生或者重要的部门负责人的辅助人员（副手或助理），参与这些机构日常事务的处理与具体执行。

3.青年政治与国家机构未来发展

作为所在国家现有社会的重要组成和未来社会建设的主力军和生力军，不同国家和地区的青年民众可在未来担任国家不同级别机构的领导人、部门负责人等职务。这些青年民众通常经过青年政治不断的政治实践和在相关业务领域（包括行政机关、司法机关、立法机关等）的不断历练，深化自身青年政治社会化进程。这包括在行政机关、司法机关、立法机关等不同机构，制定相关政策与法律法规、做出决策、具体执行相关政策与决策及法律法规等，进而直接或间接影响到这些国家机构的日常管理与各类政治运作。

在这种历练和成长过程中，不同国家和地区的青年民众在逐步增强自身的政治经验与业务能力的同时，随着年龄和社会地位的增长，其中的一些精英往往会在未来担任国家不同级别的机构领导人、部门负责人等职务，进而在这些国家机构发挥更多的政治影响。

第二节　青年政治与政治组织

一、青年政治与政党基本特征

（一）青年政治与政党基本特征的逻辑关联

政党活跃于现代政治的中心舞台，政党的确立和发展已经成为现代国家发展的重要条件之一。基于青年政治学的视角，青年政治与政党基本特征存在诸多重要关联，包括但不限于：

1.青年政治助力政党作为政治性先锋队组织的发展

作为政治性先锋队组织,政党汇聚了所在国家和社会相关阶级、阶层或集团的政治精英。[①]青年政治与之相关的,则主要体现在政党的成员构成、政治作用等方面。从成员构成来看,政党成员通常包括相关国家和地区的一定阶级、阶层或集团在政治领域最积极、最活跃、最有政治能力的各界人士,而青年成员,则一定程度上是政党成员主要的群众基础、党员基础及未来发展的重要力量。随着青年成员政治经验的累积与政治素养的不断提升,青年党员日益成长为政党的中坚力量乃至领导力量,并从中历练出具有相应领导能力的新的领导集体及领导者。

从政党对相关阶级、阶层或集团的政治作用来看,不同国家和地区的政党通常体现着相关阶级、阶层或集团的包括青年群体在内的整体成员的政治诉求。对于14~40岁的青年群体,政党一定程度上需要呼应此类青年党员的政治诉求,进而拓展到整个社会的青年群体,使其在求学、就业、社会保障、交通、住房等领域的诉求不断根据社会经济形势的发展而逐步得到相应的满足。这既是政党作用的着力点,也是其凝聚党内共识和社会共识的有效手段。

2.青年政治助力政党实现其自身政治目标

争取青年群体支持,既是政党获取政治支持的短期目标,也是为实现长期目标而培养政党未来中坚力量的重要方式与手段。[②]政党的政治目标通常也被称为政治纲领,主要包含两个方面,一是政权层面目标,即获取(或夺取)所在国家和地区的社会公共权力,进而巩固已掌握的社会公共权力;二是社会层面目标,即基于所在国家和地区包括青年民众在内的各界民众公共需求的社会治理和社会发展的目标,其通常又可进一步划分为近期目标和远期目标。就近期目标而言,其是政党对所在国家和地区社会发展现阶段的政治要求,而远期目标是政党最终需要实现的所在国家和地区社会状况和社会要求。

对政党而言,无论是政治层面目标还是社会层面目标,都需要不懈的努力,以及长期的奋斗。青年民众作为现实社会的重要组成与未来社会各项建

---

① 参见王长江:《政党论》,人民出版社,2020年,第43页。

② 同上,第46~48页。

设的生力军、主力军,不但是一个政党实现当前政治目标过程中重要的依靠力量,也是不断努力、承前启后的政治接班人,直接影响到该政党未来发展是否能够继续兴旺发达。一些国家的重要政党往往针对青年民众成立相关的青年组织或者制定相关的青年政策,以推动政党自身的发展及其政策方针的实施。[①]

(二)青年政治与政党基本特征的现实关联

正是基于青年政治攸关政党的现实发展与未来生存,很多较有影响力的政党纷纷设立针对青年的外围组织,以及基于党内青年党员的"青年委员会"等形式,一方面是积极拓展政党在青年民众中的政治影响力,凝聚党内青年党员的力量,另一方面则基于未来发展需要,积极通过青年政治参与为本党派培养具有领导素质的未来领导人和骨干后备力量。[②]

在青年工作亦即青年政治方面,国外政党通过长期不断累积而形成的基本经验主要包括:一是强化政党领袖对青少年的感染力和吸引力;二是加强对青年党员有关本党党性的相关教育;三是借助多种平台和方式方法积极延揽人才尤其是要培养青年中坚力量;四是加强所在党派的各类青年外围组织建设;五是所在党派的青年工作部门需要根据时代发展和经济社会形势的变化,及时了解和满足青年民众的各类合理诉求与权利需求;六是借助信息化手段及互联网,逐步保障青年工作方式的现代化。

如,作为拉美国家的人口大国,墨西哥 30 岁以下的民众占总人口的71.7%,经济自立人口中有 58%是青年民众,[③]争取青年民众的支持对墨西哥政党自身的发展及其相关的政治竞选、政治斗争都十分重要。有鉴于此,墨西哥三大传统政党(革命制度党、国家行动党、民主革命党)都有自己各具特色的青年组织。

---

① 参见石国亮:《国外政党青年工作的基本经验研究》,《中国青年研究》,2006 年第 8 期;陈洪兵、张小青、程旭辉:《墨西哥三大政党的青年组织》,《中国青年研究》,2013 年第 11 期。

② 参见石国亮:《国外政党青年工作的基本经验研究》,《中国青年研究》,2006 年第 8 期;尚杜元、单其悦:《细数那些引导青年的"国家战略"》,《中国共青团》,2015 年第 10 期。

③ 参见陈洪兵、张小青、程旭辉:《墨西哥三大政党的青年组织》,《中国青年研究》,2013 年第 11 期。

二、青年政治与政党制度

　　基于青年政治学的视角,政党制度①通常是指由国家的宪法(或者法律)明确规定或在实际政治生活中形成的关于政党的地位及作用、政党之间各类关系、政党执掌政权或参与政治活动的方式、方法及相关程序的制度性规则及规定,也可称为一个国家通过政党进行各类政治活动的方式或状态。②在国际社会,部分国家的政党制度并没有明确的成文规范或相应的法制法规,只是遵守一些不成文的政治惯例。青年民众作为现实社会成员的重要组成及未来社会建设的生力军、主力军,其青年政治对政党制度的实际运作与现实发展发挥着重要作用。

　　政党的出现和政党政治是现代政治区别于传统政治的重要标志之一。鉴于政党是现代政治的"神经中枢",因此在一定意义上,现代政治就是政党政治。③随着20世纪80至90年代兴起的"第三波"民主化浪潮,各类政党开始呈现复兴的趋势;尤其是在亚洲、非洲和拉丁美洲,随着诸多军人政权的垮台,政党政治获得进一步发展。

　　在政治学研究领域,按照政党数量的不同,一般可以将政党制度划分为一党制、两党制(或两大党制)、一党独大制④、多党制等不同形式,也有依据政党数量、政党规模、政党意识形态取向等标准将政党制度或政党体制划分为八种类型。⑤就青年政治学而言,鉴于两党制、多党制本身涉及世界大多数国家和地区,在青年政治理论和青年政治实践所涉及的各类探讨中有较广泛的代表性,因此着重就青年政治与这两种政党制度类型进行讨论分析。

　　① 对于政党制度,参见王海明:《政党制度新探——以西方政党制度为例》,《武陵学刊》,2014年第1期。

　　② 参见王长江:《政党论》,人民出版社,2020年,第129~131页。

　　③ See Richard S. Katz and William J. Crony, *Handbook of Pary Politics*, Sage Publications L.t.d, 2005,p.26.

　　④ 参见向文华:《国外政治学界独大党体制研究述评》,《当代世界社会主义问题》,2010年第2期;[意]G.萨托利:《政党与政党体制》,王明进译,商务印书馆,2006年,第178页。

　　⑤ 参见王长江:《政党论》,人民出版社,2020年,第152~155页。

(一)青年政治与两大党制

在政党制度中,两党制或两大党制度是其重要类型,以欧美一些国家较为典型。欧美国家的两党制又称为"两党对峙制",即由两个主要政党(尚存在其他一些小党派)占据统治地位并相互竞选各级政府权力的政党制度。

1.两大党制的主要特点

两党制或两大党制的主要特点包括:

(1)存在代表着该国不同集团利益的两大政党真正能够拥有选举和立法的有效权力(如美国的共和党、民主党)。

(2)存在其他若干小党,但影响力较小、政治作用较弱,难以实质性影响两大政党政治运作与"轮流坐庄"的总体趋势(如美国的茶党)。

(3)两大政党中,赢得多数选票的政党(多数党)一般可上台单独执政,另一个失败的政党(少数党)则成为反对党或者在野党。

(4)两大政党依照法律规定和政治实践的惯例,通过定期或不定期的各类竞选,轮流掌握所在国家的各级政治权力,组织政府与管理国家各项事务。

两党制(或两大党制)以美国和英国最为典型。美国的两党制是与其国家政体上的总统制充分结合,英国的两党制则与其君主立宪的议会制密切相关。在现实中,两党制"向来被称为最稳定、最有效率的多党制"[1]。对美国和英国而言,两党制与其"单一议员选区制"的选举制度有很大关系,即在全国所设定的诸多选区中,每个选区只选出一个代表,只有得票最多者才能当选,[2]即使第二名仅比第一名少得一票,也不能分享后者的胜利,简称为"胜者通吃"[3]。因此,选民投票是一次性的,其投票只有两种选择,对两大党制的形成和稳定具有很大影响。

2.青年政治与两大党制

随着网络时代的到来,"驴象相争"中的美国民主党和共和党,如果不能

---

① 王长江:《政党论》,人民出版社,2020年,第165页。

② See Bibby and Maisel, *Two Parties–Or More? The American Party System*, Westview Press, 1988, p.56.

③ 王希:《原则与妥协:美国宪法的精神与实践》(增订版),北京大学出版社,2014年,第550~552页。

够积极呼应青年选民的诉求和利益，则极有可能在投票过程中丧失一定数量的选票，尤其是在一些"摇摆州"中，如果忽视青年群体诉求及选票，就可能使对手"通吃"而依托简单多数赢得胜利，进而在全国各联邦州范畴内导致竞选失败。目前，美国各级政府需要通过选举产生的大小公职职位有50万个，其中包括总统、联邦参众议员、50个州的州长、各州州议员以及各级地方政府的大小官员等。因此，每当各类选举来临，作为社会成员亦即选民的重要组成，也是两党制下能对选举结果产生特殊影响力的社会群体，网络时代青年民众的喜好也已成为美国各类竞选的重要策略，其中以奥巴马在竞选中对新媒体的运用更为典型。

2012年，在争取连任的竞选中，以青年民众为主要使用者的社交媒体是奥巴马竞选传播中的重头戏，其最终获胜很大程度要归功对包括社交媒体在内的新媒体的充分运用。有观点认为，如果说小罗斯福是"电台总统"，肯尼迪是"电视总统"，奥巴马则可称为"网络总统"①。不过，美国两党制的核心是互为反对派的"朝野制衡"，其实际运作表明，金钱是美国社会各级政治生活的润滑剂。②在"金钱政治"主导下，美国的政党和政客往往会满足自身声音大、影响政府决策能力强的利益集团的要求。在"金钱政治"与两党制的双重压力下，青年政治的政治作用和政治色彩受到不同程度的压制，"内化"或被"稀释"到以党派、宗教、种族、地域、职业等界限更为鲜明、更易辨别的政治类别中去。

（二）青年政治与多党制

多党制也是政党制度中的重要形态。多党制一般是指一个国家存在三个以上政党并立，相互之间竞争政府执政权力的政党制度。③当今世界，大多数国家都实行多党制。

---

① 刘亚伟、吕芳：《奥巴马：他将改变美国》，社会科学文献出版社，2008年，第151页。

② 参见[美]G.威廉·多姆霍夫：《谁统治美国？公司富豪的胜利》，杨晓靖译，外语教学与研究出版社，2017年，第190页。

③ 参见周淑珍：《政党和政治制度比较研究》，人民出版社，2007年，第212页。

1.多党制的成因及其特点

在政治现实中,多党制产生的原因比较复杂。

(1)多党制的政治体制既反映了建立在种族、宗教、语言等社会因素基础上的政治亚文化的诸多差异,反映了社会经济阶级关系上的分层,也反映了新的政治意识形态的兴起。①在多党制的国家中,其社会政治力量的结构及其分布通常会呈现多元化,传统的社会力量(包括宗教组织)、新兴的社会阶层及劳工团体势力并存,并形成各自的政党组织或派别,一定程度也可形成有关青年民众的利益集团(如有关青年教育权利、青年工资薪酬、青年新移民等),彼此激烈竞争,难以形成所谓一党独大或者两大党竞争的态势。同时,在这种社会政治氛围下形成的选举制度,一定程度上也会反映出多党化的倾向,成为强化多党制的重要的制度因素。

(2)与多党制国家"比例代表制"的选举制度紧密关联。最早实行比例代表制的国家,通常存在于具有种族分歧的异质性社会。所谓"比例代表制",通常是在达到规定的最低得票数量门槛的前提下,根据政党或政党联盟所得选票数,或候选人所得选票数,按得票的比例,分配议员席位的选举制度。②一般每个选区可以选出两名以上议员,其最终在相应级别的议员议席按所得票的比例予以分配。这种政党制度使得代表的席次得以容纳更多的政治派别,反映更多政治集团或社会阶层的利益,使得一些小党有很大生存和活动余地。对这些小党派而言,它们可以将自己的党员适度集中于相应的选区或者候选人,进而集中党派整体的选票,使其扶持的候选人当选,进而保证了多党制的存在。对此,作为社会重要组成的青年群体的影响力同样不容忽视。

2.青年政治与多党制

青年政治与多党制的关系,可以从奉行多党制的以色列管窥。

作为不折不扣地采用比例代表制的典型国家,以色列议会作为以色列的最高权力机构,实行一院制,其设有120个席位,拥有立法权,负责制定和修改国家法律法规。虽然以色列的政治制度有不同的职业、地域、种族等政

---

① 参见王长江主编:《世界政党比较概论》,中共中央党校出版社,2003年,第314页。

② 同上,第315页。

治标识的划分,但对于整体上年轻成员较多的政党派别而言,青年群体自身就是一个重要的值得深入开展政治博弈的利益集团,同时也是参与投票的重要社会团体,因此对多党制的以色列发挥着较为特殊的影响。也有观点认为,多党制会强化各利益集团的分化,导致政党碎片化乃至极化多党制的现象出现,①而力求极端、相互妥协与彼此联合较少,无疑鼓励了极端主义的产生。在此背景下,青年政治通常会受到诸如宗教(或教派)、种族(或族群)、性别等因素的压制,甚至会被淡化。这个过程伴随着政党的意识形态认同的弱化,青年政治可能会被处处掣肘,不断地被政治派别间的尖锐分歧"稀释",不同程度地"嵌入"或"内化"到相关政治派别的政治诉求中,最终以政治派别而非青年政治的形式出现。

三、青年政治与政党作用

青年政治与政党的作用息息相关,主要包括但不限于以下三个方面:

(一)青年政治助力政党凝聚利益诉求、政治意识与政治力量

在社会发展的现实中,不同的阶级与社会阶层、社会集团通常都有自己特定的利益诉求、政治意识及价值观念。对此,不同国家和地区的政党往往通过制定相应的政治理论、政治纲领和方针政策,使自身所代表的阶级或阶层、集团的利益要求、政治意识、价值观念逐步理论化、系统化,从而有效地凝聚着本阶级或阶层、集团的利益要求和政治意识。同时,政党通过国内外环境的变化,不断增强自身组织结构的适应性和聚合性,提高自身的制度化水平,发挥着重要的整合与表达的功能,并通过政党自身组织的力量不断推进所在国家或地区的政治发展。②政党是阶级或阶层、集团利益的集中代表,但在不同国家和地区的政治现实中,相关阶级或阶层、集团政治利益的实现并非仅靠政党自身就可以完成,因此政党需要最大限度地发展、巩固自身的

---

① 参见[意]G.萨托利:《政党与政党体制》,王明进译,商务印书馆,2006 年,第 181 页。

② 参见[美]塞缪尔·亨廷顿:《变化社会中的政治秩序》,王冠华等译,上海世纪出版集团,2008 年,第 10~19 页。

政治力量及其社会基础。

其中,一方面,青年群体作为社会的重要组成,其利益诉求也成为政党(有时候是执政当局以国家的名义)凝聚包括青年群体在内的全体社会成员的重要支撑;另一方面,作为对政治较为活跃甚至最为活跃的社会族群,青年民众既是政党争取更多政治支持进而赢得选举胜利的重要来源, 也是发展壮大政党自身力量与人员基础的重要对象。正因如此,墨西哥三个主要政党(革命制度党、国家行动党、民主革命党)都有自己各具特色的青年组织,①而阿根廷的相关政党(如正义党)同样积极关注青年民众在政党发展中的重要作用。

(二)青年政治助力政党培养政治精英并影响政治发展

对政党而言,相当数量的党员是青年党员,且所要培养和发展的党员更因青年民众的朝气蓬勃、可塑性强、前程远大而以青年民众为主体而占据绝对优势。就此而言,青年政治实际上影响着政党青年政治精英的发展及政党的未来发展乃至生存。

在现代国家中,各类政治活动通常都是特定阶级或阶层、集团实现自身的政治利益和政治意志的实践过程。作为阶级或阶层、集团组织的政党,必然要影响所在国家和地区的政治发展乃至作为执政党领导政治发展, 实现对国家和社会的各类治理,展现自身的主要政治职能,实现自身的主要政治目标。青年群体既是社会成员的重要组成,也是国家和社会所要实行治理的重要对象。如果政党忽视青年群体的利益,不但可能会失去青年民众的政治支持, 还有可能面对被忽视的青年群体在一些政治反对派的诱导之下走上街头游行示威、显示自己的政治诉求的不利局面。这也是墨西哥国家行动党创建并发展其青年组织"青年行动"的重要动机。

(三)青年政治助力政党影响国际政治和国际事务

随着全球化的快速发展, 世界不同国家和地区的诸多政党不仅成为影响所在国家和社会政治发展的重要因素, 而且也成为影响国际政治和国际

---

① 参见陈洪兵、张小青、程旭辉:《墨西哥三大政党的青年组织》,《中国青年研究》,2013 年第 11 期。

事务的重要力量。鉴于国际政治系统是带有无政府状态色彩的"零政治系统"①,这无疑为政党在国际政治中发挥作用提供了广阔空间。政党参与国际事务、影响国际政治通常有三个途径:通过国家和政府决策对国际政治产生影响;作为行为体直接参与国际政治;通过结成国际性政党联盟影响国际政治。20世纪90年代以来,随着东西方冷战的结束,"世界民主化浪潮"的所谓"第三波"在世界部分地区开始涌动,各国政党基于自身发展和国家利益的需要,也逐步加强了自身在国际社会中的作用与影响。

　　作为"国际政治中的一个要素",政党或政党联盟可以是特定的行为主体,政党之间联合或敌对等党际关系同样可以是国际关系的重要内容,政党也可以在国际社会以不同形式开展维护所代表的阶层或阶级的利益。②青年是政党行使在国际社会交流交往的作用与职能的重要成员,而世界各国的青年运动、青年问题也是一些国家的政党及政党联盟关注的重要议题。一些国家的政党或政治势力时常通过不同形式,干预目标国家的青年运动,甚至挑拨目标国家的青年民众进行政治变革,从而引发当地的社会动荡乃至各种形式的"颜色革命"。实际上,青年政治在一定程度上已成为政党影响国际政治和国际事务的重要工具。

四、青年政治与政治社团特征

　　作为现代政治生活中十分重要的政治现象,种类庞杂、数量众多、民众参与数量巨大的各类政治社团也是现代政治体系的重要元素。作为政治社团中的重要组成,青年政治社团及政治社团中的青年民众也随着网络时代的到来日益显现着自身重要的政治影响力。

(一)青年政治社团的特征

　　青年政治社团可以定义为:在社会政治生活中,由青年民众遵照一定的

---

① [美]莫顿·A.卡普兰:《国际政治的系统和过程》,薄智跃译,中国人民公安大学出版社,1989年,第14页。

② 王长江:《政党论》,人民出版社,2020年,第248~259页。

组织规则,基于特定的共同利益或共同诉求而结合在一起,有组织地参加与影响所在国家和地区政府的政治决策、政策制定、政策执行的社会团体或政治组织。青年政治社团的形成,是青年民众基于自身利益诉求及社会政治发展的特殊表现,也是青年民众作为社会重要组成的各类政治参与行为在组织层面、体制层面的集中体现。需要指出的是,与青年政治社团类似,各类政治社团中的青年民众同样存在一定的政治诉求及权益要求。参加青年政治社团的主要特征包括:

1.青年政治社团的利益诉求和权利目标较为具体及单一

对青年政治社团而言,它一般是反映社会某部分(包括阶层、地域、职业、民族等)的特定青年民众相关的各类利益诉求,而较少甚至根本不涉及青年整体乃至全体社会成员的诸多政治诉求与利益要求;或者是青年民众作为社会成员的重要组成,围绕某一特定政治问题或社会议题形成的共同利益要求(如应对气候变化、环境保护问题、青年志愿服务),而非对全部的包罗万象的社会政治问题形成的宏观性利益诉求。青年政治社团的成员即青年民众,一般是采取遵循自觉自愿或较为松散的组织原则,根据自己的利益需要及兴趣爱好,参照一定的手续与规则及相应的组织程序(这些手续或程序一般较为简单),自愿参加或退出。

与此同时,鉴于青年民众自身的时间、精力、兴趣、爱好及社会经验、家庭责任、经济地位等多种因素的限制,青年政治社团自身也很难与一些十分成熟的社会政治组织相颉颃。因此,较之常见的政治社团,对青年政治社团的成员来说,这些青年政治社团的利益目标或政治诉求相对更为明确、直接、具体。如青年志愿者协会或青年社会工作者联合会等青年政治组织,社会公益性更强,更易为青年民众及社会各界所接受,其生存和发展也更容易维持和推动。

2.青年政治社团在成员构成与运行规则方面具有自身的青年政治特色

作为社会政治体系中的政治组织及制度实体,青年政治社团往往具有一定程度的组织架构和运行规则,而非单纯的青年民众聚集或带有浓厚即兴成分的青年活动及青年聚会。青年政治社团的这一特征有别于一般性的社会政治群体及其聚会或运动,如"占领华尔街"运动,[①]因为后者往往只是部分社会成员带有一定政治诉求的活动聚集,而不具备包括相关组织章程、行动规则、奋斗目标等在内的特定的组织形态。

作为社会政治体系特殊的组成要素,青年政治社团自身是青年民众构成的群众性青年政治组织,而非政府体系的组成部分。青年政治社团这种群众性主要体现在四个方面:①青年政治社团的构成即社团成员为青年民众组成,具有群众性;②青年政治社团的宗旨往往是服务于特定的青年民众,维护这些青年民众的群体利益与权益;③青年政治社团自身一般由青年民众自觉或自发组织,并对社团的各类日常运作和活动进行管理;④青年政治社团与特定的青年民众(如各类青年志愿者)存在直接和广泛的交流与联系。鉴于青年政治社团的相对松散性,青年政治社团成员一般可同时具有多种青年政治社团或政治社团成员的身份。在世界各地,包括青年政治社团在内的政治社团,一般允许其成员同时具有多重同类组织成员身份资格,而政党则对成员的要求相对更为严格(不允许同时加入其他同类政党)。[②]这也是包括青年政治社团在内的各类政治社团区别于政党的重要特征之一。

3.青年政治社团不同程度影响政府相关决策及政策实施

青年政治社团一般通过诸多政治途径、政治方式、政治手段来实现或维护青年民众自身的利益要求及政治诉求。青年政治社团的重要活动特征之一,在于它以政府相关决策、政策制定、法律法规修订、政策及法律法规的具体实施等作为其社团的活动目标和政治诉求。青年政治社团时常会采取包括游行示威、政治集会、网络呼吁乃至暴力行为等青年政治参与的各类形式,不同程度影响政府决策、政策制定、法律法规修订、政策及法律法规的具体实施——这也是青年政治社团的主要活动内容。鉴于青年政治社团的活动方式以政治层面的参与性、辅助性为特点,这也决定了青年政治社团在相关国家和地区发挥的政治影响及政治作用往往也是非主导性或非领导性的。

---

① 参见《"占领华尔街"能否带来实质成果?》,新华网,http://www.xinhuanet.com/world/20111007 jrht/,2021 年 9 月 2 日最后查阅。

② 参见王长江:《政党论》,人民出版社,2020 年,第 108~111 页。

　　另一方面,青年政治社团一般以政治途径、政治方式与政治手段来维护和实现自身的政治诉求与利益要求。因此,青年政治社团并不像政党那样以获取(乃至夺取)或执掌政治权力、甚至推翻某届政府或某个政权为实现自己政治诉求与利益要求的主要手段。鉴于自身在社会政治关系及政治发展进程中的松散性与"初级性",青年政治社团一般也较少有自己严密而鲜明的政治纲领,其组织性、纪律性、严密性及其社会影响力与政党而言还有较大差距。

　　较之世界各国的政党在对政权的争夺及执掌政治权力、开展社会治理、发展社会经济、稳定政治局势、捍卫国家利益甚至展开武装斗争等方面,青年政治社团更是难以和政党同日而语。实际上,青年政治社团相对政党而言,仅仅只是政党发展的"初级阶段"或者"初始状态",是政党政治的重要补充。正因为如此,作为以青年民众为主体的政治组织,青年政治社团可以说是与政党存在紧密关联但又不同于政党。随着网络时代的深入发展,青年政治及青年政治社团的重要性尤其是对社会稳定及政治发展的"双刃剑"作用也日益为世界各国政府及政党所重视。①

(二)青年政治社团的类别

　　作为由青年民众按一定政治规则或规章制度而形成的群众性政治组织,青年政治社团的类型划分存在诸多标准。依据其划分标准的不同,不同国家和地区的青年政治社团也存在不同类别,主要包括:

　　其一,按照青年政治社团所追求及维护的利益来划分。如果按照追求及维护的利益来划分,不同国家和地区的青年政治社团一般可分为两类:①维护特殊青年群体或维护特殊利益的青年政治社团。这类青年政治社团主要维护和促进本社团所涉及的青年成员特定的各类经济政治和社会利益,并以相关青年政治活动来实现其政治目标。广大高校普遍存在的学生会就可算作其中的典型。学生会主要维护本单位一般以高校学生为主体的学生群

---

　　① 参见曲延明:《"颜色革命"与 2000 年代俄罗斯青年政治组织的发展》,《北京青年研究》,2016 年第 1 期;宋博:《试论颜色革命冲击下转型国家青年政治组织的治理》,《俄罗斯中东欧研究》,2016 年第 1 期;刘治海:《中亚国家的"颜色革命"应对策略》,《法制与社会》,2016 年第 6 期。

体的利益,比如学费、餐饮、学习、住宿、就业,等等。对学生会而言,其主场和活动重心均在校园之内。作为国家层面维护特殊青年群体(即青年学生)青年政治社团,中华全国学生联合会(简称全国学联)是中国共产党领导下的中国高等学校的学生会、研究生会和中等学校的学生会的联合组织。① ②追求或维护社会公共利益的青年政治社团。这类青年政治社团一般面向全社会,通过包括政治集会、游行示威、网络倡议、社会宣传及参政议政等不同形式的政治活动,来实现或促进与全体社会成员相关的社会公共利益。

其二,按照青年政治社团成员的若干社会特征来划分。这种划分方法,需要按照青年政治社团成员较为鲜明的某些社会特征进行划分。如按照不同的行业或者职业特征,包括产业工人、农民、教师、学生、妇女、退伍军人、宗教信徒及所属国家和地区等,将不同国家和地区的青年政治社团划分为相应的不同种类。就国际社会而言,基于所在国家和地区的情况不同,存在诸多形式不一、规模不等的带有一定跨国性质的青年政治社团,如青年企业家联盟、青年企业家协会,以及青年教师协会、青年退伍军人联合会等。

另外,不同国家和地区的青年政治社团也可有其他的划分标准和划分方法,进而得出不同的类别。如,按照青年政治社团的自主程度进行划分,可以将其划分为完全自主的青年政治社团、有一定自主性的青年政治社团、依附性(无自主性或自主性极小)的青年政治社团。按照青年政治社团的法律地位来划分,可以将其划分为合法的青年政治社团、非法的青年政治社团两类。

五、青年政治与政治社团作用

青年政治学所要考察的青年政治社团,并不仅仅涵盖国内的青年政治社团,而广泛分布于不同的国家,其身处不同的社会环境乃至历史阶段。总体来说,在不同的国家、不同历史阶段、不同社会环境等背景下,青年政治社团利益表达方式会有很大差异。

---

① 参见《中华全国学生联合会章程》,中华全国学生联合会官网,https://qgxl.youth.cn/index/show/id/19/l/intro,2021 年 8 月 24 日最后查阅。

(一)青年政治社团作用的发挥方式

其一,青年政治社团作用的正常发挥方式。青年政治社团作用的正常发挥方式一般是指青年政治社团运用常规的、非对抗性的手段,通过法律允许的各种途径,向社会各界和执政当局表达自身的政治诉求。在现代社会里,为获取更多的民意支持、增强自身的合法性与巩固执政基础,很多国家的政治体系在法律上承认相关政治社团的地位,也使得包括青年政治社团在内的各类民意表达有了较为顺畅的交流活动的渠道。在此相对宽松的政治氛围和法治环境中,青年政治社团一般都倾向于采取正常手段、合法途径进行不同形式的利益表达。其中,新文化运动时期的一些以爱国青年为主体的青年政治社团发挥了积极作用,推动了中国社会的进一步政治觉醒。

表 3.1　新文化运动时期的主要社团①

名称	创立时间	地点	名称	创立时间	地点
互助社	1917 年 10 月	武昌	浙江新潮社	1919 年 10 月	杭州
新民学会	1918 年 4 月	长沙	曙光杂志社	1919 年 11 月	北京
少年中国学会	1918 年 6 月	北京	青年学会	1919 年底	开封
国民杂志社	1918 年 10 月	北京	平民教育社	1919 年	北京
新潮社	1918 年 11 月	北京	觉社	1920 年初	北京
北京大学平民教育讲演团	1919 年 3 月	北京	北京大学马克思学说研究会	1920 年 3 月	北京
北京大学工读互助团	1919 年 5 月	北京	上海马克思主义研究会	1920 年 5 月	上海
工学会	1919 年 5 月	北京	湖南俄罗斯研究会	1920 年 9 月	长沙
永嘉新学会	1919 年 7 月	温州	改造社	1921 年 1 月	南昌
觉悟社	1919 年 9 月	天津	共进社	1922 年 10 月	北京
少年学会	1919 年 9 月	北京			

其二,青年政治社团作用的非正常发挥方式。在包括美国等西方国家在内的一些国家,鉴于"金钱政治"的操弄和影响,包括青年民众在内的政治诉求和社会利益并未能够得到真正意义上的实现。因此,诸多以青年为成员主

① 北京新文化运动纪念馆编:《新时代的先声——五四新文化运动展览图录》,北京出版社,2011 年,第 95 页。

体的政治社团也往往诉诸一些非正常的带有强制性的利益表达方式，包括规模较大的对社会生活形成冲击的各类游行示威、政治集会，也包括各类针对特定政治目标的暴力型政治行为。这些青年政治社团的非正常作用方式有些是游走于法律许可的边缘，有些是从一开始就是非法的，有的则是在社会各界的不同应对和青年政治社团自身的诸多因素影响下从合法逐步转向非法境地。

就非法的强制性方式而言，一般包括政变、恐怖活动、非法示威抗议、夹杂打砸抢等暴力行为的示威等。在中东地区的一些国家，如伊拉克、叙利亚等国家在 2011 年发生的阿拉伯社会剧变即所谓"阿拉伯之春"之中，就曾遭受以青年民众为主的各类非法政治组织乃至反政府武装力量的冲击。在一些极端情况下，甚至青年政治社团或青年政治组织存在的本身就是非法，如一些以青年民众为主体的标榜各类极端主义、恐怖主义、分离主义的青年政治社团或青年政治组织，曾引发一些国家和地区的强力反应。

（二）青年政治社团的不同作用

就青年政治社团的作用而言，同样存在不同的划分方式。

1.可以按照青年政治社团的作用效果进行划分

对此，一般可划分为积极作用和消极作用两个方面。

青年政治社团的积极作用主要包括但不限于：通过青年政治社团及其相关的社团活动，不同国家和地区的青年民众能够较为顺畅地表达自身的各类政治诉求，维护青年民众自身群体利益及社会各界民众的社会利益，加强青年民众对各类政治知识、政治技能、政治机构及其政治运作规律的认知与体验，加强青年民众之间有关自身政治参与经验教训的交流及对话，丰富青年民众各类直接或间接的政治经验，增强青年民众自身对所在国家和政府的政治认同、民族认同、文化认同、国家认同等，能够积极主动地在国内外的不同场合自觉捍卫国家利益、民族利益，使得各界青年民众能够积极为国家和社会的繁荣发展贡献自身力量，推动国家和社会多个领域的快速顺畅发展，不断维护和增强国家和社会的政治稳定与和谐发展等。这也引发了应对"颜色革命"的若干重要举措。①

青年政治社团的消极作用主要包括：导致青年政治偏差、激化社会族群矛盾、破坏社会政治稳定、迟滞社会政治发展、引发社会政治动荡乃至大规模骚乱，甚至引发国内各派政治力量的冲突与内战等。

2.可以按照青年政治社团的功能进行划分

如果青年政治社团按照其功能划分，一般可划分成以下四种：

（1）巩固相应意识形态的青年政治社团。一些国家和地区存在的与主流意识形态相一致或宣称特定意识形态目标的青年政治社团，如俄罗斯亲政府青年社团组织"青年近卫军"，墨西哥一些政党所建立的针对青年民众的外围群众组织及"政党后备军"等，具有此类巩固意识形态的功能。②

（2）推动社团成员和政府部门及不同社会阶层之间的沟通交流的青年政治社团。这类青年政治社团一定程度上担负着与相应阶层或者相应社会族群沟通的功能，向社会和执政当局及时传达、交流所代表的社会民众的利益需求和意见看法；抑或彼此之间就某些议题或相互合作，展开不同层次的交流。

（3）协调和保障社团成员经济利益的青年政治社团。这类青年政治社团在一定程度上是基于保护或者拓展自身的经济利益而联合在一起，也许名称并不一致，但实际的作用更多趋向于经济利益，如一些国家和地区存在的"青年企业家协会"或"青年业主联合会"等。

（4）推动社团成员政治社会化进程的青年政治社团。这类青年政治社团往往会吸引和鼓励所在国家和地区各界青年参加相应的政治社团、政治党派及各类政治活动，促进青年民众的政治社会化进程。这些青年政治社团本身就是青年一步步投入社会中，历练自己行使公民权利、认知法律法规、适应政治生活的过程。

---

① 参见阚道远：《"颜色革命"的新趋势新特征及其政治影响——兼论防范重大政治安全和意识形态风险》，《思想理论教育导刊》，2019 年第 7 期；董伟武、程银：《"颜色革命"对大学生政治认同的负面影响及化解途径》，《当代青年研究》，2016 年第 6 期。

② 参见陈洪兵、张小青、程旭辉：《墨西哥三大政党的青年组织》，《中国青年研究》，2013 年第 11 期。

综合而言,青年政治社团的这些不同政治作用及政治功能,在表现了、并表现着青年政治社团成员(即相应的青年民众)各类政治诉求与权益需求的多样性、复杂性的同时,无疑也向社会各界和世界各国政府证明了青年政治社团得以存在与发展的基本原因。

思考题

1.在不同社会制度,不同社会意识形态下的青年视角的国家概念有何不同? 什么是青年政治学视角下的国家概念?

2.青年政治与国家政权组织形式是什么?青年政治与国家结构形式又是什么?

3.青年政治与政党的基本特征之间存在什么内在联系,其与政党之间的特点包括什么?

4.青年政治能够在政党中发挥何种作用?这些作用是否能够左右政党的决策?

5.何为青年政治社团的特征? 青年政治社团的类别有哪些?

6.青年政治社团通过哪些方式发挥作用?发挥作用的功能及其效果如何?

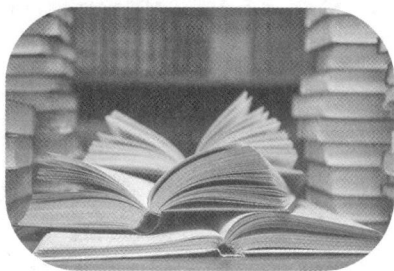

第四章
青年政治心理

本章教学目标：

通过本章的学习，使学生认知青年政治心理的相关基础知识，具备分析青年政治心理的基本能力，累积辨析青年政治心理相关特点、形成基础、构成要素、类型及作用的综合素质。

本章教学基本要求：

了解：青年政治心理的概念及特点；

理解：青年政治心理的形成基础和构成要素；

掌握：青年政治心理的类型和作用。

第一节　青年政治心理基础概念

一、青年政治心理的定义

（一）政治心理的基础概念

作为人类大脑的重要机能，心理是客观存在的各类事物及其相关的各类联系在大脑中形式不一、状态各异的诸多反映。在包括青年政治学在内的政治学研究语境中，无论是作为整体，还是作为个体，人们均会与自然界的各类事物以及社会中形形色色的民众和事物，经常发生这样或那样的社会联系，从而在大脑中形成不同形式的各类反映，成为人们基于自然与社会的心理过程或心理现象。这种在社会生产和各类具体实践中的心理过程或心理现象，无论是其形成过程、具体内容还是最终结果，都是非常复杂而丰富多彩的，因此心理现象也被称为"物质的最高的精华"①。

人类在认识自然界和社会中各类事物的时候发生的各类认知与心理反应，都可以归属到心理活动。在现实中，自然环境和社会环境作为客观存在的"客体"，通过各类形式的事物、信息，不断引发包括青年民众在内的各界民众作为"主体的人"错综复杂的心理活动。当人类心理活动的"客体"是政治及各类政治现象、政治制度、政治人物、政治关系时，就会引发与政治相关的各类心理活动及心理现象，从而产生相关的政治心理。这种自发的、不系统的政治心理反应，是作为"政治人"的包括青年民众在内的各类社会成员，由于外界政治环境诸多因素的影响而在自身政治社会化过程逐步积淀而成。对此，马克思主义认为，包括心理现象在内的各类社会精神现象，是人们

---

① 《马克思恩格斯选集》（第二卷），人民出版社，2012年，第864页。

在特定的社会经济关系中逐步形成的，同时也是在人们的社会实践中逐步形成与发展的。"物质生活的生产方式制约着整个社会生活、政治生活和精神生活的过程。不是人们的意识决定人们的存在，相反，人们的社会存在决定人们的意识。"①

对于政治心理，通常是包括青年民众在内的各界民众对社会政治生活中各类政治关系、政治现象、政治事件、政治人物等的心理反应与态度，由此形成对政治事件、政治人物、政治体制以及各界民众的地位和作用等政治现象的自发的心理反应，是政治认知、政治态度、政治情感的综合体现。包括青年在内的社会成员在其成长过程中，基于其所在国家和地区自然环境与社会环境的诸多差异，必然会形成各种各样的政治心理，而青年政治心理无疑也是社会成员整体政治心理的重要组成。

(二)政治心理学的研究历程

就研究内容而言，借鉴心理学各类理论及其研究范式，政治心理及政治心理学主要研究世界各国不同状况的社会发生的形形色色的政治现象，包括政治制度、政治人物、政治文化、风俗习惯。基于政治研究的实际需要，作为"主体的人"的心理和各类与政治相关的社会现象的双向互动是政治心理的研究重点。无论是中国还是外国，在其传统的思想、政治言论中存在大量关于政治与民众心理之间各类关系的零星论述。②这些零星论述从专业角度而言可以说是政治心理及政治心理学的萌芽，如"得人心者得天下""水可载舟，亦可覆舟"，其中蕴含着深刻而丰富的逻辑内涵与政治价值。

在西方，政治心理研究有较长的历史。早在两千多年前，柏拉图在其政治学巨著《理想国》中就开始了对政治制度的心理基础进行分析。迄今为止，西方学者对于政治心理含义的确定，主要存在两种方式：其一是以人的本性为基础，从而确定政治心理的含义。如亚里士多德早在两千多年前就曾提出"人是政治的动物"，将人性、人的心理要求引入政治学研究，试图从人的本

---

① 《马克思恩格斯选集》(第二卷)，人民出版社，2012年，第2页。

② 参见[美]E.G.波林：《实验心理学史》，高觉敷译，商务印书馆，1982年，第一版序言。

性出发，解释包括青年公民在内的整体公民参与国家政治生活的内在逻辑关联。其二是按心理学的原理，确定政治心理是特定的心理现象。19 世纪末 20 世纪初，随着心理学的诞生，一些心理学家、政治学家从不同角度开始专业性、系统性地深入研究心理学知识与政治现象的内在关联，逐渐建立了政治心理学（political psychology）这门新兴边缘学科。①目前，在世界各国专家学者的推动下，政治心理学所涉及的研究领域不单包括政治学，也日益拓展到人类学、历史学、军事学、经济学、社会学、哲学以及认知心理学、人格心理学等，形成较为庞杂而独具特色的政治心理学理论与学科体系。

在中国，鉴于长期占据统治地位的是儒家思想及其相关的政治伦理，有关政治心理的研究被隐含在政治伦理的相关言论与著作之中。这包括："不仁而得国者，有之矣；不仁而得天下者，未有之也"②，"故国虽大，好战必亡；天下虽安，忘战必危"③。最为著名的包括唐太宗李世民和魏征有关"水可载舟，亦可覆舟"④的言论，"先天下之忧而忧，后天下之乐而乐"的千古名句，以及"天下兴亡，匹夫有责"的政治担当。21 世纪以来，中国的政治心理研究进展日益加快，也收获了诸多较有影响力的成果，与西方国家在政治心理研究的差距日益减小。随着互联网的日益普及与智能手机的广泛使用，包括大学生在内的各类青年、青少年等政治心理领域的研究也显示出越来越强劲的势头。青年政治心理也随着社会的快速发展得到各界更多的关注。

二、青年政治心理的特点

作为一种精神现象，青年政治心理是青年民众受到各类社会关系和社会事务的诸多影响及刺激而产生的，亦即是青年民众自身所涉及的利益关联及政治诉求等各类社会关系在主观层面的心理反应。就其特点而言，青年

---

① 参见蒋云根：《政治人的心理世界》，学林出版社，2002 年，第 4 页。

② 《孟子·尽心下》。

③ 《司马法·仁本》。

④ 《后汉书·皇甫规传》注引《孔子家语》："孔子曰：'夫君者舟也，人者水也。水可载舟，亦可覆舟。君以此思危，则可知也。'"

政治心理通常是由青年民众作为所在国家和地区的社会成员，基于与其密切相关的各类社会关系所决定。其主要特点包括：

（一）青年政治心理是青年民众对社会政治现象的感性认知

作为社会精神现象，青年政治心理是青年民众作为社会成员，在一系列社会政治生活和政治实践中，历经政治制度、政治事件、政治人物等历史与现实、国内及国外的各类影响与刺激，对于自身所面对与认知的各类政治事物的精神反映。鉴于青年民众一般正处于政治社会化的成长进程之中，以及作为政治心理较之政治思想的相对"浅显"特性，因此青年政治心理是一种尚未形成政治思想体系而处在所谓"游离"状态亦即并未成熟的心理状态，属于非理论化抑或正处于理论化进程的青年社会心理的较低层次或较低阶段。青年政治心理这种反应通常是经验性、直观性或感受性的，其中所包含的青年民众相关的政治情感、政治动机、文化传统、风俗习惯和个人兴趣爱好等，都是青年民众作为社会成员对政治生活及政治现象的各类直观感受和感知。如，世界上很多国家都要求民众对本国的国旗、国歌等代表国家的标志性符号，依照相关的法律法规或者政治习俗表示应有的尊敬。这种尊敬的具体表现就是在奏国歌、升国旗时，包括青年民众在内的各界民众要保持应有的礼仪与尊重，禁止任何形式的不敬行为或不庄重行为。就青年民众整体而言，这些规定或做法将会逐步使其在心理上对国歌、国旗等政治符号及其代表的国家政权、政治制度等逐渐形成较为直观的感受和感性的认知，进而逐步形成基于国歌、国旗的青年政治心理。

作为不同国家和地区的青年民众对各类政治事件、政治人物、价值观念等的政治感性认识，青年政治心理的感性认知特点主要体现为：

其一，青年政治心理基于青年个体的认知与感受而自发形成。在日常生活、学习、工作及各类相互交流交往中，无论是作为青年整体还是青年个体，是作为"自然人"还是"政治人"，是处于政治社会化的起步期还是成长期，不同国家和地区的青年民众具备一定的政治意识、能够思考和认知自身所处的社会环境及遇到的各类政治现象，是其自身所应当掌握的基本政治能力及基本政治素养。青年民众的这些认知与感受，可能产生各种青年个体的某种"一时的高于他们的情感的平均强度"①。在现实中,这些自发形成的感性认知甚至会伴随产生一些理性思考或为理性思考不断累积感性材料,并将作为政治认知与政治思考,为青年政治社会化进一步深入而不断累积经验。

其二,青年政治心理是青年民众对于各类政治现象的感性认知。作为青年民众对于各类政治表象的感觉和感知,即不同国家和地区青年民众对于政治现象的表面状态和发展状况的感觉和感知,青年政治心理在内容范畴具有认识上的肤浅性特点,也可以说是青年民众对各类政治关系的较直接、具体、非理论化的精神反映,尚未能够触及各类政治现象、政治事件的深层内核及其本质。青年政治心理的所谓"肤浅性"特点,一方面与不同国家和地区青年的生理与心理特点有关,即青年民众在生理层面和心理层面一般而言均处于较快速的成长期,无论是主观方面还是客观方面均需要一定的时间来逐步成长与成熟;另一方面则与青年自身政治社会化的阶段性有关,即青年民众的各类政治认知尚处于政治社会化的早期或者初始阶段,需要逐渐完善和成熟。就政治认知和政治发展的层次而言,青年政治心理是不同国家和地区的青年民众对政治生活较为直观的、不够深刻的、经验的、感性的、低层次的反映形式,其对青年民众政治生活的反作用往往是自发的、无意识的。

其三,青年政治心理是青年民众包含非理性因素的独特精神现象。青年政治心理通常带有浓重的感性色彩,是没有经过理性思考或深度理性思考的政治意识,属于青年政治意识的低层次部分(其高层次部分则为青年政治思想),其非理性的因素较多。青年政治心理的这种非理性因素主要表现为:作为对一定时期的社会政治生活和政治关系产生的政治心理倾向,青年政治心理是自发的、不系统的直接反映,是不定型的、纷繁复杂的,是尚未形成理性思考与政治理论、在不同国家和地区青年民众中较为普遍与相似的政治心理动向或态势。青年政治心理中,存在着凭借满腔政治热忱而形成的政治忠诚、政治情感与政治信仰,也存在政治狂热、政治偏执。同样,青年政治心理也存在各类政治心理的模糊、含混与游离现象,包括不同国家和地区青

① [德]盖奥尔格·西美尔:《社会学:关于社会化形式的研究》,林荣远译,华夏出版社,2002年,第408页。

年民众的信仰虚化、道德混沌、心理抑郁、精神危机等。尤其是网络时代,互联网与现实世界交织的青年民众时常会形成"微政治心理"。

(二)青年政治心理显示青年民众作为特定利益主体的利益倾向

不同国家和地区的青年民众的价值观在发展过程中深受当时外部环境的影响,形成反映当时社会环境特色的代际文化群体;同时,随着外部环境不断变化,逐步塑造并最终形成了存在诸多差异的政治倾向、价值观念,通常会导致价值观的"代际差异"。[①]作为带有青年特色的精神现象,青年政治心理反应和展现着不同国家和地区的青年民众作为社会成员,对于维护和实现自身群体利益与自身个体利益的关心,以及对于通过包括青年政治参与在内的相关政治途径实现其利益诉求与政治权利的关注。

如果青年民众自身的群体利益及个体利益,包括求学、就业、住房、交通、社会保障以及精神生活等切身利益得不到应有的保障,青年政治心理会驱使不同国家和地区的青年民众逐步思考自身对所在社会的政治体系和执政当局的立场,在一定条件下往往倾向于采取相应的政治参与来表达自身的相关利益诉求。随着互联网日益普及而带来的"碎片化""去中心化""手机依赖"等为重要特点的"微时代",在改变世界各国青年政治社会化传统范式的同时,也为青年政治社会化的现代转型带来了冲击,影响到青年政治心理的发展演变。

(三)青年政治心理反应且积淀青年民众的直观政治现象

作为社会各类直观的政治现象在青年民众心理层面的特殊反映,青年政治心理同时具有对此类政治现象在心理层面逐步积淀与累积的特性,亦即青年政治心理具有积淀性或习得性的特点。这种直观的政治现象的积淀或习得特性更多是采取一种渐进的潜在方式,亦即潜移默化、日积月累地积淀与习得。与其他社会心理一样,青年政治心理往往是在特定的环境和时间

---

① 参见王天楠:《英格尔哈特代际价值观转变理论及其现实意义探究》,《武汉科技大学学报》(社会科学版),2014年第2期。

范围内,并没有鲜明而确定的外在表现形式,而是经历一定时间的政治知识学习与政治实践历练,逐步在青年民众的心底积淀,或浅显粗糙,或刻骨铭心,也有可能混沌一团而需要进一步锻炼与完善。尤其是对于青年民众,原本的政治心理基本处于经验较少甚至"白纸"状态,因此青年政治心理的这种积淀或习得的特性往往有可能贯穿其整个青年时期(14~40周岁),而青年政治心理的若干积淀或收获的经验及教训,则有可能伴随其一生。

这个积淀或习得的过程,并非一帆风顺,不同国家和地区的青年民众也可能会经常遇到各类挫折与失败,导致所谓"逆反"心理并随之产生相关的政治行为。这种历练过程实际上是青年政治社会化的重要内容,也是青年自身在政治心理领域自我成长的必要阶段,此即所谓:"故天将降大任于斯人也,必先苦其心志,劳其筋骨,饿其体肤,空乏其身,行拂乱其所为,所以动心忍性,曾益其所不能。"①

与此同时,青年政治心理和作为其表象的青年政治行为,同样都是潜移默化的互动累积过程。不同国家和地区的青年群体可能并未意识到某种青年政治心理发生在自己身上,且这种心理可能会在随后的各类政治行为中产生积极或消极的作用。青年民众各类积极的政治行为,如参加一些与各级政治代表的对话、参加各类选举活动、参与讨论政府政策等行为,通常会推动青年民众积极的政治心理的形成及积淀。与之相反,不同国家和地区的青年民众对网络负面报道的支持与跟帖等消极政治行为,则可能会误导青年民众的政治心理走向消极和阴暗,并积淀着青年政治心理的消极因素。在全球化背景下,随着世界各国的关系日益密切,外部干涉势力的误导、纵容及煽动,也会深刻影响乃至冲击不同国家和地区的青年民众正常的政治心理。青年政治心理不断积淀的本身,充分体现了青年民众从"自然人"向"政治人"不断转变和成长的历程。

第四章

---

① 《孟子·生于忧患,死于安乐》。

第四章

三、青年政治心理形成的宏观环境

青年政治心理形成的宏观环境通常是指不同国家和地区的青年民众所处的各种社会条件组成的物质环境，是社会赖以存在与发展的各类物质条件的总称。事实上，"人是最名副其实的社会动物"①，"人的本质不是单个人所固有的抽象物，在其现实性上，它是一切社会关系的总和"②。青年民众的政治心理同样也受到一定的社会条件的影响与制约。这种物质环境主要表现为以各种物化形式存在的社会生产力、生产资料等；包括青年民众在内的社会民众之间结成特定的经济和社会关系，同样也归属宏观环境范畴。通过基于物质基础上的这些关系，社会民众的各类诉求转变为自身诸多具有社会性的利益。这种基于物质基础上的各类社会关系与利益关系，深刻影响着不同国家和地区青年民众政治心理的形成和发展。

（一）社会经济水平

经济基础决定上层建筑。作为"上层建筑"的依托，社会经济发展的水平，包括以各种物化结构和形式存在的物质生产力、生产资料和科学技术，会直接影响"上层建筑"的发展程度，也直接影响青年民众对社会制度、政治制度、历史文化等诸多领域的政治认知，进而深刻影响青年民众对政治体系、政治人物、政治事件、政治制度等诸多政治概念及政治知识的学习与掌握。

春秋时期的孔子（公元前 551—公元前 479），在学习各类知识时好学不倦，在研读当时用竹木简制作的《周易》时曾"韦编三绝"③。对 21 世纪的青年民众而言，这种获取知识的方式方法在互联网四通八达的现代社会简直不可想象。当前的网络时代，不同国家和地区的青年民众不单可以轻松获取各种印制精美的包括《周易》《论语》在内的不同语言和版本的纸质书籍，同样也可借助四通八达的信息网络获取丰富多彩且数量巨大的各类电子版书

---

① 《马克思恩格斯选集》（第二卷），人民出版社，2012 年，第 684 页。
② 《马克思恩格斯选集》（第一卷），人民出版社，2012 年，第 135 页。
③ 《史记·孔子世家》。

籍;用来存储相关电子书籍资料的笔记本电脑、U 盘、硬盘等,自身的存储容量巨大且体积小巧、方便携带。借助书籍及网络等不同渠道与途径,不同国家和地区的青年民众可十分便捷地获取更多有关政治、经济、文化、地理、历史、天文、科技等方面的先进知识,开阔自身的政治眼界,丰富自身的知识体系,拓展自身的知识结构,积淀自身的政治心理素养,以收所谓"一日千里"之效果。

(二)社会政治制度

对不同国家和地区的青年民众而言,其政治心理的形成与其所在社会的整体制度环境密切相关,尤其是所在社会的政治制度,对青年政治思想的发展与不断成长,发挥着十分重要的作用。

其一,社会政治制度是青年政治心理产生的重要根源。青年政治心理的发展变化并不是随意的,而是在一定的政治制度范畴内产生。在不同的社会政治制度下,不同国家和地区的青年民众通常会形成各具特色的政治心理特征,大致相同的社会政治制度(如英美均属于资本主义发达国家)背景中则会形成相似的政治心理特征。当涉及某个国家或社会的政治文化时,通常指的是"在其国民的认识、情感和评价中被内化了的政治制度"[①]。包括青年民众在内的社会民众的政治心理及政治文化,为政治制度的存在与发展提供了较为稳定且重要的社会基础。经对现存政治制度的认知,并经青年政治社会化过程,不同国家和地区的青年民众在对政治制度传播的政治思维模式和政治价值观念,在其程度、广度、深度等层面逐步不同程度地接受及吸收。在此过程中所产生的各类政治心理及其倾向,不断塑造和影响着不同国家和地区青年民众自身的政治认知、政治态度及政治思想。

其二,社会政治制度决定和制约着青年政治心理的发展水平。不同国家和地区的青年民众所在的社会政治制度通常已经基本内化为一定的政治文化与制度精神,与所在社会的政治心理彼此交融、相辅相成。政治心理也成

---

① [美]加布里埃尔·A.阿尔蒙德、西德尼·维伯:《公民文化——五个国家的政治态度和民主制》,徐湘林等译,东方出版社,2012 年,第 15 页。

为政治制度的各类具体形式，内化于包括青年民众在内的各界民众内心之中并长久稳定存在。与此同时，作为国家及社会的阶级、阶层、团体与社会个体，在长期的社会历史文化传统的影响下形成的某种特定的政治价值观念、政治心理和政治行为模式，[1]政治文化也凝结着社会政治制度的诸多元素、反映着社会制度所体现的诸多社会关系，因而从不同角度影响青年政治心理的形成及发展。作为社会政治领域中要求包括国家在内的各类政治实体严格遵循的相对稳定的行为准则，[2]一整套完备的社会政治制度的产生与建立，实际已经超越其本身，在某种程度上为不同国家和地区包括青年民众在内的各界民众的生存与发展创造新的制度环境、形成新的运行规则和政治利益关联。依托所在国家和社会存在的各类政治制度，青年民众可依法依规地创造出适合青年民众自身特点和兴趣爱好的社会空间（包括线上网络虚拟空间和线下真实社会空间）。青年民众的政治心理对于相关国家和社会的认知也是基于社会政治制度的制度框架。简言之，社会政治制度不断塑造和影响着包括青年民众在内的各界民众的政治心理及政治文化，并为政治制度的维系和发展创造应有的空间和氛围。

其三，社会政治制度的变化影响青年政治心理的发展演变。社会政治制度变化按照其变化动力通常可划分为内生性变化和外源性变化。如果社会政治制度的变化是该社会诸多方面长期的结构性转变过程，则称之为社会转型。不论社会政治制度发生变化的原因是内生性还是外源性，变化的深度与广度如何，是否发生涉及经济、文化、政治等多个领域的重大转变亦即所谓"社会转型"，社会政治制度的变化一般都会深刻影响到当地青年民众政治社会化的内容与目标，也会影响到与政治社会化密切相关的青年政治心理。在不同国家和地区青年群体与青年个体的政治社会化进程中，青年民众需要根据社会政治制度的实际需要与发展变化，通过各类政治知识、政治文化、政治情感、价值观念等相关学习及政治实践，在各类政治互动中逐步累积政治知识，掌握政治技能，形成政治情感和政治心理。简言之，青年民众需

---

① 参见王惠岩主编：《政治学原理》，高等教育出版社，1999年，第231页。

② 参见浦兴祖主编：《当代中国政治制度》，复旦大学出版社，2005年，第1页。

要根据社会政治制度历史与现实的发展变化，在各类理论探索与政治实践中逐步完成自身的青年政治社会化进程，并在政治心理领域不断成长。

（三）思想文化环境

作为社会成员的青年民众，其政治心理活动通常受所处的思想文化环境的深刻影响。不同国家和地区的青年民众所处的思想文化环境，通常包括各种宗教、哲学、文学、艺术等思想意识形态和各类风俗习惯等文化传统。不同的思想文化熏陶，会影响到青年政治心理与青年政治人格的形成。同一个青年先后置身于不同的思想文化氛围和背景之中，其政治心理和政治态度也会产生重要差异。

就思想文化环境对青年民众的政治心理、政治认知、政治情感和政治态度的影响而言，其通常是通过长期的潜移默化，最终形成所谓"内化"而得以体现。这与青年政治心理的积淀或习得特性相一致。思想文化对政治心理的这种潜移默化的积淀或习得，其影响或外在表现主要包括：①培养青年民众作为社会成员观察、体验和认识世界的诸多方法；②直接或间接地向青年民众宣扬某种意识形态或政治观念；③向青年民众提供可供选择的政治行为方式等。

与此同时，这些思想文化影响之下的各类政治行为、政治观念等社会化具体实践，会使不同国家和地区的青年民众累积更多的政治经验乃至政治教训，从而对青年政治心理形成所谓"反哺"，进而影响青年政治心理的深入发展。例如，在印度的很多地方，基于印度教的诸多戒律和风俗习惯，牛（通常是白色瘤牛）被视为一种神圣的动物，成为"圣牛"。在此社会文化环境与政治氛围中，印度青年民众的政治心理也深受"圣牛"观念的独特影响甚至某种程度带有强制意味的约束。[1]

---

[1] 参见郭洪纪：《印度文化中的独特取向与怪异现象》，《青海师范大学学报（哲学社会科学版）》，2011年第4期。

四、青年政治心理形成的个体要素

青年政治心理形成的个体要素一般是指青年民众作为社会成员的个体条件,亦即青年民众作为所在国家和地区的社会成员,已经形成的政治心理状态或政治心理背景。一般来说,青年政治心理形成的个体要素结构组成主要包括:

(一)自然生物特性结构

就青年民众的自然生物特性结构而言,其主要包括青年作为社会个体的性别、年龄阶段、个人气质及性格特质等。这些自然生物特性结构是青年民众作为"政治"个体的所谓"自然"基础。作为不同国家和地区青年民众的一种直观的、自发的心理反应,青年政治心理是以一种潜在的形式而逐步形成并存在的,通常是青年民众对所处的社会环境、政治生活、政治现象等的各类不系统、不定型、不成熟甚至带有不正确成分的感性政治认知。这种认知具有暂时性和阶段性,需要通过进一步的政治活动、政治学习、政治实践等方式积淀更多的政治经验,进而充实和完善自身,也需要青年民众自身投入大量的时间、精力。因此,青年政治心理的产生与存在,客观要求青年民众应当具备一定的"自然"条件基础。就其形成及其发展而言,青年政治心理也需要依托青年民众的"自然"个体基础,通过青年政治社会化丰富、充实青年民众心理层面的各类"政治"元素,逐步积淀和完善而最终成长为社会所需要的真正的"政治人"。

以气质为例。作为青年政治心理的"自然"基础之一,青年民众的个人气质是其自我修养和自我训练的结果,尤其是在发生积极转变的情况下,更需要自身在文化认知和个体修为层面多下功夫且持之以恒。"故欲其国民对国家有深厚之爱情,必先使其国民对国家已往历史有深厚的认识。欲其国民对国家当前有真实之改进,必先使国民对已往历史有真实之了解。"[1]基于青年的

---

① 钱穆:《国史大纲》,商务印书馆,1997年,第3页,引论。

个体气质,青年政治心理同样会根据青年个体的差异而产生不同的发展状况。性格开朗、态度积极、具备更多正能量而关心和看待各类政治事物的青年,一般可以较快适应青年政治心理成长过程中自身各类政治行为的成败得失,从成功中累积经验,从失败中累积教训,并为自身政治心理的成长积淀更多的坚实基础。在青年政治心理的发展与自我完善的过程中,往往并非一帆风顺,也难免会遇到各类的挫折与障碍,需要青年民众根据个人的现实情况,制定更为明确的规划和目标导向,包括正确认知自我、适时平抑冲动和妥善应对焦虑等积极的心理状态;同时也能够广泛团结和结交身边更多的朋友,克服性别、年龄等不利因素,进而积极改善自身处境,牢固把握自身命运的航向。

(二)社会经验结构

　　青年民众作为社会成员的社会经验结构,主要包括青年个体掌握的各类知识、技能,还有相关的个人经历、习惯及政治阅历等。"理论一经掌握群众,也会变成物质力量。"①在青年政治心理的发展过程中,不同国家和地区的青年民众在政治知识、政治参与等政治事务方面的社会经验及教训,将对政治心理的发展和积淀产生直接影响。

　　对于技能而言,一般可分为初级技能和技巧性技能。不同国家和地区的青年民众在政治心理方面的初级技能是借助有关政治心理、政治参与等相关知识和过去的各类政治经验,经过练习和模仿等方式,达到能够完成某种政治行为或政治事务的水平,如积极参与相关政治活动、政治集会、政治社团乃至游行示威。政治心理的技巧性技能则是经过对政治心理、政治参与及各类政治现象的深入学习与反复练习,不同国家和地区的青年民众能够借此较好地完成一套难度系数更高的政治操作,如作为主要的组织者或领导者,积极组织策划相关青年政治集会、政治示威及政治活动,负责起草某个具有重要作用的政治文件等。这些政治技能无疑会历练青年民众的政治能力,累积政治经验,也为青年政治心理的发展提供强有力的支撑,所谓"绳锯木断,水滴石穿"②。尤其是在信息时代,对计算机和互联网的熟练应用作为带有强烈现

---

①　《马克思恩格斯选集》(第一卷),人民出版社,2012年,第9页。

②　《汉书·枚乘传》。

实意味的政治技能,成为青年个体不断成长,以及进行各类社会交流交往的不可或缺的"必需品",直接影响到青年个体的全面发展,也深刻影响到青年政治心理的不断完善。

在青年政治心理积淀的初期阶段,不同国家和地区的青年民众的政治知识、政治技能和政治经历等十分薄弱,需要通过不断地深入学习各类政治知识、参加各类政治活动而不断地丰富和完善。在此阶段,有可能产生一些波折,导致青年政治心理遇到沮丧、失落等负面情绪,需要及时疏导、纠正,同时也更需要青年个体的自我克服、自我提升、自我完善。"玉不琢,不成器。"①在一定程度上,青年政治心理的初期阶段是青年民众作为"政治人"的"第一粒纽扣",对青年民众未来的人生发展方向和政治心理的后续发展产生特殊而重要的影响。

(三)心理结构

青年民众作为社会成员个体的心理结构,一般是指已成为不同国家和地区青年个体重要特征的政治心理的各种状态,主要包括感觉、认知、情绪、感情和意志等方面。

以青年个体的意志为例。"如果不谈所谓自由意志、人的责任能力、必然和自由的关系等问题,就不能很好地议论道德和法的问题。"②作为青年政治心理的重要组成部分,不同国家和地区青年个体的意志由于已经初步设定了奋斗的政治目标而具有明确的目的性。一般而言,青年个体意志既能使青年个体发动符合其政治奋斗目标的某些政治行为,又能制止不符合其所定目标的相关政治行为,从而对青年个体形成强有力的自我约束,进而加快政治奋斗目标的实现。在此过程中,因为目标的明确性和政治行为的有效性,青年政治心理能够得到更多的实际历练,累积更多的政治经验,从而加快青年政治心理的不断完善。就意志自身来说,其政治行为的效应有大小之分,一般以青年个体给自己设定的奋斗目标的水平高低及其社会价值为基础

---

① (西汉)戴圣:《礼记·学记》。

② 《马克思恩格斯选集》(第三卷),人民出版社,2012年,第490页。

的。"爱国主义是由于千百年来各自的祖国彼此隔离而形成的一种极其深厚的感情。"①在现实中,青年个体奋斗目标越高尚、越远大、越有社会价值和社会意义,就越能受到社会各界民众的欢迎与支持,"苟利国家生死以,岂因祸福避趋之",与之相应的青年政治意志表现水平就越高。

同时,青年意志的坚强与否、坚强程度如何,一般是以克服困难的难易程度来衡量的。在青年民众的政治社会化亦即青年民众从"自然人"向"政治人"逐步转变的进程中,不同国家和地区青年个体的政治心理不可避免地会遇到各类障碍、困难及挫折,青年个体的意志也同样会面对诸多重大考验。这些青年政治心理的各类障碍和挫折,是青年个体在实现奋斗目标过程中的某个阶段遭遇到各类主观或者客观的阻碍,导致青年个体在逐步实现自身设定的各类奋斗目标的过程中产生主观心理困惑,其个体意志也有可能发生不同程度的动摇。遇到这种情况,青年个体应当及时权衡设定的奋斗目标,看是否符合主观条件和客观实际。如果确实因为政治目标的不切实际而造成政治心理的障碍和挫折,则需要在意志坚定的同时,适时调整目标,适当降低期望水平。如果青年个体的奋斗目标是进步的、符合自身实际的,就需要青年民众在强化个人意志的同时,继续加倍努力。所谓"宝剑锋从磨砺出,梅花香自苦寒来"。从青年政治社会化的进程来看,青年政治心理不但能够制约青年的政治行为方式,而且还能影响青年的政治思想活动。②

第二节　青年政治心理的构成及作用

一、青年政治心理的构成

作为一种精神现象,青年政治心理是青年民众受到的各类社会关系和

---

① 《列宁全集》(第35卷),人民出版社,2017年,第187页。
② 参见彭希林:《论青年政治心理障碍和挫折的调控》,《思想政治教育研究》,2014年第5期。

社会事务的诸多影响而产生的，亦即是不同国家和地区的青年民众自身所涉及的社会关系和利益关系的心理反应。就其构成而言，青年政治心理主要包括以下要素：

（一）青年政治认知

青年政治认知是作为政治主体的青年民众对于政治生活中各种政治关系、政治事件、政治人物、政治现象及隐藏于其中的各类政治规律等诸多方面的认识、判断与评价，简而言之就是作为社会成员的青年民众对各种政治现象的认知与理解。参照有关认知的基本规律，青年政治认知的形成及其发展同样包括认知者（即青年政治认知主体）、被认知者（即青年政治认知客体）和政治认知发生的情境（即青年政治认知的时空环境）三个基本要素。对青年政治认知而言，主要特点包括：

其一，政府在青年政治认知的过程中发挥着重要作用。青年政治认知是青年政治心理最为基础的组成部分，不仅是不同国家和地区的青年民众政治情感和政治动机形成的基础，也会影响青年民众个体的政治情感判断和政治参与动机，因而会直接影响到社会的政治文化与政治制度的稳定性与合法性。对此，世界各国和地区较为普遍的做法是，政府通过自身的政治权力，通过学校、媒体、政治活动等不同方式，努力以政府自身期望的方式向青年民众展示所在社会中的各类政治历史、政治人物、价值观念等，吸引青年民众的兴趣与关注，获取青年民众更多的支持和拥护。对一个国家而言，天然地拥有要求公民对其忠诚的权力，①具体表现主要集中于爱国主义。"爱国主义是由于千百年来各自的祖国彼此隔离而形成的一种极其深厚的感情。"②作为爱国主义的内核和精髓，热爱自己的祖国并为之辛勤工作、努力奋斗，也是世界各国政府面向包括青年民众在内的各界民众所大力推动的各类政治教育的核心要素。在世界各国的政治教育中，青年民众作为认知主体，通常从儿童时期就已经在相关政府所推动的宏大历史叙事背景中，逐步认知

---

① 参见［英］休·希顿－沃森：《民族与国家——对民族起源与民族主义政治的探讨》，吴洪英、黄群译，中央民族大学出版社，2009 年，第 1 页。

② 《列宁全集》（第 35 卷），人民出版社，2017 年，第 187 页。

自己国家的创立者们，以及在国家和民族的各个发展阶段发挥重要乃至关键作用并立下不朽功勋的英雄人物。

其二，青年政治认知受到主观因素的影响，有一定的肤浅性。青年民众作为认知主体，在一定的时空环境中对认知客体即各种政治人物、政治事件、政治制度及政治规律进行认识、辨析与评价。在青年政治认知的进程中，认知客体选择范畴有一定的主观性，认知过程亦即认知的深度、广度有一定的主观性，而认知结果包括辨析与评价等同样存在一定的主观性。对于不同国家和地区的青年民众而言，其群体的显著特点包括不成熟、经验不足、相关社会知识较为缺乏等。随着互联网的日益普及，不同国家和地区的青年民众可以通过网络方便快捷地查阅各类政治人物、政治事件、政治活动的信息，了解世界各地对政治规律和政治问题的研究进展，与世界各地的网友交流对各类政治现象的看法与评价，进而为青年民众全面广泛地认识世界各地发生的政治现象提供了强有力的支撑。在此背景下，不同国家和地区的青年民众对认知客体的认知过程需要持之以恒地深入探讨、认真研究，加上自身不懈的努力与多方面的历练和学习，才能形成较为客观、更接近真相的政治认知。

其三，青年政治认知具有阶段或层次的积淀性。作为社会成员中的特殊群体，不同国家和地区的青年民众自身限于社会经验、政治知识、政治技能，以及自身视野等多方面的客观限制与主观限制，其对各种政治人物、政治事件、政治制度及政治规律的认知不一定深刻透彻，甚至受制于自身所处的时代，即"经济基础决定上层建筑"。"一切划时代体系的真正内容都是由于产生这些体系的那个时期的需要而形成起来的。"①因此，青年政治认知一般会具有阶段性或者层次性的特征。"实践是检验真理的唯一标准"。伴随着自身政治知识的不断累积，社会阅历的不断丰富，政治分析、辨别、评判等诸多能力的不断加强，以及政治认知通过各类实践不断地得到检验与积淀，同时也包括时代的快速发展、科学技术和专业研究的不断进步，不同国家和地区的青年民众对认知客体的认知能力也随之更为强大、更为透彻、更为全面，对

① 《马克思恩格斯全集》（第3卷），人民出版社，1960年，第544页。

各类政治现象的认知同样也在不断深入。

(二)青年政治动机

　　基于政治动机的一般规律和基础概念，青年政治动机通常是作为其内在动力与心理需求，激发、推动并维持青年民众作为政治主体的各类政治行为、政治活动及政治实践(包括投票选举、政治集会、游行示威等)，以期改变自身的某种不满足、不均衡的状态(如求学、就业、社会地位等)，从而实现自身的政治目标或权利诉求。青年政治动机一般隐藏在不同国家和地区的青年民众的各类政治行为及政治实践背后，从政治主体内部强力推动青年政治心理的不断积淀与不断发展。青年政治动机的主要特点包括：

　　其一，青年政治动机具有隐秘性。青年政治动机往往隐藏在青年民众的各类政治行为与政治活动背后。不同国家和地区的青年民众从事的各类政治行为与政治活动大致可分为两类：一类是较为公开的政治行为和政治活动，其自身能够广为社会各界民众所认知、所了解，其政治动机也较易为各界所知悉，但在这些公开的政治活动或政治行为并不能完全展示其政治动机；另一类是较为隐蔽或低调的政治行为和政治活动，通常游离于广大民众的视野边沿或者视野之外，不被关注或者无法关注，但其中所包含的政治动机未必同样不被关注。然而无论是较为公开还是较为隐蔽或低调，社会各界尤其是共同参加相关政治活动的其他民众，都可以通过观察和认知青年民众的相关言行，分析和研究其政治诉求和政治目标，以及其中所蕴含的青年政治动机。较之各类或公开或隐蔽的政治行为与政治活动，青年政治动机因其是青年政治心理的重要组成而看不见、摸不到，有较强的隐秘性，一般难于用有形的物质或者可见的具体事务来完整、全面地展现，更多的是隐藏于不同国家和地区青年民众的内心深处亦即政治主体内部，进而不断推动青年政治心理的充实与发展。

　　其二，青年政治动机具有原生性。作为青年民众因缺乏某种内部均衡状态而渴望将这种不满足与不均衡转化为较满足与较均衡状态的心理诉求，青年政治动机通常是作为表象的各类政治活动和政治行为的原生动力。"意诚而后心正,心正而后身修。"①这种原生动力既是青年政治动机的起点,也是青年政治动机的归宿,同时还是不同国家和地区青年民众各类政治行为与政治行动的"初心"所在。综合而言,青年政治动机不单直接影响到各类政治行为与政治活动能否顺利实现,还会影响青年政治心理能否顺利完成各类经验积淀与充实完善,因而青年政治动机的原生状态或者"初心"对青年政治心理的发展及最终归宿至关重要。在现实中也常常遇到与政治动机相关的案例。比如,不同国家和地区的青年新成员在正式加入某个政党、政治社团、政治派别之前,或正式参加某个政治活动之前,通常作为例行性的询问会被问及"加入的动机是什么"。如果青年民众的"动机不纯"或"动机不良",并非为实现一定的阶层或阶级利益诉求而投身其中,或者仅仅只是因为盲从、"随大流"而缺乏坚定性和意志力,甚至其政治动机完全是为了一己私利,则此类不纯的青年政治动机往往很难有好的结果。

其三,青年政治动机具有动力性。青年政治动机的根本原因,是作为政治主体的青年民众因缺乏某种内部均衡状态,从而渴望通过自身的政治行为、政治实践等方式,将这种不满足、不均衡转化为较满足与较均衡状态的心理诉求。这构成了不同国家和地区的青年民众从事各类政治活动的内在动力。按照政治目标与权利诉求实现时间的长短和难易程度,可以将青年政治动机划分为三种类型:①投身具体政治活动的青年政治动机。这类青年政治动机主要针对某个政治行为或政治活动,如参加某次政治集会,其政治目标的实现时间相对较短。②参加政治组织或政治社团的青年政治动机。这类青年政治动机受到所参加的政治组织或政治社团相关政治目标实现的制约,所用的时间相对较长,可能会耗费几年、十几年的时间才能实现。③参加政党或实现自身人生政治目标的青年政治动机。鉴于政党组织的严密性和政治纲领的重要性与长期性,以及自身人生政治目标的重要性与长期性,此类青年政治动机基本上会伴随青年民众的一生来实现。"为中华之崛起而读书"就是一个鲜明的典型案例。②

---

① 《礼记·大学》。

② 参见周秉德:《周恩来为中华崛起读书》,《新阅读》,2019年第11期;陈玖福:《为中华崛起而读书》,《群文天地》,2013年第2期。

（三）青年政治情感

就青年政治情感而言，通常是指作为政治主体的不同国家和地区的青年民众在心理层面对于作为政治客体的政治人物、政治事件、政治关系等产生的各类体验与感受。在内容方面，青年政治情感是伴随青年民众政治认知过程所形成的对各种政治客体的诸多心理反应的统称，包括青年民众的好恶之感、爱憎之感、亲疏之感、信疑之感等。

1.青年政治情感是青年民众对社会政治活动做出反应的标志

国家认同感和民族自豪感作为青年政治情感的基础，其情感的强烈与否和国家繁荣稳定密切关联。作为青年政治心理的构成要素之一，青年政治情感与青年政治认知、青年政治动机、青年政治态度等相互关联、相互影响，共同构成青年政治心理的有机整体。作为不同国家和地区的青年民众对社会政治活动做出反应的标志，青年政治情感是青年民众做出相应政治行为的直接驱动力量。一般而言，就过程而言，青年政治情感产生于不同国家和地区的青年民众的政治认知过程中，而带有先入为主色彩的政治情感会造就较为刻板印象，与行为主体"理性中立"的设想存在一定程度的差距。

2.青年政治情感是青年民众作为行为主体与社会互动时的重要机制

在现实中，不同国家和地区的青年民众在收集、接受外部世界的各类政治信息后，对其按自身需要加以选择、加工和判断，从中得到有关此类政治信息的基本知识以及相关评判，掌握各类政治认知客体的若干特点及相互关联，进而深刻理解此类政治信息的时空背景和现实意义。青年政治情感比青年政治思想的获取与影响更为直接，是青年民众作为行为主体与社会互动时最为基础、快速、有效的交流机制。在此过程中，青年民众通常也会产生相应的政治情感，比如对一些政治人物的喜恶与否、对政策法规的支持与否、对政治事件处理的满意与否等。

青年政治认知程度的深浅会影响不同国家和地区的青年民众产生相应的政治情感，亦即去除现象看本质，从更为长远和宏观的角度看待包括政策措施在内的诸多政治现象；而青年政治情感又反过来影响青年政治认知的结果。与此同时，青年政治情感的变化直接影响到青年民众对各类政治现象的政治态度。当青年政治认知和青年政治情感出现分歧后,青年政治情感一般会直接影响青年民众的政治行为。当政治情感在社会政治生活中起着重要作用时,加上不同国家和地区的青年民众本身在社会成员中的重要地位,青年政治情感就会形成强大的不可忽视的内在力量。

3.青年政治情感是青年民众政治生活的重要情感纽带

作为青年政治心理不可或缺的组成部分,青年政治情感是青年民众作为社会成员个体的政治生活的重要情感纽带,也是青年民众个体的政治动机的情感基础与重要的动力来源。以青年政治认知为基础,青年政治情感涉及青年民众在政治生活中对政治体系、政治事件、政治人物、政治制度等诸多方面的体验和感受。鉴于青年政治情感对于维护社会政治稳定、政府合法性及社会治理等领域的重要政治价值,世界各国较为通行的做法是,从小就对民众进行相关的政治通识教育或者公民教育,增加其政治情感,进而拥护本国的政治制度、政治体系、政策法规,热爱和尊敬本国的政治英雄人物,从而奠定爱国主义的政治情感基础。无论东方还是西方,热爱祖国成为重中之重,尊重国旗、国歌、国徽等象征国家的政治符号成为不同国家和地区青年政治情感成长历程中的必由之路。

(四)青年政治态度

作为青年民众对政治权力和政治权利及其实际形态形成的相对稳定的综合性心理反应倾向,青年政治态度主要表现为对政治权力、政治权利、政治制度肯定与否、赞成与否的倾向状态。[①]在现实中,作为青年政治心理的特殊要素,青年政治态度既不是与其他青年政治心理要素并列存在的,也不是在其他青年政治心理形成时形成的,而是其他青年政治心理要素形成以后的综合性结果,属于青年政治心理的高级阶段,其自身蕴含着青年民众的政治信任、政治兴趣、政治效能和政治认同等诸多要素。其主要特点[②]包括:

---

① 参见[美]加布里埃尔·A.阿尔蒙德、西德尼·维巴:《公民文化——五个国家的政治态度和民主制》,徐湘林等译,东方出版社,2008年;[美]威廉·H.斯通:《政治心理学》,胡杰译,黑龙江人民出版社,1997年,第85页。

② 参见王敏:《政治态度:涵义、成因与研究走向》,《云南行政学院学报》,2001年第1期。

　　其一,青年政治态度的对象是社会政治活动中的各类政治现象。作为不同国家和地区的青年民众自身的政治心理反应倾向,同时也作为青年民众自身特殊的政治心理过程,青年政治态度同其他政治心理过程相比,既有相似性(即同为青年政治心理要素),又有差异性(青年政治态度是其他青年政治心理诸多要素的综合)。作为综合性的青年政治心理过程,青年政治态度是在其他青年政治心理诸多要素在互动基础上共同作用的综合性结果。对于政治态度而言,青年政治态度所涉及的各类政治现象,既包括青年政治心理的各类政治目标,也包括青年政治心理的各类政治情境,所涉及的范畴较广、目标较多,过程也较为复杂。

　　其二,青年政治态度是后天习得的青年政治心理现象。青年时期的政治习得十分重要,而青年政治态度一旦形成,就将持续相应的时间(虽然这种时间的长短因青年民众个体情况等诸多原因而存在差异),成为较为固定的心理反应倾向。鉴于青年政治态度并非生来就有而是后天习得的,因此当有新的政治认知、政治情感不断得到培养之后,青年政治态度有可能会逐步随之发生相应的转变。因此,青年政治态度并非固定不变的,其稳定性是相对的,有可能发生变化。这也是世界各国均会以不同形式、不同路径、不同方法,对包括青年在内的社会民众开展各类政治教育以维护本国政治制度和政府合法性等政治基础的重要原因。

　　其三,青年政治态度是政治态度主体与客体在相互作用的过程中形成的。较之政治态度的三要素,青年政治态度的三要素具体为:青年政治态度主体、青年政治态度客体、主体与客体之间的联系与作用。三个要素相互影响、相互作用,共同推动青年政治态度的形成。参照政治态度形成方式,青年政治态度同样也可分为四种模式,即累积模式、人际关系转移模式、认同模式、认知发展模式。在不同国家和地区的青年民众各类具体政治实践和青年政治发展进程中,没有主体与客体的联系与作用,就不会产生青年政治态度;而没有主体或者客体,同样也不会出现这种联系与作用,从而影响青年政治态度的形成与发展。

二、青年政治心理的类型

鉴于青年政治心理是内容丰富、结构复杂的社会精神现象,根据不同的划分标准或不同的研究视角,青年政治心理可以被划分为不同类型。如根据不同国家和地区青年民众作为社会成员对于政治权利及政治权威的心理倾向为标准,可将青年政治心理划分为崇拜心理、认同心理、逆反心理等类型;根据青年政治心理的发展状态为标准,可将青年政治心理划分为正常心理、病态心理和变态心理等。

在社会政治生活中,不同国家和地区的青年政治心理均是以心理主体作为物质载体,因此通常也可根据心理主体及心理承担者的不同来划分青年政治心理的类型。据此,青年政治心理可以划分为青年个体政治心理和青年群体政治心理两大类型。

(一)青年个体政治心理

青年个体政治心理是指不同国家和地区的青年民众作为社会成员在青年个体的状态下具有的青年政治心理活动及其状态,是青年个体对其所处的各类政治关系和各类政治经验的心理反应,也是青年个体社会政治实践活动的产物。鉴于青年个体的政治心理存在诸多差异,因此可将青年个体政治心理进一步区分为两类:

1.作为政治领袖的青年个体政治心理

不同国家和地区的青年政治领袖往往具有与普通青年民众个体所不同的个体政治心理,这种不同主要来自两个方面:一方面来自青年个体的个性特质及其心理差异,青年领袖之所以能够成为某个青年政治组织或者团体的领导者,其重要原因之一就在于青年领袖个人的包括个性特质在内的领导能力等诸多方面,能够为相关普通青年民众及普通成员所信任、所认可,进而承认其领导地位;另一方面,则来自青年所担任的政治角色存在的客观要求,如领导能力、决断能力、组织能力等,以及由之而产生的领袖意志、领袖魅力尤其是面临逆境与挫折时较之普通青年个体更加坚强的抗逆力、意

第四章

志力等,所谓"在其位,谋其政"。如果进一步细分的话,可以将不同国家和地区的青年政治领袖的政治心理划分为:主动积极型、主动消极型、被动积极型、被动消极型。①虽然上述划分一定程度上显示了某些政治领袖政治心理的共同特点,但政治领袖的政治心理在现实中更为复杂,很难用某一种类型概括某个政治领袖的心理全貌。

2.作为普通社会成员的青年个体政治心理

在不同国家和地区的现实政治生活中,能够担任政治领袖的青年个体毕竟属于少数,更为常见、数量也更为庞大的则是普通青年个体的政治心理。这类普通个体的青年政治心理因为涉及的青年个体数量较大,青年个体的状况千差万别,涉及不同国家、不同地区、不同民族、不同性别、不同文化背景等诸多因素。总体而言,依据普通青年个体对政治生活的关心程度,可将不同国家和地区的普通青年个体政治心理进一步划分为冷漠型普通青年个体政治心理和热情参与型普通青年个体政治心理。

对于冷漠型普通青年个体政治心理,一般是指不同国家和地区的普通青年个体对各类政治关系和政治经验的心理反应较为冷漠的政治心理状态,具体表现主要包括对政治关系认知不够积极,对各类政治经验的积累较为冷漠,对各类政治参与、政治活动态度消极或干脆置身事外,对社会政治热点漠不关心等。与之相对,热情参与型普通青年个体政治心理,通常是指不同国家和地区的普通青年个体对各类政治关系和政治经验的心理反应较为积极热情的政治心理状态,具体表现主要包括积极认知各类政治关系,积极积累各类政治经验,积极投身各类政治参与及政治活动,积极关心社会政治热点,并善于总结自身的青年政治心理积淀,积极推动青年政治认知、青年政治动机、青年政治态度诸多要素之间的相互作用、相互影响,努力从多方面提升自身的政治知识和政治能力水平。

(二)青年群体政治心理

青年群体政治心理一般是指不同国家和地区的青年个体在共同的政治

① 参见[美]迈克尔·罗斯金等:《政治科学》(第九版),林震等译,中国人民大学出版社,2009年,第321页。

活动、政治环境中形成的政治意识、政治情感、政治动机、政治态度和相应的政治行为。青年群体政治心理建立在青年个体政治心理基础上，是由大量的青年个体政治心理综合与汇总而成。较之青年个体政治心理，不同国家和地区的青年群体政治心理也有专属自身的特点，主要包括：

1.青年群体政治心理具有"去个性化"特点

虽然青年群体政治心理建立在大量青年个体政治心理的基础之上，因此不同国家和地区青年个体政治心理的若干特征也会影响到青年群体政治心理，但这种政治心理的总分关系实际也存在着相对的独立性。青年群体政治心理存在"去个性化"特点，即将青年个体在共同的政治活动、政治环境中形成的政治意识、政治情感、政治动机、政治态度和相应的政治行为进行综合，剔除其个性化或者不具有群体共性的特点，提炼出青年个体大量存在的政治心理特点。这些大量存在的不同国家和地区青年个体政治心理特点不断地汇聚并经综合与抽象，最终形成青年群体政治心理特点。

2.青年群体政治心理具有"感染性"

所谓青年群体政治心理的"感染性"特点，就是一定数量的青年个体，在共同的政治活动、政治事件、政治体系、政治环境中形成的较为相近或基本相同的各类政治知识、政治情感、政治动机、政治态度以及相应的政治行为等心理反应。这种心理反应可在不同国家和地区相关青年个体之间不断扩散和传播，让越来越多的青年个体接受与产生"心理共鸣"，乃至加入相关的政治行动之中。对那些尚处于犹豫状态的青年个体，在遇到号召力较强、组织力较强的青年个体及青年群体的心理及情绪的感召之下，也会因为从众或者"随大流"而加入，最终使青年群体政治心理获得更强大的投射效应，以及产生更为深远的政治影响。

对于青年群体政治心理的这种"感染性"，需要一些基本条件：一方面需要青年个体之间能够基于针对某个政治形象产生较为强烈的"心理共鸣"，如采取措施推动应对气候变化及环境保护等。如果有青年个体主动倡议或者发起相关行动，则基于心理上的共鸣，青年个体政治心理之间容易因此而彼此感染，越来越多的青年个体会逐步加入其中，最终汇聚成为广大的青年群体政治心理。另一方面则需要相应的能够充当"灵魂人物"的青年个人或青年群体发挥其自身的首倡或者引领作用。这需要有青年个体或青年群体主动站出来,倡议或者号召更多的青年加入,并做好相应的组织工作。如,依托榜样的力量或者"领头羊"的作用,可以将不同国家和地区青年个人政治心理对气候变化及环境保护的支持和同情,逐步扩散和感染越来越多的青年个体政治心理,最终实现青年群体政治心理应对气候变化及环境保护的洪流。

3.青年群体政治心理具有"方向性"

所谓青年群体政治心理的"方向性",是不同国家和地区的青年个体政治心理按照特定青年群体的共同利益去感知政治关系和政治生活。这意味着青年群体政治心理必须大体上反映所在国家和地区的特定青年群体共同利益的"主流"发展方向和未来趋势,使青年群体政治心理能够对青年个体政治心理具备"灯塔"性质的指引或者导向作用,从而汇聚更多的青年个体参照青年群体政治利益的发展方向,逐步在共同的政治活动、政治事件、政治体系、政治环境中形成与青年群体政治心理"相向而行"的政治意识、政治情感、政治动机、政治态度和相应的政治行为。

作为全球各国共同面临的重要生态环境问题,应对气候变化伴随着诸多行业及专家学者对其重要意义的深入研究而日益受到世界各国重视。全球治理背景下的气候变化问题也从单纯的生态环境问题逐步拓展成为涉及经济、外交、安全的政治问题。①积极应对气候变化关系到世界各国的可持续发展,与青年民众自身的未来发展密切相关,同时也占据了较高的道义地位。因此,不同国家和地区的青年民众对气候变化的积极关注和适当形式的青年政治参与,有助于敦促世界各国政府采取积极措施予以应对,也有助于气候变化问题的改善。在此背景下,对青年群体政治心理而言,支持积极应对气候变化、保护全球生态环境、维护世界可持续发展,一定程度上会逐步成为世界各国青年民众占据主流地位的政治心理,也成为不同国家和地区的大多数青年民众较为欣赏与支持的青年群体政治心理方向。

需要说明的是,在青年群体政治心理中,根据不同的社会和政治群体等

---

① 参见刘青尧:《从气候变化到气候安全:国家的安全化行为研究》,《国际安全研究》,2018 年第 6 期;陈家刚主编:《全球治理:概念与理论》,中央编译出版社,2017 年。

标准，还可以将不同国家和地区的青年群体政治心理进一步划分阶级政治心理、阶层政治心理、民族政治心理、地区政治心理、集团政治心理和大众政治心理等不同类型。

三、青年政治心理的作用

作为政治生活的重要内容，政治心理具有重要的社会价值和政治意义，历来受到人们的重视。中国古代思想家孟子就曾阐释"得民心者得天下"的道理。就青年政治心理来说，其具体表现为不同国家和地区的青年民众对各类政治关系的认知、态度、情绪、兴趣、信念等，而这些因素的综合构成了青年民众作为社会成员的政治素养、政治品质与政治人格。[①]鉴于青年民众自身正处于生理和心理的成长期以及政治社会化的重要阶段，特别需要做到扣好"第一颗纽扣"，因此青年政治心理的作用十分重要，主要包括：

（一）青年政治心理影响和制约青年政治行为

作为青年政治行为重要的中介环节，青年政治心理深刻影响着不同国家和地区青年民众对政治事件、政治人物、政治制度、法律法规等诸多政治现象的政治认知、政治情感及政治态度，也影响着青年民众相关政治参与及政治行为的主要内容、政治方向和实施方式。在世界不同国家的各类政治生活和政治过程中，青年政治心理同样也影响着青年民众对各类社会政治事件和政治现象的看法和态度，影响着青年民众相关政治参与的积极性，直接决定着青年民众政治行为的支持与否，进而影响到政治参与的参与方式、参与广度与参与深度等。

基于青年政治心理的影响，面对同一政治事件或同一政治现象，如果友好、欣赏、支持等积极的政治心理占据主导地位，青年民众一般情况下会采取各种措施，积极主动地予以配合，并积极参与其中，出主意、想办法；反之，如果反对、排斥、敌意的政治心理占了上风，对青年民众而言，就会对相关政

---

① 参见彭希林：《论青年政治态度的结构、特征与转变》，《中国青年研究》，2012 年第 11 期。

治事件施加各类阻碍、反对甚至或明或暗的各类破坏举措，或者完全置身事外绝不参与。虽然不同国家和地区的青年民众因自身具有不成熟等特性，决定了青年民众不一定会做出完全正确的判断和选择，其政治行为和政治活动可能会出现不同程度的偏差。对青年民众而言，不论其政治行为和政治活动是否正确，青年民众都会受到青年政治心理的影响。例如，英国高校青年学生曾以游行示威等形式强烈反对英国政府以减少政府教育财政支出、增加大学学费为重点的高校教育改革。

(二)青年政治心理影响社会整体政治心理发展

作为社会成员整体政治心理的重要组成部分，青年政治心理在一定程度上反映着社会政治整体形势的发展状况，也会影响到社会整体政治心理的发展。一般而言，政治心理可以说是社会政治整体形势的"晴雨表"。作为社会整体政治心理的重要组成部分，青年政治心理能充分反映青年民众的民意状况。鉴于不同国家和地区的青年民众是当前社会成员的重要组成、未来社会各项建设的生力军与主力军，因此其不可避免地会影响社会整体的政治气氛、社会思潮和社会舆论。在现实的社会生活中，不同国家和地区的青年民众的政治心理状况会通过家庭、学校、机关单位、政党、社团组织甚至游行示威或政治事件等平台和渠道，与不同年龄段的各界民众展开各类观点交流与思维碰撞，其政治态度、政治情感、政治认知、价值观念等作为青年政治心理的重要关联，会对所涉及的包括青年民众在内的各界民众产生程度不一、形式各异的影响效果。以各国青年应对气候变化为例。

20世纪80年代，世界各国逐渐注意到温室气体排放带来的全球气候变化问题，联合国多个成员国在1992年签署了《联合国气候变化框架公约》(1994年生效)，承诺要将各国温室气体的浓度稳定在防止气候系统受到危险的人为干扰的水平。此后，"气候政治"及其博弈始终是全球最热门的政治话题之一。经过不懈努力，在2015年巴黎气候变化峰会，各国达成具有里程碑意义的《巴黎协定》。期间，青年代表与青年团体的角色地位在巴黎峰会令人瞩目：通过参加主题边会、青年主题日活动、联合国青年会议、可持续创新论坛等形式，青年群体在全球气候变化的议程设置、观点争辩、价值态度与舆论引导等诸多方面发挥了积极的作用。

2019年9月,联合国首次召开基于青年民众的"青年气候峰会"。来自140多个国家和地区的数百名青年企业家、活动家以及创新代表在"青年气候峰会"展示各自的气候危机解决方案。"青年气候峰会"是联合国第一次为青年民众举办有关气候行动的峰会。对解决全球气候变化而言,不同国家和地区的青年民众对气候问题的关心与积极参与,不仅具有当前的政策行动意义,也具有未来的战略方向意义;[①]实际上,青年民众比老年民众表现出明显的环境关注优势。因此,不同国家和地区的青年民众在气候变化议题方面的政治心理,不但会影响其积极参与各国现实生活中各类"绿色""低碳"等具体政治行为,影响当前各国社会民众在气候变化方面的政治心理,还会直接影响到未来的各国社会民众相关的政策举措,对世界各国应对气候变化发挥着十分特殊而重要的作用。

(三)青年政治心理影响社会政治发展进程

作为社会政治关系的变革和发展,政治发展本质上是由社会成员利益关系与权利诉求的内在矛盾所引发,而包括青年民众在内的各界社会成员政治心理的主要倾向则是构成该类矛盾运动的心理基础。对青年政治心理而言,不同国家和地区青年民众的政治发展会受到客观与主观两方面的影响。当客观条件具备后,青年民众对相关政治发展和政治变革的政治认知、政治情感、政治态度、政治目标等主观心理因素,对青年民众的政治发展即青年政治发展至关重要。与此同时,青年民众对各类政治现象的政治态度、政治认知等一旦形成稳定的政治心理,就会通过具体的政治行为及政治参与表现出来。"实践是检验真理的唯一标准。"政治行为及政治参与的具体实践,又会对青年政治心理形成不同程度的"反哺",丰富和充实青年政治心理的内容,进而影响政治心理的主观认知。就世界各国政治历史的发展进程而言,古今中外的各类起义和革命,通常都是包括青年民众在内的社会民众政治心理在相关经济社会条件下外化的结果。

---

①　参见李晓光、杨江华:《青年群体对气候变化的认知及其影响机制》,《中国青年研究》,2016年第8期。

对不同国家和地区的社会政治来说，其顺利而稳定的发展通常需要顺应包括青年民众在内的各界社会成员占据主流地位的政治心理及时代发展的潮流，即顺应主流民意及时代潮流，所谓"得道多助，失道寡助"①，"得民心者得天下"②，"民惟邦本，本固邦宁"③，"民之所欲，天必从之"④。这实际意味着包括青年政治心理在内的社会民众的政治心理制约着甚至在一定程度上决定着政治发展的总体方向，而社会发展的历史趋势很大程度上也是包括青年民众在内的社会整体成员的民心和民意的政治选择。相反，诸多社会变革失败的主要原因之一往往就是忽视了包括青年民众在内的各界民众的心理承受能力和政治心理。

思考题

1.马克思主义哲学中对意识是怎样论述的？什么是政党心理的基础理念？

2.中西方心理研究的方式是什么？其理念的不同是否造就青年的思想不同，可否举例说明？

3.青年政治心理的特点是什么？什么是青年政治心理形成的客观环境？

4.青年政治心理形成的个体要素结构组成包括什么？青年政治心理包括哪些要素？

5.青年个体的政治心理与青年群体的政治心理的划分包括什么？

6.青年政治心理在社会实践中会发挥哪些作用？对青年政治参与有哪些影响？

---

① 《孟子·公孙丑下》。
② 《孟子·离娄上》。
③ 《尚书·夏书·五子之歌》。
④ 《尚书·周书·泰雅》。

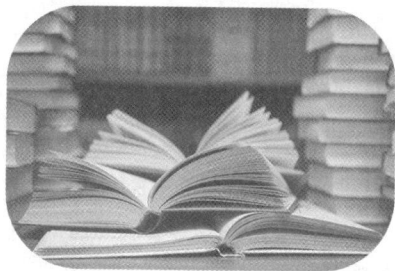

第五章
青年政治思想

本章教学目标：

通过本章的学习，使学生认知青年政治思想的基础知识，具备辨析青年政治思想不同结构和类型的基本能力，累积分析青年政治思想的结构、类型及其发展与作用等特点及规律的综合素质。

本章教学基本要求：

了解：青年政治思想的基本概念；

理解：青年政治思想的基本结构和主要类型；

掌握：青年政治思想不同结构的特点、发展规律及其作用。

第一节　青年政治思想的含义和特点

一、青年政治思想的含义

（一）青年政治思想的定义

青年政治思想是整个社会各界民众拥有的各类政治思想的重要组成部分。政治思想的诞生历史比较悠久。

在中国古代，先秦时期诸子百家①的各类政治主张及政治思想异彩纷呈。如儒家的"德治""仁爱""中庸"和"仁政"，道家的"无为而治""道法自然"，墨家的"兼爱""非攻"，法家的"性恶""以法治国"等，以及宋明理学、明代心学等各具中国传统文化与时代特色的政治思想。西方政治思想的源流同样久远：古希腊的苏格拉底、柏拉图、亚里士多德，以及后来欧洲的马基雅维利、卢梭、洛克、布丹等。西方国家也有不少较有作为的政治家，比如恺撒、拿破仑、彼得大帝、华盛顿、俾斯麦、戴高乐、尼克松等，其政治方面的思想与主张，也成为各类政治思想研究的重要对象。"作为政治思维活动的成果是人们政治实践的直接反映"②，政治思想是人们对历史与现实中各类政治现象反复理性思辨的结果，其依赖于人们丰富的政治经验、政治知识、政治实践，以及严密的政治思维与逻辑思辨能力。

作为政治思想的重要组成，青年政治思想通常是指不同国家和地区的青年民众在政治思考、政治思辨及政治认知等过程中所形成的各类观点、判断、

---

① 诸子指的是中国先秦时期管子、老子、孔子、庄子、墨子、孟子、荀子等学术思想的代表人物；百家指的是儒家、道家、墨家、名家、法家等学术流派的代表。诸子百家是后世对先秦学术思想人物和派别的总称。参见黄小石等主编：《诸子百家大辞典》，四川人民出版社，1999年。

② 徐大同主编：《西方政治思想史》，天津教育出版社，2010年，第1页。

想法和见解的总称。青年政治思想是青年民众对社会生活中各类政治现象、政治人物、政治事件、政治制度、文化传统、价值观念等,以及隐藏在其后的各种政治关系及其矛盾运动的反映,是青年民众所拥有的政治文化①的重要表现形态。

对青年政治思想而言,其主体是不同国家和地区现实社会的青年个体及由这种个体不断汇聚而成的青年群体。社会现实中的青年个体并非完全孤立存在的个人即所谓"自然人",而是处于所在社会并与诸多社会现象、社会关系等发生各类密切关联的"社会人"。这些青年个体并非脱离现实而生活在所谓"政治真空"之中,亦即并不能真正脱离包括家庭、亲友、同事、同学等社会关系。因此,青年政治思想的主体也就是逐步从青年个体逐步拓展,进而涵盖诸多社会关系中的"所有"青年,即青年群体。青年政治思想主体作为社会化个体存在并受到与之相关联的各类社会关系影响的特点,决定了青年政治思想的产生、发展及其演变,会受青年政治思想的主体所处的社会环境及与之相关联的社会关系的影响。

(二)青年政治思想的内涵

就青年政治思想而言,它是青年民众认识不同国家和地区的政治现实并同政治现实密切结合的重要手段;同时也是青年民众对政治现实的认识和把握,通常以青年民众的各类政治观点、政治理论、政治态度、政治主张等形式出现。如果将青年政治思想进一步简化,则其可划分为过程和结果两个层面。

1.作为过程,即包括政治认知、政治思考、政治判断等在内的青年政治思想活动

作为青年政治心理各类活动的较为高级、理性的重要反映形式,青年政治思想是不同国家和地区的青年民众自身的系统化、理论化的社会政治意识形态。青年政治思想并非直接形成于青年民众的社会政治生活,而是通过青年政治心理诸多要素和包括政治制度、政治现象等各类社会政治要素,历经不同国家和地区历史与现实的相互影响、相互作用不断累积而成。基于青年政治心理的感性认知,不同国家和地区的青年民众通过自身对各类政治

① 参见《政治学概论》编写组编:《政治学概论》,高等教育出版社、人民出版社,2017年,第200~202页。

现象、政治制度等更为深刻的认知、思考、总结、归纳,逐步积累而成青年政治心理的理性认知,即青年政治思想。一定程度上也可以说,在青年民众的政治思维、政治活动中产生了青年政治思想。

这个过程,在"是什么""为什么"和"应该怎样"三个方面中更强调的是"是什么"与"为什么"。鉴于青年民众自身的所谓"特质",即处于从"自然人"向"社会化"逐步转变的政治社会化进程,其在知识、能力、素养、资历、经验等各方面均在不断地成长之中。因此,青年政治思想的外在表现形式同样带有这种不成熟的"特质":包括青年民众对社会政治生活和各类政治关系的初步成型但有待充实与完善的各类世界观、人生观、价值观,以及需要进一步完善和成熟的政治认知、政治思考、政治判断等政治观。这些政治思想虽然并不成熟且并非固化不变,但一经形成就会对青年民众的各类政治参与、政治情感、政治态度、政治认知等产生重要的影响。

2.作为结果,即包括政治学说、政治观点及价值观念、政治信仰、政治理想在内的青年政治思想观点

各类政治学说不仅是人类社会不同时期、不同条件的各类政治经验的长期沉淀,也是人类社会不同时期、不同条件下产生的各类政治思想的升华。政治学说、政治观点通常也是政治价值观念、政治信仰、政治理想在理论层面的反映。"统治阶级的思想在每一个时代通常都是占统治地位的思想。这就是说,一个阶级社会上占统治地位的物质力量,同时也是社会上占统治地位的精神力量。"①具体来说,一个国家或一个社会的占据主导地位的政治思想及青年政治思想,与这个国家或社会的生产力发展水平、生产方式的进步程度密切相关,同样遵循"经济基础决定上层建筑"的政治规律。

在人类社会的历史进程中,各类政治学说、政治观点等一经形成,就会逐步作用于青年政治思想,并对包括青年民众在内的社会各界民众的政治思想施加程度不一的影响。其中,政治学说、政治观点等对青年政治思想的影响一般较为缓慢、隐性、间接,但具有深刻性、持久性,以及能为青年政治思想的发展提供强大内生动力等特点。世界各国不同时期、不同社会条件下

---

① 《马克思恩格斯文集》(第一卷),人民出版社,2009 年,第 550 页。

形成的政治思想,作为上层建筑,对包括经济基础在内的各国政治、经济、文化、社会等领域的发展则发挥着重要的指导作用。这种指导作用,可以体现在政治制度建立、社会治理体系完善、国家战略决策制定等宏观层面,也体现在微观层面的包括青年民众在内的社会个体的政治行为、政治态度、政治认知及价值观念。作为社会民众重要组成的青年民众,其青年政治思想的产生与发展同样要面对此类政治规律,所谓"古今中外,概莫能外"。

二、青年政治思想的理性认知特性

作为政治思想的重要组成,基于不同国家和地区的青年民众对所在社会的各类政治现象、政治关系等的理性认知,青年政治思想本身也存在诸多特性。较为突出的特性之一便是青年政治思想的理性认知特性,其主要包括三个方面:

(一)青年政治思想是青年民众对诸多政治现象的理性认知

这种理性认知作为认知过程的重要阶段,通常是不同国家和地区的青年民众以诸多政治现象的本质规律为认识对象,是对政治现象诸多内在联系的认知,具有抽象性、间接性、普遍性的特征。青年政治思想这种理性认识包含三种形式。

其一是政治概念。不同国家和地区的青年民众在各类政治实践中,基于各类政治现象感性认知的大量积累,某种程度上可以抓住各类政治现象和政治事物的本质属性,亦即在纷繁复杂的各类政治表象中总结归纳出政治现象、政治事物等的本质联系,并用一定的政治言语将其表达、标识,显示出其独特与鲜明的特点,从而产生了政治概念。这个过程,实际上就是青年民众根据自身不断学习各类政治知识、从事各类政治实践,不断积累与加深对包括政治制度等诸多政治事物的认知程度,并对诸多政治现象本质属性进行归纳和总结的过程。这类政治概念是一种反映青年民众所要面对的政治对象本质属性的思维形式,是青年民众进行各类政治思考的"基础细胞",其产生一定程度上是青年民众政治认识过程的重要飞跃。

其二是政治判断。作为政治概念的拓展，政治判断是不同国家和地区的青年民众基于某一事物内部或外部的诸多联系，所做出的肯定与否定论断的思维形式。政治判断一定程度上就是青年民众在已有的政治概念的基础上，对诸多政治现象及其彼此之间存在的各种关系，在性质、类别等诸多方面进行适度的区分与辨别。如，青年民众可以在理论层面对"经济基础决定上层建筑"和"上层建筑影响经济基础"等做出政治判断。具体体现为不同国家和地区的青年民众可对某一政治人物的历史功过、某一政治事件对历史发展的作用等进行判断，也可对一些政治关系，如小农经济基础上与所谓"皇权意识"的关联，基于"看不见的手"影响的市场经济体制与平等、法治等的关联，进行适度的区分与辨别。需要注意的是，"在分析任何一个社会问题时，……就是要把问题提到一定的历史范围之内"①。

其三是政治推理。以已知的各类政治判断为基础，不同国家和地区的青年民众基于更多的政治认知、政治知识与政治实践的积累，可以符合政治逻辑地推出一些新的政治判断。简而言之，就是青年民众根据一个或者一些针对政治现象已知的政治判断而推断出下一个或更多的政治判断。这种思维形式能反映出各类政治现象的发展趋势，也是不同国家和地区的青年民众政治思想不断成熟的重要体现。在青年政治思想的形成过程中，青年民众在对各类政治现象进行感性认识的基础上，经过自身的判断与思考，将自身所掌握的各类丰富的感性材料，不断地去粗取精、去伪存真，并结合政治现象的不断发展，进行加工改造，从而由量的积累产生质的飞跃。青年政治思想在此过程中也逐步由各类感性材料转变成由政治概念、政治判断和政治推理等逐步反映各类政治现象与政治事物的本质的理性认知。

作为青年政治思想的重要特质之一，理性认知的这三种形式是不同国家和地区的青年民众对于诸多政治现象认识的不断深化，具有递进性。这反映了青年民众经过政治认知的不断深入，在政治思想层面对各类政治现象抽象、概括的反映，并对政治现象及其本质性内核认知与掌握的更为透彻、全面、准确。

第五章

---

① 《列宁选集》(第二卷)，人民出版社，2012年，第375页。

(二)青年政治思想是青年民众成系统的理论体系

理论体系作为由单个或部分理论不断发展而形成的一套行为方式,自身是一个相对较为完备的系统,其内部具有一定的政治运作秩序和内在逻辑关联。

作为成系统的理论体系,青年政治思想能够完整地按照自身理论体系的运作秩序与逻辑关联,表达和诠释与自身相关的所有事物,包括政治观点、政治学说、政治信仰、政治理想、政治思考等,并能按照一定的政治逻辑规则,命名政治新事物,定义政治新概念。在青年政治思想发展的具体实践中,所有的低层命题通常都可以依据严格的逻辑推理从更为高层的命题中推演得出。有些政治学家或者社会科学研究人员曾经尝试以"理论"进行冠名,用来标识或者区分不同的政治研究内容,如政治学说、政治流派、政治学科等的基本概念或政治思想史等。这种涉及理论构建的科学方法,一般会侧重于通过青年民众自身政治思想发展的经验研究,以可验证的方式来对某类青年政治思想现象或更为宏观的青年政治现象做出系统性解释。

作为成系统的理论体系,青年政治思想自身有能力接纳政治新概念,完整表达各类旧事物、旧现象以及新事物、新现象,既可以自内而外地输出和总结,也可以从外部向内部进行输入和接纳。例如,在电子计算机和现代通信技术相互紧密结合基础上构建的宽带、高速、综合、广域型数字化电信网络背景下,不同国家和地区的青年政治思想所涉及的各种政治观点、政治理论、政治主张等,在原有观念基础上,也会随着互联网的快速发展而不断更新与变化,且仍然自成体系。

以青年政治思想中的民族主义为例。随着国际因素和国内因素的发展而不断相互作用,作为青年政治思想的重要内容,民族主义往往随着不同国家自身发展和相关青年民众的不断成长,既有传统性,又有时代性,其自身既有爱国主义传统的传承,也有根据相关国家综合国力与国际地位不断变化带来的新内涵。基于综合国力与国际地位日益变化中的民族主义新现象,不同国家和地区的青年政治思想所涉及的各种政治新观点、政治新主张等,既可以自内而外地输出和总结,也可以从外部向内部进行输入和接纳,且对青年政治思想而言仍然自成体系。

（三）青年政治思想是青年民众合乎逻辑的观念体系

观念体系就是包括不同国家和地区的青年民众在内的社会各界民众，在对事物主观认知与客观展现有机结合的基础上，进一步系统化而形成的认知体系。对作为社会民众重要组成的青年民众而言，一般情况下会根据自身形成的青年政治思想中的诸多观念，从事各类青年政治活动。这意味着青年民众会利用青年政治思想的各类观念，对政治参与及政治行为进行指导、规划，并在具体实施过程中进一步利用相应观念对各类政治活动进行规范、约束、纠正、调整，最后还会在事后根据相应规则进行各类归纳、总结、评判。这个过程，一定程度上也是对相关政治观念的具体反馈与实践检验；青年民众也会从中不断地累积各类政治经验，丰富自身的政治思想，充实和验证自身的政治观念体系。

由于不同国家和地区的青年民众自身认识的有限性和人生阶段的局限性，其青年政治思想的诸多观念可能是进步的、积极的，这也是青年政治思想中各类观念的主流；但正如一枚硬币的两面，因为政治认知过程和自身政治选择等诸多原因，落后的、消极的甚至是反动的观念则通常引发青年政治思想各类观念的支流、细流甚至逆流。"疾风知劲草，烈火见真金。"在2020年初爆发的新冠肺炎疫情中，面对突如其来的疫情，中国青年民众中的绝大多数人的政治观念是祖国的大"家"好，小"家"才会更好，青年一代已经成长为抗疫大军的中坚力量。在救死扶伤的医院里，在疫情防控的社区里，在城市奔忙的志愿者队伍中，大批的时代青年用行动证明了自己的政治责任、政治担当和政治价值。①这无疑也是中国青年特有的青年政治思想各类观念的具体展现。

三、青年政治思想的利益要求特性

青年民众作为社会成员的重要组成部分，其政治参与与政治行为往往

---

① 参见《抗击疫情战场上，有一种担当叫"让我来"》，新华网，2020年3月16日，http://www.xinhuanet.com/politics/2020-03/16/c_1125718129.htm，2021年9月22日最后查阅。

以自身的政治诉求和利益诉求为目标，而与之密切相关的青年政治思想同样具有在政治利益等诸多方面的诉求与目标。一般说来，青年政治思想的利益要求特性主要包括：

(一)青年民众的社会出身地位决定青年政治思想内核

对一个国家而言，虽然对社会整体利益有相关的共同诉求，但基于不同阶层或阶级的青年民众，会基于其政治出身或社会地位的不同，导致面对政治经济议题时的利益诉求不同与立场不同，进而会逐步形成不同的政治思想，或者不断摸索以寻找相应的政治思想以作为其自身的思想来源及精神支柱。青年民众的这些政治思想在其不同的人生阶段(如高中时期、本科时期、开始工作而初步踏入社会时期)，具体表象不一定相同，甚至其政治思想本身并不完善或并未形成政治思想体系。究其根源，在于青年民众自身的出身或社会地位作为社会个体的"经济基础"，决定其政治诉求、政治利益及政治思想等社会个体的"上层建筑"。

在具体的运作过程中，作为青年民众的政治活动、政治行为与其政治思想的中间环节或者桥梁，归属社会意识形态的青年政治心理活动受到青年民众所在的社会环境各种政治要素的制约。各类制约的核心要素在政治思想范畴的反映，就是青年民众所在社会的统治阶级或不同的统治集团(如代表不同社会阶层或不同利益集团的执政党派)，根据巩固自身阶级统治或阶层统治的现实需要，通过对民众的政治心理诸要素的整合、提炼、总结，使之能够更好地服从和服务于本统治阶级或本统治集团的需要。这种政治心理诸要素的系统化、定型化，最终会凝练或升华为相应的政治思想理论体系，从而对包括青年民众在内的社会各界民众的政治生活形成更为深刻、更为集中、更为理性的各类诉求反映。需要指出的是，如果从国际社会范畴来看，青年民众的社会出身也应该包括不同的国籍。基于国籍的不同，也可导致青年民众的政治思想产生重要的差异，甚至尖锐的对立。国内因素和国际因素的诸多作用，也使得青年民众的政治思想呈现异彩纷呈的状态。

第五章

(二)青年民众利益诉求差异导致青年政治思想分歧

就其内容而言,不同国家和地区青年民众的政治思想在现实中有多种取向,即存在多种类型的青年政治思想。基于"经济基础决定上层建筑"的原则,归属"上层建筑"范畴的青年政治思想反映的是作为不同利益主体的青年民众的政治经济利益诉求。这些利益诉求有时候是相近的,有时候甚至是针锋相对的,因而导致青年民众的政治思想同样存在相近或者相反的多种情况。尤其是在国际社会,基于国家利益的考量,不同国家的青年民众的政治利益诉求针对某些事物存在认知相同或相近的情况,但也存在截然相反甚至针锋相对的情况。

例如,青年时期的陈胜(？—公元前208)曾有过"燕雀安知鸿鹄之志"[①]的生活感慨与未来期望;西楚霸王项羽(公元前232—公元前202)年轻时见到秦始皇出巡车驾,有过"彼可取而代也"[②]的豪言壮语及后来破釜沉舟的英雄事迹。五四运动时期的爱国青年,则更多是从抗议帝国主义列强对中国主权的践踏,提出了"外争主权,内除国贼""誓死力争,保我主权""唤醒同胞,一致救国"等政治口号与政治诉求,[③]反映的是当时中国的青年民众赤诚的爱国主义情怀。

在国外,英国近年来曾多次爆发青年学生针对高昂学费的示威游行,旨在抗议英国政府大幅度增加大学学费和政府削减教育公共资金的政策;美国则因非洲裔弗洛伊德之死,首都华盛顿爆发了多次规模较大的青年民众占据多数的反对种族歧视的游行示威,在多个大城市的以青年民众为主体的抗议活动部分已经演变为激烈冲突乃至社会骚乱。[④]

①　《史记·陈涉世家》。

②　《史记·项羽本纪》。

③　参见中共中央党史研究室:《中国共产党的九十年·新民主主义革命时期》,中共党史出版社,2018年,第18页。

④　参见《美国反种族歧视抗议活动持续增加》,新华网,2020年7月31日,http://www.xinhuanet.com/world/2020-07/31/c_1210728514.htm,2021年8月2日最后查阅。

（三）政治权力主体的利益诉求制约青年政治思想发展

　　政治权力主体一般包括在不同国家和地区的政治体系中占据重要地位的国家或政府，也包括相关的社会阶级或社会阶层、政治党派、利益集团及各类政治个体等。在各类政治权力主体中，占据主导地位或首要地位、影响并制约其他政治权力主体的通常是国家或代表国家的政府。政治权力主体的利益诉求和发展需求，需要平衡不同社会群体、不同阶层、不同地区等各类民众的利益诉求，同时还要兼顾短期利益与长远利益、国内发展与国际战略等，因此其政治权力主体制定的诸多政策、法规、发展战略、行政措施等，并不总是能完全满足青年民众自身的各类诉求。作为社会成员的重要组成，青年民众也需要根据国家长远发展与宏观战略的多种需求，在涉及自身的一些切身利益时，有所取舍，服从国家和社会的整体布局。因此，青年民众的政治思想及其利益诉求会受到政治权力主体的强有力制约，尤其是在全球化的时代背景下，青年民众的政治思想与利益诉求实际上也越来越受到国际社会的冲击与影响。

　　在欧美国家的各类选举中，由于是代表不同社会阶层和利益集团各类政治诉求及政治利益的政党通过选举轮流上台执政，因此也导致这些国家的政府在不同的政党或政党集团执政时，在一些重大国内政策、国际战略方面存在差异和分歧，其执政团队的政治举措也往往有重要区别。这通常会直接导致此类国家的青年民众各自的政治思想产生重大差异，甚至引发政治局势不稳。与此同时，因为各自的综合国情不同，在一些国际问题上，各国政府的政治立场也并不相同，甚至尖锐对立。以各国政府及青年民众对全球气候变化的态度为例。

　　气候变化问题定义 21 世纪上半叶的国际政治的内涵。[①]国际社会已经深刻认识到全球气候变化会给世界各国带来难以估量的损失，人类会为之付出巨额代价，这些已为包括各国青年在内的国际社会广泛接受，并成为人们广泛关注和研究的全球性生态环境问题。发达国家与发展中国家的青年

———————

① 参见张海滨：《气候变化与中国国家安全》，时事出版社，2010 年，第 2 页。

民众对该问题的紧迫性、危险性等基于不同的利益考虑而有重要差异。对马尔代夫、瑙鲁、汤加等小国、岛国的青年民众而言,气候变化导致的海平面些许上升就有可能导致这些国家面临灭顶之灾,这与美国、俄罗斯、法国等国土面积较为广大的国家形成立场的重大差异。受制于国家利益和政府在相关议题方面的政治态度,不同国家地区的青年民众对气候变化的政治思想也存在差异甚至是针锋相对、相互攻击与指责。

四、青年政治思想的逻辑关系特性

就内容来说,青年政治思想包括不同国家和地区的青年民众作为社会成员在诸多政治思考中所形成的各类观点、态度、立场、想法和见解。作为政治思想重要组成的青年政治思想,不仅是青年民众的认识现象和精神现象,同样也是特定的青年政治现象,其具有的逻辑关系特性主要包括三个方面:

(一)青年政治思想在内容上兼顾政治知识与政治思考

青年政治思想的内容常常不仅是青年民众所学习、所认知的有关政治现象、政治活动、政治制度等方面的各类政治知识,而且很大程度上是不同国家和地区的青年民众基于自身的成长经历与立场而形成的政治思考。

在现实中,作为"一个政治动物"[①],在由"自然人"转变成为"政治人"的过程中,不同国家和地区的包括青年民众在内的各界民众需要不断地通过各种途径学习各类政治知识,以获得社会既定的政治认知、政治情感、政治态度和政治倾向等构成政治文化的元素。这些政治知识,可以通过学校教育、政府宣传、政治实践、大众媒体的传播等方式获得,内容广泛而众多。尤其是对政治成长期的青年民众而言,其政治知识获取实际上与不同国家和地区政府推行的公民教育与政治教育密切相关。实际上,早在古希腊时期,哲学家亚里士多德就曾经提及"公民教育",而目前世界各国的公民教育是伴随着现代意义上公民的产生而兴起的。

---

① ［古希腊］亚里士多德:《政治学》,吴寿彭译,商务印书馆,2017年,第7页。

政治教育通常也被称为思想政治教育，是随着阶级和国家的出现而产生的一项为培养合格的社会成员所进行的教育实践活动。通过政治教育，社会或社会群体用一定的政治观念、道德规范等对其成员施加有目的、有计划、有组织的影响，其目标在于使包括青年民众在内的社会各界民众"形成符合一定社会、一定阶级所需要的思想品德"①。对青年民众而言，通过不同国家的公民教育与政治教育或思想政治教育，青年民众可以不断学习各类政治知识，其内容涉及世界观、人生观、价值观、政治观、法规纪律等方面。

(二)青年政治思想在过程上兼顾政治现象与内在逻辑

一般而言，青年政治思想的最终形成有赖于青年民众对政治现象及其内在联系的逻辑思考。这种逻辑思考包括"有什么""是什么""为什么"等不同层次，最终形成青年民众自身较为系统的理论知识。正是通过对政治现象及其内在联系的逻辑思考，青年民众得以逐步加深自身对各类政治知识、政治现象、政治规律、政治制度等的政治认知，累积自身的政治经验，提升自身的政治思想水平，坚定自身的政治思想信念。符号学认为，任何符号都包括"能指"与"所指"要素，其中"能指"即构成符号视觉识别的文字、声音或形象，"所指"即符号指代的意涵和价值。②作为国家的标志性旗帜及重要的政治符号，国旗代表着一个国家的主权和尊严，其通常通过一定的色彩、图案及样式，简明扼要地反映该国家的政治制度、历史传统与文化特色。对国旗的尊敬程度通常也反映着不同国家和地区青年民众的国家意识、国家认同及政治认同的基本状况。

对一些国家的青年民众而言，需要学习所在国家有关国旗的知识、学唱相关的国歌，这也通常成为相关国家各类公民教育、政治教育、法制教育、历史教育的重要内容与重要议题，而国旗与国旗教育本身也是相关国家自身政治发展过程的重要政治现象之一。一些国家虽然表面并没有"思想政治教育"的相关概念，但其在实际施行中则往往通过各种渠道、方式，无时无刻进

---

① 陈万柏、张耀灿主编：《思想政治教育学原理》，高等教育出版社，2007年，第4页。
② 参见李岗：《跨文化传播引论——语言·符号·文化》，四川出版集团、巴蜀书社，2011年，第85页。

行着自身特色的政治观、价值观、道德观的教育。在青年民众不断地学习国旗知识及相关历史在内的各类政治知识，认知各类政治现象的同时，通过亲身的政治参与和政治实践，这些国家的青年民众往往会在国旗等政治现象基础上，根据自身的感性政治经验，逐步形成自身的政治思考，强化政治思想中的国旗观念与国家观念，形成相关的青年政治思想。

（三）青年政治思想在深度上兼顾深层逻辑与本质规律

青年政治思想蕴含着不同国家和地区青年民众的相关政治认知、政治思考、政治判断和政治学说、政治观点等，也一定程度上反映着这些青年民众对各类政治现象背后的深层逻辑与本质规律的理解和掌握，包含着这些青年民众对政治生活中各种政治现象"是什么""为什么"和"应该怎样"三个方面的思考和见解。这种理解和掌握、思考和见解，从宏观层面而言，会受到所在社会的生产力水平和社会科学发展水平的限制（即宏观因素）；从微观层面而言，也与青年民众自身对各类深层逻辑和本质规律的主观认知与主观意志有密切关联，即这种深层逻辑和本质规律的把握一定程度上受到青年民众的主观因素影响。不同国家和地区的青年民众可以通过自身认知各类政治现象进而形成有关政治思想的深层逻辑。然而这种深层逻辑即使自成体系、形成理性认知，限于青年民众自身个人的政治能力、政治知识等，以及自身的社会出身、政治地位、所属国籍等主观与客观因素的限制，也并不意味着能够掌握政治现象所蕴含的本质规律。历史上，一些落后的、反动的政治思想同样存在所谓"深层逻辑"，但并未深入认识到政治现象本身的本质规律，甚至走到了历史发展进程的对立面。

如在奴隶制度下，各类坚持"奴隶是会说话的工具"[①]、维护奴隶制的包括青年奴隶主在内的统治阶层，对于维护奴隶制同样有其自身的"深层逻辑"。在现代社会中，部分国家和地区存在以青年民众为主体的各类极端势力、种族主义、分裂主义、恐怖主义等各类政治势力，时常通过互联网及各类政治事件，宣扬自身的政治见解，打击所谓的政治目标，甚至针对平民进行

第五章

---

① ［英］巴里·尼古拉斯：《罗马法概论》，黄风译，法律出版社，2004年，第74页。

无差别的攻击,并且对此有自身的"深层逻辑"和理论体系。毫无疑问,这种践踏基本常识的逻辑体系和政治思想并不能真正反映政治现象所蕴含的本质规律。

五、青年政治思想的相对独立特性

政治思想是一种来源于并反映着现实社会经济政治存在的社会意识形态,而作为政治思想重要组成的青年政治思想,同样具有独立的发展道路和发展规律。一般来说,青年政治思想的相对独立性表现在以下三个方面:

(一)青年政治思想发展与社会经济发展水平不一定同步

虽然"经济基础决定上层建筑",但属于"上层建筑"的青年政治思想的发展却和社会经济发展水平不一定同步,即"经济上落后的国家在哲学上仍然能演奏第一小提琴"[1]。这种不同步的原因在于包含青年政治思想在内的政治思想的发展与社会经济发展并非唯一的因果关系。在经济基础因素之外,作为政治思想的重要组成,青年政治思想还会受到青年民众所在的社会环境、政治氛围、民族传统、大众文化及国际环境等因素的影响。尤为特殊的是,作为青年政治思想的认知主体,不同国家和地区的青年民众自身的政治经验、政治认知、政治态度及政治能力等因素,也会影响到青年政治思想的发展变化。

例如,2020 年初,面对突如其来的新冠肺炎疫情,较之美国、英国、意大利、德国等西方老牌经济发达国家,作为世界最大的发展中国家,中国青年民众以自己的时代担当与热忱奉献,展现出中国青年昂扬的青年精神面貌和先进的青年政治思想。为了支持与打赢"疫情防控阻击战",各界青年民众迅速成为协助加强"全民防控"的活跃力量,[2]纷纷加入各地的青年志愿者行列。在抗击疫情中,青年志愿者在做好自我防护的前提下,以多种方式积极

---

[1] 《马克思恩格斯文集》(第十卷),人民出版社,2009 年,第 599 页。

[2] 参见谭建光、王小玲、苏敏:《青年"勇敢群体"及其特征:以中国青年参与抗击新冠肺炎疫情为研究视角》,《中国青年研究》,2020 年第 4 期。

参与各类疫情防控——有的坚守在宣传一线，把疫情防控相关信息及时准确地发布；有的利用专业优势，制作疫情防控宣传漫画在网络上传递正能量；还有的回到家乡，投入当地社区的疫情防控工作中。[1]很多青年民众表示，自己仿佛一下子"成长了"。2020年五四青年节前夕，《中国青年报》相关机构曾发起主题为"你怎么看新时代的中国青年"的社会调查，结果显示：经历了此次新冠肺炎疫情，65.1%的受访青年更加爱党、爱国、爱人民，60.4%的受访青年表示要立志学好本领，报效祖国。[2]在抗击新冠肺炎疫情的过程中，青年一代挺身而出，成为中国抗疫大军的中坚力量，展现中国青年的时代责任与政治担当。

(二)青年政治思想发展与政治发展水平不完全一致

包括青年政治思想在内的政治思想的直接来源是社会政治生活，但青年政治思想与其所依赖的社会政治发展并不完全一致，可超前也可滞后。政治思想家们对现实的批判、对未来的向往、对公平与公正的期待等，并不完全受制于现实中的政治发展水平，而青年政治思想超前于政治发展水平比较常见。在一些时期和国家，受制于旧有政治制度的旧思想、旧体制，尤其是执政者为保护现有政治体制机制而采取的诸多打压政治思想变革的举措，以及普通民众头脑中旧有政治思想的惯性作用，使得包括青年政治思想在内的政治思想可能落后于政治发展水平。中国在16世纪明朝后期就产生了李贽(1527—1602)在内的具有民本与个性解放的政治启蒙思想，但中国封建社会直到18世纪康雍乾时期，统治者依然会不时用"文字狱"及强化"八股取士"的科举制度束缚民众政治思想的正常发展。

作为政治发展水平较高的国家，美国国内各高校青年的政治思想发展似乎也应该与之同步，但实际情况是，在越南战争期间，美国高校的青年学生曾针对美国政府，发动各类反战行动及"反社会行为"，形成形式繁多、表现

第五章

---

① 参见《大学生志愿者,抗疫队伍中的重要力量》,新华网,2020年2月19日,http://education.news.cn/2020-02/19/c_1210480490.htm,2021年9月22日最后查阅。

② 参见《抗疫经历给青年带来了哪些变化》,新华网,2020年4月30日,http://education.news.cn/2020-04/30/c_1210598196.htm,2021年9月19日最后查阅。

各异的反对美国政府、反对越南战争的青年政治思想潮流。以青年民众为主力的各界反战人士，则强烈批评及谴责美国政府在越南惨烈的军事行动是徒劳、草率和不道德的，并将这种政治思潮付诸"史无前例"的青年学生抗议及城市内的骚乱。①迫于国内外的各类强大压力，尼克松政府最终不得不"以正确的方式失去战争"②。

(三)青年政治思想发展具有相对独立的历史传承性

青年政治思想的产生与发展除了受到不同国家和地区的现实社会政治生活制约外，还与以往的政治思想成果具有继承关系。不同时期思想家们的各类政治思想与探索争鸣作为宝贵的知识财富、精神源泉及历史遗产，为后来者提供了丰富的思想基础与研究材料。基于经济社会发展的时代成果、更为先进的政治理念，后来者往往对前人的各类政治思想成果批判吸收，取其精华去其糟粕，推陈出新，创造更为辉煌的青年政治思想。

对不同的国家和民族而言，爱国主义作为政治思想及青年政治思想的重要内容之一，可以跨越不同的历史时期和社会形态，有其相对独立的历史传承性。较之古埃及、古印度、古巴比伦，作为四大文明古国中唯一绵延至今的国家，中国自身拥有五千多年的文明史，其政治思潮中的爱国主义虽然在不同历史时期的具体表现存在差异，但也在不同历史时期的青年民众中经历着漫长的传承，涌现出大批的青年英雄人物，并随着时代的发展而不断丰富着爱国主义的内涵。

---

① 参见［美］保罗·肯尼迪：《大国的兴衰》，陈景彪译，国际文化出版公司，2005 年，第 398 页。

② See Deminic Tierney, *The Right Way to Lose a War: America in an Age of Unwinnable Conflicts*, New York: Little, Brown and Company, 2015.

第二节　青年政治思想的结构类型及作用

一、青年政治思想的结构

青年政治思想的结构是指青年政治思想的诸多构成要素及其相互之间的关系。青年政治思想的构成要素通常主要包括三类：

(一)青年政治思想的内容结构

作为不同国家和地区青年民众对各类政治现象、政治问题、政治行为、政治制度等的理性思考和深刻把握，青年政治思想本身是一个较为完整的理论体系，有自身的一套逻辑运作规律。如何认识自我通常是包括青年民众在内的社会各界诸多自觉的思维过程的发端，也是包括青年政治思想在内的政治思想在总体上的思维起点及理论的逻辑起点。青年政治思想对青年民众的研究包括：

其一，对青年民众的需求和利益的研究。主要涉及对不同国家和地区青年民众的物质需求和精神需求及其相关问题的探讨。①对于物质需求方面，主要涉及青年民众的学习、就业、住房、薪资，以及作为学习环境、生活环境的校园基础设施建设(如图书馆、宿舍等)、城乡交通设施建设(如城市公共交通等)、网络通信基础设施建设(如网络宽带)等诸多内容。②对于精神需求方面，主要涉及青年民众在社会荣誉与社会价值体现、文化娱乐、运动等方面，包括评选各类优秀人物，以及文化娱乐节目、影视作品、书报杂志、网络资讯、社交网络等，还涉及与这些"软需求"紧密相关的社会活动、公益事业项目等。

其二，对青年民众的社会化过程的研究。主要涉及对不同国家和地区青年民众的政治生活状况及政治社会组成状况等问题。①青年民众的政治生活状况,包括其通过各种途径学习和掌握各类政治知识的情况,参加政治社团及政治党派的情况,在网络空间和现实社会对一些社会热点、重大事件的关注、讨论的情况,通过不同途径进行政治实习、政治实践与政治体验的情况等。②青年民众的政治社会组成状况,主要包括青年民众所在社会的政治制度情况,政党数量、种类及其运作状况,选举制度的完善程度与运作状况,政治性法律法规的制定及其执行情况,社会各界对青年民众价值与地位的重视情况,政治党派对青年政治参与的包容度状况,社会整体政治氛围的活跃状况。

其三,对青年民众赖以存在的现实政治体系的研究。主要涉及对不同国家和地区与青年民众相关的各类政治权力及其组织结构安排、政治权利及其实现途径等的研究。①政治权力及其组织结构安排状况,主要涉及青年民众所在国家及社会的国体、政体情况,包括是联邦制还是单一制,是议会制还是总统制等;党派状况是多党制还是一党独大制等。②政治权利及其实现途径、政治过程等内容,主要涉及青年民众的政治权利是否有相关的法律法规保障,政治诉求如何表达,相关的政治参与、游行示威对政治诉求表达的影响,青年政治人才的培养及其作为政治人物在政治体系的成长与上升途径状况等。

其四,对青年民众政治发展的探讨。主要涉及对不同国家和地区青年政治发展推动因素、青年政治发展目标、青年政治发展方式和途径等领域的诸多探讨。①青年政治发展推动因素,即青年民众所在社会的经济发展水平等"经济基础",也涉及其"上层建筑"等"软件"因素,包括政治体制机制对青年民众政治利益、经济利益的保障措施等。②青年政治发展目标。一方面包含国家与社会对青年民众培养的预期目标,如作为社会合格的建设者和政治发展的生力军、主力军,需要了解和掌握的各类政治知识、政治技能与价值观念等;另一方面包含青年民众对自身未来的政治发展等规划与期望。③青年政治发展方式和途径。就其发展方式而言,主要涉及青年政治发展是通过国家与社会主导的有规划地推进,还是采取所谓"放任政策"听凭社会矛盾累积而最终爆发等状况;就其发展途径而言,是国家与社会制定相关较为完备的法制法规予以保障(即青年政治通过合法途径发展),还是仅维护部分政治集团的既得利益而导致其成为青年民众政治斗争的对象。

需要指出的是,如果依据涉及对象的种类和数量来审视,青年政治思想的内容也可以从理论层次进行区分,主要包括:①单一性的青年政治思想理论,如美国高校学生价值观的相关青年政治理论;②专门性的青年政治思想理论,如发展中国家青年对生态发展问题的相关青年政治理论;③综合性的青年政治思想理论,如发达国家青年政治参与和政治行为的相关青年政治理论。但这种理论层次的划分并没有严格的界限区分。

(二)青年政治思想的思维结构

作为青年民众自身经过学习各类政治知识、认知各类政治现象、累积各类政治能力而逐步形成的自觉的和系统的理性政治思维最终汇聚而成的思想体系,青年政治思想有其自身的思维结构,其主要由三方面构成:

其一,宏观层面以立场与视角为基础。主要涉及不同国家和地区的青年民众从其社会出身与经济地位出发,基于其政治立场和政治视角对政治人物、政治事件、政治制度等进行总体性的判断和描述。作为青年政治思想思维结构的宏观基础,不同国家和地区青年民众的社会出身、经济地位等因素在相当程度上深刻影响甚至直接决定了其政治立场和政治视角。在国际社会中,青年民众的"社会出身"实际上就是其所属的国家或地区,"不同国家、不同民族、不同阶级、不同利益集团,具有各自的国家利益观",这是由于各自所处的地位不同或者主观判断造成的。①这些社会地位及主客观的差异对相关政治人物、政治事件、政治制度的立场,会深刻影响相关民众尤其是不同国家和地区青年民众的基本观点和政治认知。如中国、朝鲜、韩国的青年民众对义士安重根的认知,和日本青年的相应判断,因国家不同而存在尖锐对立。

其二,中观层面以经历与经验为深度。主要涉及不同国家和地区的青年民众依据自身的政治经历和政治经验对政治知识、政治现象、政治事件、政治制度等的因果分析。其中,作为青年政治思维结构的深度因素,如果政治经历与政治经验较少,则不同国家和地区的青年民众分析政治知识、政治现象、政治事件、政治制度的各类因果关系时,可能较为浅薄而未能触及各类因果的实质;如果政治经历与政治经验较丰富,则青年民众分析各类因果时,通常能

---

① 参见梁守德、洪银娴:《国际政治学理论》,北京大学出版社,2008年,第82页。

够分析的较为透彻、深入,能够部分揭示甚至完全揭示这些政治现象的本质。

其三,微观层面以情绪与好恶为尺度。这主要涉及不同国家和地区的青年民众对各类政治现象、政治现实的个体价值判断,也就是青年民众作为社会个体根据自己的情绪、情感或个人的好恶标准而对事物所做的评价和认识。如果不同国家和地区的青年民众个人对某些政治知识、政治现象、政治事件、政治制度与政治人物比较热爱、喜爱或者亲近,则青年政治思想在涉及此类事物时,通常会以比较积极的正面的支持的立场或者视角予以判断。反之,则往往会以消极的批判的立场或视角予以看待。

二、青年政治思想的类型

按照相关标准,可以把青年政治思想划分为不同的类型。出于青年政治学研究的实际需要,青年政治思想的划分类别主要有:

(一)依据青年政治思想演进和发展的历史进程划分

依据不同国家和地区青年政治思想演进和发展的历史进程,参照整个社会政治思想的演变与发展,可以把青年政治思想划分为古代青年政治思想、近代青年政治思想和现代(当代)青年政治思想。其中,对古代青年政治思想而言,鉴于其大体处于原始社会、奴隶制社会、封建社会,限于其生产力发展与经济社会发展水平相对十分落后的情况,其包含青年政治思想在内的不同国家和地区的政治思想也与之相适应。而近代青年政治思想与现代青年政治思想则因生产力发展与经济社会发展水平的提升,以及各国政治制度、政治运作、政治理论等的发展而不断向深度和广度日益拓展。

在这个划分中,不难看出,与生产力发展和社会经济发展的总体趋势相一致,三个历史进程阶段的青年政治思想有一定的历史延续与传承,存在着递进关联——后一历史阶段的政治思想及青年政治思想基本是以前一阶段为基础,并结合时代的发展和社会、经济、文化等经济基础的发展演变,以及所在历史阶段社会成员有关政治思想及青年政治思想的成果,逐步完善形成,因此"在分析任何一个社会问题时……就是要把问题提到一定的历史范围之内"①。不过,鉴于不同国家和地区的青年政治思想更多是融汇在政治思想的各类思潮中,并未形成一整套完整的、独立的系统性理论,故此青年政治思想更多是以青年的责任与担当等形式在政治思想中不断体现。

(二)依据青年政治思想本身的思维结构和研究方法划分

鉴于政治思想的相关研究可以根据思维结构与研究方法,将政治思想划分为政治哲学与政治科学;与之相应,同样可以将青年政治思想划分为青年政治哲学和青年政治科学。

1.青年政治哲学

通常而言,青年政治哲学主要关注的是不同国家和地区青年政治的本质、青年政治的价值、青年政治的目的及青年政治发展的一般性规律,是关于诸多青年政治问题的理论体系,也是其他青年政治理论的哲学基础。作为不同国家和地区研究青年政治理论的方法、原则、体系的科学,青年政治哲学侧重从纯理论角度探讨青年政治,具有浓厚社会道德元素与价值观念元素。

青年政治哲学的内容主要包括两个方面:①青年政治哲学深入探讨和研究青年政治的一般理论。主要涉及借助各类现代传媒、计量工具和历史及现实中的各类典型案例,探讨青年政治的本质、目的、手段及其一般性规律。如基于国家、民族、地区、种族、风俗习惯等因素,对同一政治事物,青年民众可能因其政治立场不同、政治观点不同、政治情感不同导致政治认知的巨大差异。在现实中,自 2020 年弗洛伊德事件发生以来,美国多个地区的抗议者移除或破坏支持保留黑人奴隶制的南方邦联"总统"戴维斯和将领罗伯特·李等的纪念雕像,多处纪念航海家哥伦布的雕像也被毁坏。②在一些示威者看来,1492年发现美洲新大陆的哥伦布是种族主义者,过去一段时间,已经有多个美国城市的哥伦布雕像被推倒或遭破坏。③基于青年政治哲学视角,这些现象背后蕴含的一般性规律是什么，美国青年的各类政治参与对所在社会的政治发展与社会公正、对美国青年自身的政治发展有什么影响等。②青年政治哲学具有较强的"务虚"色彩的"元理论"特性。青年政治哲学往往深入探讨和研究不同国家和地区各类青年政治理论、青年政治学说、青年政治思想、青年政治观念等，主要涉及在具体的各类研究中，根据青年政治研究的实际需要，深入分析青年政治相关的词汇及概念的含义及特征、论证的逻辑及相关典型案例等。如青年政治研究中对"青年"概念的界定，其是否按照年龄界定，年龄界定的依据是什么。①

2.青年政治科学

通常而言，青年政治科学是指对不同国家和地区青年政治的具体现象进行实证研究、计量分析的政治学，与青年政治哲学分属不同的研究层次，其"务实"色彩浓厚。在青年政治学的各类研究中，青年政治科学一般采用现代科学的研究成果和理论方法（如数理分析、系统论、行为科学），并借助现代社会的各类先进分析工具（如大数据分析、云计算），以历史资料与现实社会的各类典型案例为基础材料，从中深入分析研究，力求客观地描述不同国家和地区青年政治现象的本来面目及相关细节，定量分析青年个体政治行为及政治活动的具体过程，并努力使青年政治学相关研究日益精确化。

例如，作为与青年政治研究密切相关研究成果，《中国青年人口和青年发展统计报告（2018）》从青年人口、教育、健康等 12 个方面，分析论述 2016 年度全国青年发展状况。②在美国，2020 年 6 月，某报记者采访了五位因美国警察的暴力执法而失去家人的受害者家属。受非裔美国人乔治·弗洛伊德事件影响，这些受害者家属讲述了自己家人受到的诸多不公正对待，痛斥美国刑事司法体系中存在的种族主义观念和暴力执法行为。③

---

①　参见陈自满、疏仁华：《"识别"与"总括"：试析青年概念的三位一体结构》，《沈阳大学学报（社会科学版）》，2012 年第 3 期；邓希泉：《青年法定年龄的国际比较研究》，《中国青年研究》，2018 年第 2 期；张良驯：《青年概念辨析》，《青年学报》，2018 年第 4 期。

②　参见邓希泉、李捷、徐洪芳：《中国青年人口与发展统计报告（2018）》，《广东青年职业学院学报》，2018 年第 4 期。

③　参见《这些悲惨的故事被弗洛伊德事件唤醒》，台海网，2020 年 6 月 18 日，http://www.taihainet.com/news/txnews/gjnews/sh/2020-06-18/2396659.html，2021 年 8 月 14 日最后查阅。

另外,还存在其他多种划分标准和划分方式,主要包括:①依据青年政治思想内容所反映的统治阶级利益要求和所维护的统治阶级利益来划分,可以把青年政治思想划分为奴隶主阶级的青年政治思想、封建地主阶级的青年政治思想、资产阶级的青年政治思想和无产阶级的青年政治思想。②依据青年民众所属国家和地区的不同而对青年政治思想进行划分,可划分为亚洲地区青年政治思想、欧美国家青年政治思想、非洲地区青年政治思想等。这些国家和地区因为自身历史、文化、政治、经济发展水平的不同而在青年民众的政治思想领域存在诸多差异。

三、青年政治思想的作用

青年政治思想是政治思想的重要组成部分,作为不同国家和地区青年民众的精神活动和政治意识,其本质来源于现实生活。因此,青年政治思想的内容、形式和水平的发展变化通常取决于所在国家和地区现实社会政治生活的发展与变化,以及作为政治主体的不同国家和地区的青年民众对这种变化的感受和认识。在现实政治生活中,青年政治思想的作用特殊且重要,并随政治思想与政治理论的发展而不断成长。恩格斯指出:“要知道在理论方面还有很多工作需要做……只有清晰的理论分析才能在错综复杂的事实中指明正确的道路。”①作为政治思想重要组成部分的青年政治思想,所面对的是作为社会重要成员的青年民众及其政治言行。青年政治思想在社会政治生活中发挥着特殊且重要的作用,主要体现在四个方面:

(一)青年政治思想反映青年民众特定的政治利益

青年政治思想产生和发展演变的根本原因在于青年民众作为社会成员所需要和呼吁的社会利益诉求的产生与发展。作为这种社会利益诉求的思想理论反映,青年政治思想从属于作为社会成员的青年民众相关的利益主体,并能阐释其相关利益诉求的合理性,最终服务于青年民众的利益主体。

---

① 《马克思恩格斯全集》(第37卷),人民出版社,1971年,第283页。

在社会现实中,青年政治的利益主体一般有两种类型:

　　1.青年政治的利益主体可能是某个特殊的青年群体

这类特殊的青年群体范畴涉及广泛:可包括某个地区(如较小行政单位的城市、社区、县乡)的青年群体,或者某个行业(如教育领域、科研领域、工业领域)的青年群体,或者某个种族、民族的青年群体,或者某类组织特别是公益性组织(如青年志愿者等)的青年群体。以英国青年学生反对增加大学学费为例。2010年11月初,英国政府宣布大幅度上调大学学费上限,并于2012年秋季开学时正式实施。[①]对此,受到直接影响的数万名英国高校青年学生及相关教师在伦敦游行示威予以抗议,因为学费大幅度上涨将"剥夺普通家庭出身的年轻人接受高等教育的权利"。

　　2.青年政治的利益主体可能是一定范围内的青年民众的整体

这类特殊的青年群休涉及面同样较为宽泛:可包括具有全国或较大面积、较高等级的地区范围的青年群体整体,如中国青年民众、美国青年民众、英国青年民众等以国家为基础式范围的青年民众整体,或者阿拉伯地区青年民众、中东地区青年民众、非洲地区青年民众、欧洲联盟地区青年民众等较大范围地区的青年民众整体。

就青年民众的整体而言,以国家作为范畴依托,一定程度上是因为国家作为国际社会最为主要的政治行为体,其利益界定有鲜明的界限;以地区等较大范围进行划分的青年民众整体,一般情况下会依据某些比较鲜明的共性而有利于青年政治展开相关的研究。如阿拉伯地区的青年民众整体,其主要依托的是阿拉伯民族,拉丁美洲地区的青年民众则依据的是地域,同时其自身也有在经济、文化、社会发展等多方面的相似性。

(二)青年政治思想引领青年民众的政治知识和政治意识

　　1.青年政治思想是一套较为完备的政治知识体系

青年政治思想通常为不同国家和地区的青年民众提供政治认知的必要

---

　　①　参见《学费上限增加近两倍 数万英国大学生抗议涨学费》,中国网络电视台,2010年11月11日,http://news.cntv.cn/20101111/104453.shtml,2021年8月17日最后查阅。

知识,包含对政治生活各个方面的不同部分、不同层次、不同历史背景、不同文化环境的研究及其成果,进而为青年民众提供诸多政治基础知识,同时也为了解和掌握各类政治原理、深入解析各类政治现象、剖析各类政治制度与政治规律、熟练从事各类政治活动奠定重要的知识基础。同时,青年政治思想也为不同国家和地区的青年民众提供政治分析的方法,即运用特定的政治分析方法,分析与解释青年民众的各种政治行为、政治体系的各类一般性规律等,并为分析各类政治现象、政治制度、政治人物的是非功过准备实用工具和理论框架。

2.青年政治思想是一种自觉的、理性的、高水平的思维活动

青年政治思想往往引领着不同国家和地区青年民众政治意识的建立与发展,在青年民众各类政治意识形态体系中居于主导地位。在社会现实中,当青年民众被某个政治思想所武装起来后,这些青年民众的其他政治意识,如政治情感、政治动机、政治态度、政治参与等,通常都会被纳入该青年政治思想的引领之下。在青年政治思想的思维方式、认知规则、价值观念等"轨道"持续深入运行,进而在各类政治现实与政治事件的推动或者刺激之下,青年政治思想不断引领着青年民众的各类政治行为深入发展。以美国枪支泛滥问题对青年民众的影响为例。实际上,不论美国青年民众的政治思想、政治态度、政治参与方式如何,"持枪自由""拥枪合法"政治思想引发的严酷政治现实,正日益在美国现实社会显露其恶劣后果,甚至正逐步将各界青年民众裹挟其中。

(三)青年政治思想维护或破坏特定的政治统治

青年政治思想是以特定的政治力量为自身在社会物质层面强有力的武器。占统治地位的青年政治思想作为统治阶级或统治集团政治思想的重要组成部分,其目的和作用往往是维护统治阶级或统治集团的统治地位及其政治利益,论证其统治地位或政权的合法性,引导和塑造其期望的政治态度、政治心理、政治行为,管理和控制被统治阶级的政治思想和政治心理,为维护统治阶级及统治阶级青年民众的社会利益与政治权利进行各类政治参与。与之相对,被统治阶级的青年政治思想往往对现有政治统治体系的部分

或全面地否定，代表与凝聚着包括青年民众在内的各界被统治民众的政治思想和政治意志。在一定条件下，被统治阶级的青年政治思想可以动员和号召被统治民众的各类力量，并为推翻现有政治统治提供了强大的思想武器。

在中国古代，因其占据统治地位的儒家传统政治思想强调"君君臣臣父父子子""四维八德"①"三纲五常"等社会伦理，其政治思想实际上更多是从孩童时代就开始确立并应当遵守的礼法规则，有时会伴随着各界民众的终生，从而不断维护封建王朝自身的政治利益与政治存在。在当代中国，更多强调青年要学好本领、开拓进取，肩负起对国家、对民族、对集体、对家庭的时代担当。与之相应，有关青年政治思想等方面的研究，需要立足中国国情，围绕中国改革开放进程中经济社会发展的热点及难点问题开展深入研究，"尽量摒弃西方学术系谱的话语霸权，杜绝学术上的再殖民化趋势，真正立足中国实际提出适用于中国发展道路的大理论来"②。

在欧美国家，随着社会政治、经济和文化结构的变化，西方政治思想同样历经漫长的历史发展。在经历了古典主义、神道主义、理性主义和科学主义四个发展阶段，西方政治思想的理论视角逐步从"理念"到"上帝"，再到抽象的"类"人，最后到具体的包括青年民众在内的社会个体。在此过程中，西方政治思想的时代内容与政治主题也逐渐从哲学及伦理学向神学、哲学、科学不断地进行历史变换。作为西方政治思想的组成部分，西方的青年政治思想基本也经历了同样的发展与转变过程。其中，所谓"民主""自由""博爱""人权"等青年政治思想内容，及其相应的政治态度、政治情感、价值理念，实际也是从儿童时期就不断地灌输与强调，伴随着相关国家和地区青年民众的成长历程，也使得青年民众作为社会成员对整个西方社会的政治发展进程产生重要影响。

需要指出的是，中国和西方在一些政治思想领域存在诸多重大差异，也不可避免地对青年政治思想的相关领域产生影响。例如，对正义原则的理解存在重要不同。西方政治思想传统的所谓"正义"，通常是政治思想的主要内

---

① "四维"即礼、义、廉、耻。《管子·牧民》："何谓四维，一曰礼，二曰义，三曰廉，四曰耻。""八德"在历史上有两种说法。一种为"孝、悌、忠、信、礼、义、廉、耻"；另一种为"忠、孝、仁、爱、信、义、和、平"。

② 陈周旺：《中国政治学的知识交锋及其出路》，《政治学研究》，2017年第5期。

容、核心价值与基本原则,是用来平衡所在国家和社会包括青年民众在内的各界民众之间存在的各类不平等与彼此差异。与之相对,类似"正义"的概念在中国古代政治思想中十分罕见,中国的先哲们往往通过"仁""义""礼""道"等原则的相互支撑与彼此协调,形成诸多社会关系及政治关系的基本框架,在包括青年民众在内的政治思想领域妥善处理与解决人与人之间的"分"与"和"、离与散、集体与个人等。较之西方主流政治思想,中国儒家传统政治思想并未把"正义"作为最高的政治追求与政治目标,其理想社会则是超越"正义"的"大同"社会。①

思考题

1.青年政治思想的含义是什么? 将青年政治思想简化,可划分为哪些方面?

2.青年政治思想的理性认知特征包括哪三个方面?青年政治思想的利益要求特性包括什么?

3.政治思想与青年政治思想的逻辑关系特性体现在哪几个方面?

4.社会意识具有相对独立性,青年政治思想作为社会意识的一种,它的相对独立性表现在哪三个方面?

5.青年政治思想的内容结构与思维结构各包括什么内容?青年政治思想的划分类型又有哪些?

6.青年政治思想的作用主要体现在哪几个方面?这些方面的内容是什么?

第五章

---

① 参见唐士其:《正义原则的功能及其在中国传统思想中的实现:一个比较研究的案例》,《政治思想史》,2017 年第 1 期。

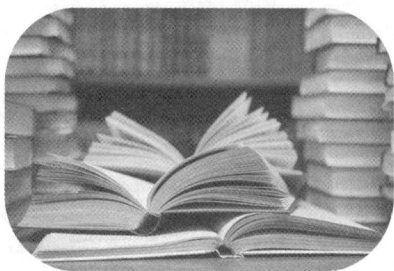

第六章
青年政治社会化

本章教学目标：

通过本章的学习，使学生认知青年政治社会化的基础知识，具备辨析青年政治社会化相关特点的基本能力，累积分析青年政治社会化相关媒介、影响因素、类型等不同特点及规律的综合素质。

本章教学基本要求：

了解：青年政治社会化的基本概念；

理解：青年政治社会化的主要媒介、类型及其作用；

掌握：青年政治社会化的主要影响因素。

第一节　青年政治社会化的特点与传播媒介

一、青年政治社会化的含义

作为当前社会各界民众的重要组成与未来社会的建设者,青年民众自身的政治成长与政治发展亦即青年政治社会化进程,对一个国家和社会而言十分重要且具有特殊政治意义。青年政治社会化所归属的政治社会化与社会化之间存在"部分"与"整体"的密切关联。对社会个体而言,政治社会化是其从"社会人"基础上累积各类政治素质而进一步发展到"政治人"的必然途径。在进入社会生活的过程中,包括青年民众在内的社会个体都要经历这个由"自然人"到"社会人"再到"政治人"的社会化过程。[①]在此过程中,当青年民众作为社会个体,历经"自然人"到"社会人"再到"政治人",即为青年政治社会化。

(一)青年政治社会化的定义

政治社会化是政治学在"社会化"概念基础上发展而来,于 20 世纪 50 年代首次提出,认为"政治社会化"是人们习得政治取向和行为模式的发展过程,即个体学习政治知识和技能的过程。鉴于政治社会化兼容社会学、心理学、人类学、教育学、伦理学、历史学等诸多学科,并且因为不同学科研究侧重点的差异,因此政治社会化的含义、特征、内容等也因此呈现多元化、庞杂化的状态。[②]

青年政治社会化通常是指不同国家和地区的青年个体通过多种途径的

---

① 参见马振清:《中国公民政治社会化问题研究》,黑龙江人民出版社,2003 年,第 15 页。

② 参见杨光斌:《政治学导论》,中国人民大学出版社,2007 年,第 92~93 页;王浦劬:《政治学基础》,北京大学出版社,2005 年,第 281 页;张昆:《大众媒介的政治社会化功能》,武汉大学出版社,2003 年,第 6 页;孙晓春:《政治社会学》,吉林大学出版社,1995 年,第 81~83 页。

政治学习与社会实践,形成以政治文化为基本特征的政治态度、政治理想和价值观念的过程。这个过程是青年民众作为社会个体,在包括青年民众与社会之间、青年民众之间、青年民众与其他民众之间的社会政治互动与相互影响中,接受社会政治文化、学习各类政治知识、掌握各类政治技能、内化各类政治规范、形成相关政治态度、完善自身政治人格的过程。青年民众作为社会个体刚出生时,仅仅只是对政治、经济、文化和社会等并不熟悉的"自然人";在自身成长历程中需要主动或被动地与社会各界人物的交往,尤其是在与家庭成员、老师、同学、亲戚、朋友、同事的交往中,青年个体通过不断地模仿政治言行、学习政治知识、参与政治行动等学习与实践,不断丰富自己关于政治制度、政治人物等各类政治知识。与此同时,社会也通过家庭、学校、机关企业、政治事件、政治宣传和政治教育等途径向青年个体传授各类政治知识、政治规范、政治思想与价值观念。

实际上,包括青年民众在内的社会成员学习和获取政治知识、政治技能、政治文化并逐步适应社会政治生活,即青年政治社会化相关的过程、效果、影响因素等,一直是政治学研究的重要领域。需要指出的是,各类研究时常所忽视的是,不同国家和地区的青年民众(14~40岁)因其生理、心理及社会等因素,通常是各类政治社会化的主要对象,因此,各类政治社会化一定程度上可以说就是青年民众的政治社会化,亦即青年政治社会化。但在现实中,不同国家和地区的青年民众的政治社会化却往往因职业、地域、民族、种族等更为明确清晰的划分标准而被无意识甚至刻意分散在各类政治社会化研究之中。

基于青年民众特殊的心理与生理特征,青年政治社会化的历史实际上十分久远,各国历史上均有主要面向青年(以及少年、儿童)的各类政治社会化或所谓"社会教化"。在中国古代,以孔孟之道为主要内容的儒家学说强调"德治"即伦理政治,尤其强调所谓"四维八德""修齐治平",十分重视政治及文化的教化作用,实际则是通过长期的政治教化,完成以青年民众为主体的各界民众遵守和服从儒家的诸多政治主张进而实现各界民众的政治社会化。在西方,早在古希腊时期,柏拉图在《理想国》中就指出,经受的教育和儿童时期的经历会深刻影响公民的价值取向。亚里士多德、让·布丹、卢梭等政治思想家也以不同的篇幅,在诸多著述中探索各界民众获得政治知识的方式、过程,以及其与政治制度、政治结构之间的内在联系。

(二)青年政治社会化的内涵

通过政治社会化,不同国家和地区的青年民众作为社会个体获得了对社会中各类政治人物、政治事件、价值观念与政治制度等较为稳定的政治认知,其政治社会化的程度对青年个人的政治参与、政治情感、政治思想等发挥着关键作用。作为政治社会化的重要组成,青年政治社会化的内涵主要有三个方面:

其一,青年政治社会化是青年民众学习政治知识、累积政治素养的过程。政治传统、政治角色以及与政治行为相关的各类政治知识并非与生俱来,政治社会化就是不同国家和地区的各界民众获得此类知识和能力的过程。从社会成员个体的角度讲,青年政治社会化就是青年民众个体通过学习和实践获得有关政治体系、政治事物的各类政治知识、政治经验及价值观念等的过程。在此过程中,青年民众作为社会个体,始终处于各类社会关系的强大影响之下。社会既定的经济基础、政治制度、文化传统、社会风俗等,往往是青年民众作为社会个体必须面对的,只能是个体逐步适应各类社会关系与社会现实而非"让社会适应自己",试图"身在桃花源中"、而"不知秦汉"、"无论魏晋"更是不切实际。与此同时,青年政治社会化进程并非青年民众简单地、被动地接受,而是在既定的政治社会化各类因素中相对有一定的选择性,可以根据自身的认识和需要对信息媒介和社会所传播的各类政治知识、价值观念、政治制度等逐步形成自身的见解和认知,进而逐步累积自身各方面的政治素质。在此过程中,青年民众逐步从"自然人"转变成为具有一定政治知识、政治情感、政治态度的"政治人"。

其二,青年政治社会化是青年民众的政治心理和政治意识被所在社会不断塑造的过程。政治社会化是不同国家和地区的统治阶级或统治阶层维持与巩固自身统治的重要手段之一。青年民众作为社会各界民众的重要组成和未来社会各项建设的生力军、主力军,以及自身较强的可塑性,其自身的政治社会化,亦即青年政治社会化往往被高度重视。通过支持兴办各类教育事业,掌握包括报纸、杂志、广播、电视以及网络在内的各类文化传播媒介,把握意识形态与政治文化的发展方向,调节政治发展的各类进程,不同国家和地区的统治阶级或统治阶层往往可以深刻影响包括青年民众在内的政治社会化进程,推行有利于维护自身统治的法律法规、价值观念与各类政治规则,引导包括青年民众在内的社会成员的政治发展方向。与此同时,青年政治社会化进程中能够发挥重要影响的各类教育因素,如社会主流政治文化,青年民众所在的家庭、社区、乡镇、学校以及同辈群体,还有各类大众媒介等,在与青年民众之间发生各类政治互动关系时,均会受到统治阶级或统治阶层所代表的社会关系的不同程度的影响。实际上,青年民众的社会化进程往往在不知不觉中被统治阶级或统治阶层所主导的社会价值观念及其各类社会关系不断地影响与塑造。

其三,青年政治社会化是政治文化重要的传承方式,也是其得以维持和发展的过程。基于文化转移的角度,青年民众的政治社会化意味着政治文化的传递、维持与变迁。为了影响包括青年民众在内的社会各界民众的政治社会化进程,实现自身的各类政治意图,维护自身的各类政治利益,不同国家和地区的统治阶级或统治阶层往往积极支持兴办各类教育事业,加强文化传媒行业的各项管理,优化政治文化传播的各类途径。与悠久的政治文化历史相比,青年民众作为社会个体的生理生命较为短暂,而政治文化的长久存在意味着社会个体的世代交替并没有中断政治文化的传承与延续。青年政治社会化成为青年民众不同代际传承的桥梁,使得政治文化能够一代又一代地延续与发展。政治文化的这种传承如同"文化基因",使得某些社会历经千百年的变化与发展,仍然能够在其现代的政治文化中找到其古代政治文化的诸多存在。尤其是对于作为四大文明古国之一的中国而言,"修身、齐家、治国、平天下""为天地立心,为生民立命,为往圣继绝学,为万世开太平"[1]等至理名言与政治伦理,作为中国特色政治文化的重要内容,被中国不同时期的仁人志士与青年精英一代又一代地传承至今。

青年政治社会化所实现的政治文化的传承,并非简单的机械过程,也并非单纯的复制,而是通过结合政治文化当时所处的时代背景和政治环境、文化环境、经济环境、国际环境等不断实现的发展与创造的过程。不同国家和

---

① （北宋）张载:《横渠语录》。

地区包括青年民众在内的每个世代的社会民众都会将自身通过政治学习、政治实践等累积的政治知识、政治思想、价值理念增添到既有的政治文化体系中,不断丰富和充实着相关政治文化的内涵。例如,在中国古代,从孔孟主张的"仁政""德治"等儒家政治学说,到西汉董仲舒的"天人感应"政治学说,再到宋代的程朱理学,再到明代王阳明的心学,中国的儒家政治思想也随着经济社会的发展,通过不同时期的政治学者的贡献而在不断增添着新的内容。基于经济基础决定上层建筑,随着人类社会生产力的不断发展和经济社会水平的提高,尤其是受益于科学技术的不断进步,不同国家和地区的政治体系也会与之相适应而不断发展,同样会逐步新陈代谢,抛弃一些陈旧过时的政治文化内容,增添一些与社会发展相适应的政治文化内容,以适应包括青年民众在内的社会各界民众的时代需求。[1]

二、青年政治社会化的特点

作为政治社会化的重要组成部分,青年政治社会化是以不同国家和地区的青年民众作为社会个体,与所在社会发生诸多层面双向互动的辩证过程。这种双向互动实际也决定了青年政治社会化的主要特点:

(一)青年政治社会化是青年民众从事各类政治实践的过程

青年政治社会化的实践性主要表现在:

其一,青年民众总是依托其所在社会的政治现实进行各类政治实践。这实际意味着不同国家和地区的青年民众在特定的社会政治条件下学习相关政治知识、掌握相关政治技能、形成相关政治态度,其需要认识和把握各类政治现象存在于具体的社会形态和社会发展阶段之中。例如,随着网络时代的到来,基于网络所形成的政治文化现象,也会被不同国家和地区的当代青年作为政治社会化的重要内容之一,纳入自身期望的政治社会化范畴。然而

---

① 参见《从 B 站破圈,看青年文化》,新华网,2020 年 4 月 20 日,http://www.xinhuanet.com/in-fo/2020-04/20/c_138991211.htm,2021 年 9 月 12 日最后查阅。

鉴于网络时代虚拟世界的各类政治规则与政治规范的约束力相对较弱,与之相应的政治亚文化并非都是正确的、优秀的,同样存在一些亟须规范和积极引导的消极因素。例如,中文网络领域曾经风靡一时的"火星文",虽然是随着网络时代的发展而出现,但让这种网络语言和网络文字作为网络时代的社会亚文化而具有生命力的是日益增多的青少年群体尤其是"90 后"的认同和推崇。在这种独特的文字符号背后,体现了青少年对于个性化、自由化生活的追求,以及对现实的各种升学、就业压力的释放。[1]不过,这正是青年政治社会化进程中需要及时予以规范与积极引导的内容。

其二,青年民众在政治生活和政治实践的基础上获得各类政治知识与政治技能。在青年政治社会化过程中,不同国家和地区的青年民众的各类政治知识、政治技能都是在政治生活中通过不同形式的政治实践而获得。在青年政治社会化的进程中,一方面,青年民众可以在政治生活中通过自身的不同形式的各类政治实践,不断学习政治知识、认知政治人物、了解政治事件、掌握政治技能,即通过政治实践直接获得第一手的政治经验和政治知识;另一方面,青年民众也可以通过政治文化教育和政治学习等方式,获得前人和他人从事政治实践所总结出来的间接的各类政治经验和政治知识,即通过政治实践间接获得各类政治经验和政治知识。这实际意味着青年政治社会化通常会受到所在国家和地区政治文化的诸多约束。如在美国,鉴于"种族是美国重要的社会类别区分"[2],无论青年民众是通过直接进行各类政治实践获得第一手知识与技能,还是通过间接地学习与实践,根深蒂固的种族主义显然都是美国社会各种族、各地区的青年民众政治社会化进程不可回避的焦点议题之一。

其三,青年民众的各类政治认识需要通过政治实践来检验。"实践是检验真理的唯一标准"。青年民众所经历的各类政治事件及其结果,是检验、坚持、调整乃至改变政治认识的重要依据。不论青年民众是经过直接的实践获

---

① 参见冯溪、刘玮:《符号互动视野下的网络亚文化现象分析》,《陕西行政学院学报》,2010 年第 1 期。

② 中国人权研究会:《美国根深蒂固的种族歧视问题凸显"美式人权"的虚伪》,新华社,2019 年7 月 26 日。

得"第一手"政治知识与政治经验,还是通过自身不断地学习而从他人那里间接获得政治知识和政治经验, 这些直接的和间接的政治知识与政治经验都需要青年民众通过政治实践检验正确与否、理论与事实是否相符、是否存在内在规律,并通过进一步的政治认知、政治思考,反哺自身的政治认知与政治经验,加深对各类政治现象、政治事件、政治人物、政治制度等的理性认知。此过程同样是青年民众自身的政治实践,其政治认知也随着政治实践的发展而不断深入,随着政治实践的深化而不断完善。例如,虽然美国宣扬"民主""自由""平等""人权",但对一些黑人青年民众而言,通过社会实践看到的并非真正的平等与人权,而是美国社会存在的"系统性种族歧视"[①]。在美国,种族歧视问题根深蒂固,经久难改。在历史上,美国曾对印第安人进行种族灭绝,制定臭名昭著的"排华法案",并在二战期间将大批日本裔美国公民关入集中营。引发全美各地游行示威的弗洛伊德事件仅仅只是"美国种族主义问题的冰山一角"[②]。

(二)青年政治社会化是青年民众逐步成长为"政治人"的过程

就动因来看,青年政治社会化作为青年民众从"自然人"到"政治人"的转变,既是社会政治体系的现实需要,即不断为社会政治体系的运转增添更多的支持者和传承者, 同时也是青年民众自身的现实需要。对青年民众而言,这是为了适应自身所在社会的政治现实和政治生活,同时也为了实现自身包括政治利益在内的诸多利益诉求,而从事各类政治学习、认知各类政治现象, 甚至最终通过自身的努力而逐步影响政治生活和政治现实的发展与演变。如果从辩证的视角来看,在青年政治社会化过程中存在着既相互矛盾又相互统一的两个方面, 即青年民众作为社会个体的主观认知和客观存在的社会政治文化与政治现实,如同一枚硬币的两面而紧密相连、不可分割,共同组成青年政治社会化的有机整体。青年政治社会化就是这两个方面不

---

①　《国际社会对种族主义说不》,新华网,2020 年 6 月 20 日,http://www.xinhuanet.com/world/2020-06/20/c_1126139477.htm,2021 年 10 月 9 日最后查阅。

②　《美国系统性种族主义问题受到多方批评》,新华网,2020 年 7 月 8 日,http://www.xinhuanet.com/world/2020-07/08/c_1126212542.htm,2021 年 10 月 9 日最后查阅。

断相互作用、相互影响、相互渗透的复杂过程。

　　社会政治文化与政治现实是青年民众自身政治社会化进程的客观存在与现实基础，使得青年民众作为社会个体始终处于强大的社会力量的影响之下，逐步从"自然人"转变成为现有政治体系所期望的"政治人"。这种青年政治社会化的发展趋势往往是青年民众无法拒绝、无法选择的。青年民众往往只能适应社会政治文化与政治现实而不能指望社会来适应自己，其在政治社会化进程中的主观能动性受到了强有力的限制。因此，青年民众所在社会的政治体系的内容、政治文化的性质、政治发展的水平、政治制度的类型等，已经大体明确了青年民众政治社会化的内容、方式、路径甚至结果，即"政治人"所应当具备的诸多政治知识、政治态度与政治素养。

　　同时，青年民众作为社会个体的政治社会化也不仅仅只是一个简单、被动地接受政治文化与政治现实的"政治人"塑造过程。青年民众可以主动的、有选择地根据自身的各类政治诉求、政治认知，对各类政治知识、价值观念、政治态度、政治制度、政治人物等进行分析与评价，逐步检验自己的主观认知，并累积自身的政治经验，建构自身的政治思想，提升自身的政治素养。

　　最终，通过青年政治社会化过程，不同国家和地区的青年民众作为社会成员，熟悉相关政治规则，形成自身政治意识，明确自身政治角色，从"自然人"逐步转变为"政治人"，并在青年民众主观与客观的相互影响、相互渗透、相互作用的过程中日益成熟。

(三)青年政治社会化是青年学习政治知识和传承政治文化的统一

　　就个体政治心理而言，青年政治社会化是青年民众对政治的认知由感性上升到理性，再由理性指导感性的过程。青年民众通过学习各类政治知识，累积了有关政治知识、价值观念、政治态度、政治制度、政治人物等感性认知。基于所在社会的政治现实和政治文化，通过进一步的社会实践，青年民众不断地加深对相关政治现象、政治文化、政治体系等的认知，并将这种认知上升到理性层面，形成相应的青年政治心理和青年政治思想。这些成果和收获可以为青年民众自身的各类政治认知、政治参与、政治情感、政治态度等提供明确的理论指导与方向指引，进而影响社会的政治秩序、政治体系和政治文化。

在现实中,随着青年政治社会化的开展,不同国家和地区的青年民众在政治心理层面会受到越来越多的由相应的政治体系所主导的政治文化的影响。以社会现实为基础的政治文化会使青年主动或被动地逐渐理解政治体系的运作、各界民众的政治态度与政治行为,进而逐步认知和认同现实社会政治文化的合理性,在主动或被动中逐步使自身的政治态度、政治行为与相关社会体系所期望的保持基本一致。这实际也是政治文化的传承过程。同时,青年政治社会化又是不同国家和地区的青年民众通过政治实践获得政治知识,进而将此类政治知识付诸实践,检验相关政治知识及获得新的政治知识的循环过程。总体而言,正是通过包括青年民众在内的这种与社会之间的各类认识与实践的反复相互作用,才使政治文化得以形成、传习和演变,构成政治文化发展的总过程。不同国家和地区的青年民众学习政治知识、传承政治文化在青年政治社会化进程中得以有机地融为一体。

在一些国家和地区的社会现实中,青年民众学习的政治知识和传承的政治文化并非如同这些国家和地区所宣传的那样完美无缺,其本身甚至存在重大缺陷。例如,自黑人弗洛伊德被美国白人警察残酷执法致死事件以来,作为反抗种族歧视的政治口号"无法呼吸",折射出美国民众和国际社会对美国社会存在的种族歧视等顽疾的强烈不满,已经到了无法忍受的程度。[①]这种政治体系所主导下的青年政治社会化,自然较难改变美国社会根深蒂固的种族歧视。

三、青年政治社会化的微观媒介

青年政治社会化的媒介通常是指承担和实施青年政治社会化功能的各类正式或非正式的社会结构。在青年政治社会化进程中,可以将这些媒介划分为微观媒介与宏观媒介,而作为媒介的各类社会结构往往是相互作用、相互渗透,但也有各自的特点。作为社会个体的青年民众,青年政治社会化的

---

① 参见《新华国际时评:"无法呼吸"——美国种族歧视何时休》,新华网,2020 年 5 月 31 日,http://www.xinhuanet.com/world/2020-05/31/c_1126056608.htm,2021 年 9 月 27 日最后查阅。

第
六
章

微观媒介主要包括：

(一)家庭

　　家庭是社会的基本构成要素,以及社会的"细胞",[1]青年政治社会化首先在家庭中进行。包括青年民众在内的社会个体从出生到成为一个具备政治素养的社会成员,家庭往往是青年民众所要历经的政治社会化进程的起点,也是青年政治社会化的重要元素。在青年政治社会化进程中,不同国家和地区青年民众包括父母在内的家庭成员的政治态度、政治知识、政治思想等,通常会以不同方式作用于作为社会个体的青年民众政治观的形成过程。鉴于儿童时期的政治经历和政治立场对社会个体的青年时期乃至其一生的政治发展都十分重要,因此从一定程度上来讲,家庭可以说是青年民众作为社会个体最初的、影响最为直接的政治社会化媒介,"常常是态度形成的第一个来源,然后再转向其他类型的结构"[2]。家庭对于青年民众作为社会个体进行的政治社会化影响,即家庭对青年政治社会化的影响,大体上可以分为直接影响和间接影响两个层面。

　　直接影响通常是指家庭中的父母、长辈在养育后代的同时,往往以最为直接、最为感性的方式"以身作则"地将所在国家和社会的政治知识、政治态度、政治思想以及个人对政治制度、政治事件、政治人物等的判断与看法,甚至对各类政治关系、政治事件、政治人物的热爱或憎恶,传递或灌输给相关的青年民众,并引导其初步学习和了解社会的各类政治生活。在这种潜移默化的环境中,作为子女或晚辈的青年民众往往会逐步形成与父母、长辈等家庭成员在内的总体较为一致的政治观点、政治态度、价值观念等,并在政治文化领域形成所谓的"政治遗传"。

　　间接影响通常是指包括父母和长辈在内的家庭成员的政治态度、政治知识、政治认知和政治参与等,以及对政治人物、政治事件、政治制度等的看法与行为,通常成为青年民众作为社会个体模仿和学习的榜样。"近朱者赤,

---

① 　[美]戴维·波普诺:《社会学》(第一版),李强等译,中国人民大学出版社,1999年,第389页。

② 　[美]加布里埃尔·A.阿尔蒙德、小G.宾厄姆·鲍威尔等:《比较政治学:体系、过程与政策》,曹沛霖等译,东方出版社,2007年,第92页。

近墨者黑”,日积月累就会产生潜移默化、润物无声的政治效应,一定程度上会影响到不同国家和地区青年个体的政治知识、政治态度等方面的成长与发展。此时作为“社会细胞”的家庭实际已经俨然成为“迷你型社会”,家庭关系也会显著影响到不同国家和地区的青年民众个体政治心理的成长与政治人格的养成。

作为“社会细胞”,家庭不仅“教”给青年民众相关家庭自身所属的社会阶级的价值观念、政治态度、政治规范等,也“教”给青年民众包括所在社会的各类政治认知,而且还“教”给青年民众所在社会进行相关社会地位变革的可能性及其可能方式。

(二)政治实践

实践是检验真理的唯一标准。不同国家和地区青年民众的政治实践是青年政治社会化巩固、外显阶段的最主要的表现手段,也是实现青年政治社会化的重要途径之一。青年民众通过家庭、学校等各种途径学到的各类政治知识也需要通过各类政治实践进行检验。尤其是对于政治社会化进程且不断成长的青年民众而言,政治实践更是客观存在的各类政治现实、政治现象与青年民众作为社会个体的主观政治心理及政治意识之间的重要桥梁,对青年民众成长为“政治人”十分关键。

青年民众作为社会个体参与各类政治实践,通常需要三个基础条件:

其一,青年民众需要参与各类政治实践活动较为合适的社会环境。作为青年参与各类政治实践的前提与基础,这种社会环境一定程度上也决定了青年民众作为社会个体,经历政治社会化之后能够成为什么样的“政治人”。对此,青年所在的国家、社会、学校等,往往通过不同的途径和方式,积极为青年民众的各类政治实践提供较为有利的条件,并通过包括爱国主义教育、历史教育、公民教育等不同方式方法,以及国旗、国歌、国徽等国家政治标识①与政治人物、政治事件的诸多政治教育体验,在各类政治实践中影响包括青

---

① 参见《如何加强维护国旗、国徽的尊严？——聚焦国旗法国徽法修正草案五大看点》,新华网,2020 年 8 月 8 日,http://www.xinhuanet.com/politics/2020-08/08/c_1126343383.htm,2021 年 9 月 12 日最后查阅。

年民众在内各社会成员的政治情感、政治认知、政治思想等。"博学之,审问之,慎思之,明辨之,笃行之。"①基于合适的社会环境,通过这种政治认知—政治实践—政治认知的青年政治社会化过程,不同国家和地区的青年民众在政治领域通常可以逐步达到主观与客观的统一,在累积足够的量变之后实现质变,最终使青年民众的政治认知从感性向理性飞跃。

其二,青年民众需要明确参与政治实践的政治目标。政治目标的制定,既有社会体系自身的宏观指导,也有社会个体的微观因素。从外生力量看,不同国家和地区的青年民众作为社会个体的各类政治实践通常受到所在国家和社会发展的诸多政治因素的影响和制约,政治实践的主题也常常随之发生相应变化;同时,随着科学技术的发展、国内外政治经济形势的变化,青年民众政治实践进行与政治人才成长的社会要求也会发生改变,往往影响政治实践的开展。不同国家和地区的青年民众需要在参与各类政治实践之前明确自身所要进行的各类政治行为、政治参与的大体目标。②这种政治目标的确定,对青年民众而言,需要基于自身的政治知识、政治素养等个人情况,也要考虑社会环境的现实政治氛围,还要考虑政治体系与政治现实的现状及未来发展趋势。这种社会宏观政治因素与个体微观政治因素的有机结合,可以使不同国家和地区的青年民众作为社会个体通过政治实践获得更有意义的锻炼、更有价值的收获,以及作为"政治人"更为茁壮的成长。

其三,青年民众需要选择合适的政治实践方式方法。不同国家和地区的青年民众作为社会个体选择政治实践的方式方法要基于多种因素。①需要充分考虑所在社会的政治氛围、社会环境、政治发展目标等因素。如果所在社会的政治氛围较为宽松,经济社会发展较快,政治发展目标较为清晰且获得较多社会民众的支持,青年民众有足够的政治实践空间,则青年民众可以考虑多次参加各种类型的政治实践;反之,如果所在社会的政治氛围十分紧张,社会矛盾重重,政治目标分歧严重,则青年民众的各类政治实践有可能会遇到诸多阻力,需要慎重选择相关政治实践的方式方法。在美国,黑人弗

---

① 《礼记·中庸》。

② 参见[美]马斯洛:《动机与人格》,许金声等译,华夏出版社,1987年,第29页。

洛伊德被白人警察残酷执法致死导致的大规模反种族歧视运动中,"无法呼吸"的口号无形中折射出美国民众对社会存在的种族歧视等顽疾的不满已到无法忍受的程度,①美国各界的青年民众在实施自身的各类政治实践时,必须充分考虑这种根深蒂固的社会背景及其可能引发的社会反应。②也要考虑到青年民众作为整体的群体特点以及青年民众作为社会个体的个性需求。青年民众作为社会群体而言,相对单纯而容易被诱导、正义感较强、政治经验少且精力旺盛;青年民众作为社会个体,政治经验少、精力旺盛,且每个青年个体的家庭背景、学历背景、政治知识程度、政治态度、政治思想等同样存在诸多差异。因此,不同国家和地区的青年民众需要根据自身的具体情况,有选择地参加比较合适的各类政治实践,保证自身各类政治实践能有较多的政治知识收获与政治经验积累。在一些具有种族歧视顽疾的国家或地区,青年民众还需要充分考虑种族歧视给各类政治实践带来的诸多额外政治风险。

(三)朋辈群体

"物以类聚,人以群分。"不同国家和地区的青年民众作为社会个体进行各类政治实践往往并非孤身一人、单打独斗,经常是和志同道合的朋友一起,这就是朋辈群体。②朋辈群体(也称同龄群体、同辈群体),通常是由年龄、兴趣爱好、价值观念、政治态度、政治目标、社会地位等方面十分接近或者基本相同的社会个体自发汇聚而成的非正式的初级社会群体。一般来说,朋辈群体存在多种类别,对青年政治社会化的影响和作用也不同。较为著名的朋辈群体包括中国古代三国时期的"竹林七贤"。在当代社会,朋辈群体在青年民众中普遍存在,在青年民众作为社会个体而进行的青年政治社会化进程中影响十分重要而特殊,也具有其自身比较显著的特征。

其一,朋辈群体成员之间的关系平等且十分自由。因源于不同国家和地

---

① 参见《新华国际时评:"无法呼吸"——美国种族歧视何时休》,新华网,2020年5月31日,http://www.xinhuanet.com/world/2020-05/31/c_1126056608.htm,2021年9月17日最后查阅。

② 参见[美]戴维·波普诺:《社会学》(第一版),李强等译,中国人民大学出版社,1999年,第158页;卢勤:《个人成长与社会化》,四川大学出版社,2010年,第129页;陈正良:《冲突与整合——德育环境的系统建构》,中国社会科学出版社,2005年,第230页。

区青年民众的自发汇聚,朋辈群体自身就是青年民众之间基于年龄、兴趣爱好、社会地位、价值观念等自由组合的结果。因此,在朋辈群体中,青年民众之间关系较为亲密而较少受到各类束缚,所以彼此之间能够做到心灵契合,比较自由地进行各类政治知识、政治态度、政治经历、政治认同等政治信息的相关沟通。青年民众彼此可以在平等、自由、开放、轻松的氛围中交流、分析、评判各自感兴趣的政治现象、政治事件、政治人物、政治关系等。也正是在这种自由、平等、开放、轻松的朋辈群体关系中,青年民众在不知不觉之间逐步实现对彼此潜移默化的深刻影响。

其二,朋辈群体成员之间具有较强的政治凝聚力。作为青年民众基于自身的政治需要而自发形成的非正式社会群体,不同国家和地区的朋辈群体成员之间的兴趣爱好、价值观念、政治态度、人生目标等方面十分接近甚至基本相同,即所谓"物以类聚,人以群分"。朋辈群体成员之间的各类政治知识、政治文化、政治态度、价值观念等交流往往是在平等、自由、开放的基础上进行的。正是这种群体氛围,使得群体成员之间具有很强的政治认同感和政治心理归属感,能够彼此相互理解、相互信任、相互帮助,从而在不同国家和地区的朋辈群体之间形成强大的政治向心力、政治凝聚力,并以群体的面貌展现在各界社会成员面前。

其三,朋辈群体自身存在独特的政治亚文化。作为青年民众自发汇聚而成的结果,朋辈群体通常存在带有自身特色的群体文化。这种归属政治亚文化的群体文化,主要通过青年民众作为朋辈群体成员的兴趣爱好、价值观念、政治态度、政治思想等方式具体展现,可以"小众"或"小确幸"(指微小而确实的幸福与满足)。不同国家和地区朋辈群体的形成本身就在兴趣爱好、价值观念、政治态度等方面有共同之处,通过群体成员之间就政治社会化过程进行彼此交流和相互影响,容易在群体内部产生具有自身特色的群体文化。这种作为政治亚文化的朋辈群体文化或朋辈群体意识,对内往往会深刻影响朋辈群体成员的政治态度、政治思想、政治认知与价值观念的发展,对外也常常对其他朋辈群体或社会群体的政治发展产生程度不同的各类影响。

正是基于朋辈群体的这些特点,因此在不同国家和地区青年民众政治社会化进程中,朋辈群体往往扮演着重要角色,在一定程度上甚至有可能超越家庭中的父母、学校中的教师的影响。不同国家和地区的青年民众作为子女,其对父母、对家庭的各类密切依赖通常在 18 岁以后就会随着年龄的增长、阅历的丰富、社会关系的拓展以及个体情感的需求,逐步转移至与之有共同兴趣爱好、日常接触较多、联系较为密切的朋辈关系。青年民众如能拥有良好的朋辈关系,往往可以提高其作为社会个体的政治认知能力、政治实践能力等政治素养与政治经验。

在现实的政治生活中,作为不同国家和地区的青年民众凭借社会个体的兴趣爱好、价值观念、政治情感、政治态度等因素在不断的交流交往中逐步形成的非正式群体,朋辈群体成员之间通常相互关系平等,共同语言丰富,彼此交流沟通顺畅。这些青年民众形成的朋辈群体在各类政治实践中因相互依赖、彼此照应,逐步在一定的时期内形成群体意识、群体文化,影响到不同国家和地区青年成员个体的政治认知、政治态度、政治行为、价值观念及其政治认同,且相互施加影响的空间和效果随着网络技术与智能手机的日益普及而越来越明显。简言之,朋辈群体对青年民众作为社会个体的政治社会化进程不可或缺。

四、青年政治社会化的宏观媒介

青年政治社会化的宏观媒介主要以不同国家和地区的青年民众群体进行整体性或社会性的政治文化传播。这种宏观媒介常常依托相关国家政权或统治阶级及统治阶层,在整个社会领域有计划、有步骤、有目的地面向包括青年民众在内的社会各界民众,大规模传播符合国家与社会状况的政治文化,推广国家或社会所认可的各类政治知识、政治态度、政治思想及价值观念。一般认为,不同国家和地区青年政治社会化的宏观媒介主要包括:

(一)学校

在青年政治社会化进程中,学校是不同国家和地区系统化推进政治文化传播的强有力影响因素之一。作为社会关系中存在的传播政治知识、政治文化、政治规则的专门机构,学校是常见的系统性的青年政治社会化途径。①
基于学校教育的系统化、正规化和制度化,青年民众在各类学校进行的长期
教育与学习,实际上是一种有意识、有计划、有目的地传输政治知识、培养政
治情感、塑造价值观念、规范政治行为、传承政治文化等系统性的政治社会
化过程。不同国家和地区的各类学校实际上成为青年民众走向社会而进行
知识学习和技能训练的政治社会化的专门化场所,承担着将青年民众培养
成国家和社会所期待的政治角色的过程。

作为青年政治社会化的重要宏观媒介,学校的作用和影响通常通过紧
密相连的两个方面体现:

其一,学校针对青年民众进行专门、系统的政治教育。青年民众作为学
生可以通过专门的文化知识和系统的政治思想的教育,形成对政治生活的
系统性规范认知,为青年政治社会化的开展与深入奠定坚实的知识基础。通
过各类课程内容的设计与编排,学校可以向学生群体系统性地大规模传播
经过所在国家和社会认可的政治知识、政治思想、价值观念,培养青年民众
对所在国家和社会认可的政治制度、政治关系、政治思想的支持与认同,强
化青年民众的政治认同、民族认同与国家认同,塑造国家和社会需要的合格
公民与社会建设者。在不同的国家和地区,几乎可以看到相同的一幕——在
一些重要仪式和课堂活动中,学生们向代表所在国家的国旗行礼致敬。这实
际上是不同的国家和地区通过学校进行各类爱国主义教育、公民教育及政
治教育,培养包括青年民众在内的各界民众的国家意识、民族意识与爱国主
义的重要方式。

其二,学校针对青年民众营造初步的政治社会化环境。学校这种政治社
会化环境远比家庭环境更为复杂,内容更为繁多。较之家庭环境,不同国家
和地区的青年民众在与许多同学和老师的互相交流交往中,可以亲身体验
有组织的、团体性的社会政治生活,了解到其他学生与老师等社会成员对相
关政治事物的看法,并通过政治社团、政治参与等不同方式进行政治实践。
在学校社会生活中,不同国家和地区的青年民众需要了解社会团体与政治

① 参见[美]加布里埃尔·A.阿尔蒙德、小 G.宾厄姆·鲍威尔等:《比较政治学:体系、过程和政
策》,曹沛霖等译,东方出版社,2007 年,第 98 页。

组织的政治功能与政治价值,个人与团体的政治关系及政治效能的发挥,政治态度、政治权威等的存在形态及其社会作用。学校此类政治实践活动对不同国家和地区青年民众的政治生活及其政治成长具有十分重要的现实意义。因此,学校在确立不同国家和地区青年个体的政治价值观念,培养其政治态度、价值观念方面作用特殊而重要。

综合而言,尽管在不同国家和地区的政治文化之间存在着诸多差异,但不同国家和地区的社会成员对相关政治体系、政治制度的态度及其所接受的正规教育间存在密切关联。因此,有观点认为:"学校里的同学比父母是更好的教育者。"①

(二)大众传播工具

大众传播工具也称大众传播媒介,是公共信息交流互动的工具和平台,是政治社会化的重要渠道,并随着各类信息技术、传播手段的不断完善而愈来愈显示其必要性和重要性。在现实中,电视、广播、报纸、杂志等传统媒体,以及基于网络技术的网站、微信、微博、各类手机 App 等网络新媒体共同组成的大众传播工具,已经成为不同国家和现代社会青年政治社会化的重要途径及宏观媒介。这些面向包括青年民众在内的各界民众的大众传播工具,在传播大量社会新闻、时事资讯的同时,也在传播主流社会的政治文化、政治态度、价值观念等方面发挥着重要作用,在改造政治文化、引导政治方向、凝聚政治共识等方面同样意义重大。在现实中,包括青年个体在内的社会成员的政治社会化方面,大众传播工具主要有两个途径:

其一,大众传播工具使政治事件引发关注并引导政治心理方向。在现代社会,大众传媒是不同国家和地区包括青年民众在内的社会各界获得新闻资讯和各类政治信息的主要来源,也是社会各界了解政府活动和政策的重要途径。大众传播工具"最明显和最重要的影响之一,就是使得政治事迹引人注目"②。随着全球化的深入开展、生活节奏的不断加快,不同国家和地区

---

① [法]安德烈·莫罗阿:《人生五大问题》,傅雷译,上海三联书店,2008 年,第 12 页。

② [美]加布里埃尔·A.阿尔蒙德、小 G.宾厄姆·鲍威尔等:《比较政治学:体系、过程和政策》,曹沛霖等译,东方出版社,2007 年,第 101 页。

包括青年民众在内的各界民众基于经济社会发展和自身个体发展现实,需要及时处理大量来自工作、生活、学习等诸多国内、国际的各类新闻资讯。通过自身认可或喜欢的大众媒介来筛选各类新闻资讯,往往成为包括青年民众在内的社会各界获得各类政治信息的最佳途径。大众传媒在筛选包括政治、经济、文化、军事、社会等国内外各类新闻资讯时,不仅有足够的权限选择新闻资讯类别、筛选具体新闻资讯,而且同时担当着新闻资讯审核、投放、传播等重要社会角色,进而引领不同国家和地区的社会舆情方向。在现实生活中,大众传媒可以使不同国家和地区的各类政治事件引发社会关注,即通过新闻报道、舆论扩散等方式,吸引包括青年民众在内的社会各界对相关事件与社会问题的关注和兴趣,增加其关心程度和了解程度,推动社会各界在线上虚拟空间和线下真实社会进行社会热点和政治事件的讨论,从而产生政治社会化的直接效果。

其二,大众传播工具进行的宣传报道附带政治态度与政治立场。在各类宣传报道中,除提供各种政治信息外,不同国家和地区的大众传媒可以直接宣传、支持、批判某种政治态度、政治感情和价值观念。作为社会成员的青年个体,通常从儿时起,看电视、听广播、读报纸、看电影等,均有形无形地受到此类价值观念、政治态度的影响。不同国家和地区的大众传媒在增强社会成员之间认同感和推动社会一体化及政治一体化方面发挥了非常重要的作用。大众传媒也常常基于某个重要事件或某个重要议程的连续关注与报道,发挥"议程设置"作用,即大众传媒有能力根据自身政治态度和政治体系的需要,选择并强调某些话题,造成这些话题被公众认为"比较重要"的印象。

在社会现实中,不同国家和地区的大众媒介可以提供经过筛选、符合社会主流民意与自身立场的各类信息,规划安排带有一定政治导向的、符合社会发展总体趋势的相关议题或专题,引导甚至某种程度上"预设"包括青年民众在内的社会各界关注某些事件和议题,以及相关事件或议题讨论的先后顺序。如新冠肺炎疫情暴发以来,为了推卸抗击疫情不力的政治责任,一些西方国家的政客和媒体不断向世界各地散播各类"甩锅""抹黑"中国的言行,引发了包括中国媒体在内的各国媒体的抨击与批判。[①]

　　与此同时,在新闻资讯的各类传播过程中,不同国家和地区的大众传媒可以基于社会主流民意的需要和自身政治立场的考量,通过对各种议题采取不同的报道力度与模式,惩恶扬善、弘扬社会道德、显示主流民意,以此影响包括青年在内的各界民众对各类政治信息的接受,进而影响其对周围世界的"大事"及其重要性的判断。各类新闻媒体尤其是世界各国占据主流地位的大众传媒,可逐步深刻影响相应政治体系中的包括青年民众在内的社会成员,使其政治思想、价值观念、政治行为、政治态度等与所在社会的主流意识形态相协调。对此,一些西方国家往往"尽可能地控制各种社会化的媒介"[②],特别是诸如学校、电视、广播及互联网等政治社会化过程中影响广泛的大众传媒,甚至在一些重大事件中不惜借助大众传媒搬弄是非、颠倒黑白、推卸政治责任,以维护自身统治地位与本国一己私利。

(三)社会政治环境

　　社会政治环境通常是指不同国家和地区的政治体系存在与从事政治活动、进行政治决策的背景条件的总和,主要包括政府、政党、社会政治组织、利益集团等政治力量。其中,政府作为不同国家和地区社会政治环境中占据主导地位的力量,在社会政治环境中发挥重要甚至是核心的作用。

　　1.政府是青年政治社会化的关键力量

　　在不同的国家和地区,政府通常是无可争议地影响包括青年民众在内的政治社会化进程的重要力量。政府所推动的政治社会化和现有的政治体系、政治秩序及主流政治文化相一致,拥有庞大的政治、经济、社会等领域的资源,可通过各类方法方式积极巩固政府自身的政治利益与合法性,因此也可以说政府是不同国家和地区青年政治社会化的关键力量。不同国家和地区的政府所做的诸多政治社会化政策与具体实施举措,通常会大幅度影响

第六章

---

①　参见《美国关于新冠肺炎疫情的涉华谎言与事实真相》,中国日报网,2020年5月10日,http://china.chinadaily.com.cn/a/202005/10/WS5eb74a71a310eec9c72b7df5.html,2021年9月20日最后查阅。

②　施雪华主编:《政治科学原理》,中山大学出版社,2001年,第817页。

到包括青年民众在内的各界民众,并最终影响其对政治体系、价值观念、政权合法性等方面的各类政治认知、政治态度及相关的政治行为。由不同国家和地区政府提供的各类政治信息、政治教育和政治宣传,通常也会增加包括青年民众在内的各界民众对政府和政治体系的支持度与忠诚度。

在现代社会尤其是网络时代中,不同国家和地区的政府的政治活动的范围十分广泛,通常已经深入所在国家和社会的各个阶层、各个地区,包括青年民众在内的各界民众通常会因学习、工作、购物、住房、交通、旅游及跨国交流等,不可避免地与不同级别的政府机构接触与互动。这些接触与互动一方面是不同国家和地区的政府主导的政治文化的传播过程,另一方面也是各界民众尤其是青年民众通过亲身经历参与政治社会化进程,并对政府及各类政治事物、政治认知进行评价并累积政治经验的过程。

实际上,不同国家和地区的政府本身也是包括青年民众在内的各界民众政治社会化的重要机构。作为政治社会化的"利益攸关方",这些政府推动制定的各类政策、法律法规及实施的各类战略规划(如教育、就业、经济发展、社会保障)等,因涉及诸多领域民众的切身利益,往往为包括青年民众在内的各界民众关注,影响着这些民众的政治情感与政治认知。尤其是政府通过社会及各类教育机构等推行的爱国主义教育,其对现行的政治制度、价值观念等的教育、宣传,更多是吸引和增加包括青年民众在内的各界民众的支持与拥护。各级政府推动的诸多重大社会活动、国庆庆典、重大节假日庆祝活动等盛大场面,也对包括青年民众在内的各界民众的政治情感、政治认知与政治态度有较为直接的宣传效果。

需要指出的是,作为现有政治体系、政治秩序的重要象征,与政府密切相关的一些特定的政治符号,包括国旗、国徽、国歌、政治领袖与知名人物的肖像等,具有重要的政治象征意义。这些政治符号在不同国家和地区的政府主导下的政治社会化过程中,往往发挥着政治文化特殊且重要的传递作用。有鉴于此,很多国家通过立法形式对国旗、国歌、国徽等政治符号进行立法,赋予其重要的政治意涵,保护其作为国家象征的重要而特殊的地位。

2.各类社会政治组织也是青年政治社会化的重要途径和媒介

就社会组织而言,其种类繁多,几乎可以涵盖社会、经济、政治、文化、教育、军事等领域。社会政治组织通常可包括政党、社团、工会、职业协会、志愿者协会乃至利益集团等,无疑也是青年政治社会化的重要途径和媒介。这些社会政治组织既是不同国家和地区社会政治环境的构成要素,也是包括青年民众在内的各界民众政治社会化的重要媒介与手段。

作为政治生活中的社会成员为了一定的政治、经济、文化、社会等目的而联合,各类社会政治组织本身可通过不同渠道的各类政治宣传,向包括青年民众在内的各界民众传播具有自身特色的政治认知、政治思想、价值理念等,吸收、接纳和培养包括青年个体在内的各类新成员。加入这些社会政治组织后,这些新成员通常将会与既有成员一道,根据社会政治组织自身的特点与组织水平,共同分享组织化、制度化的社会政治生活,并在其中通过自身的亲身体验,逐步学习和掌握具有所在社会政治组织特点的政治文化,使包括青年民众在内的各类组织成员逐步实现政治社会化进程,学习、继承及创新相应的政治文化。

第六章

第二节　青年政治社会化的影响因素与作用

一、青年政治社会化的个体性影响因素

对青年民众个体而言,其个体除了家庭、学校等诸多媒介的影响之外,政治社会化的诸多因素同样影响到青年民众个体的内在心理机制亦即其内化机制,也会影响到青年民众从"自然人"转变为"政治人"的政治社会化进程。一般而言,对青年政治社会化产生重要影响的个体性影响因素抑或微观影响因素主要包括:

（一）利益因素

利益,通常是指"一定的客观需要对象,在满足主体需要时,在需要主体

之间进行分配时所形成的一定性质的社会关系的形式。是各种社会关系的总和，是以经济关系为基础联结起来的"①。利益因素对不同国家和地区的青年民众来说包括但不限于其政治利益、经济利益、文化利益等，往往涉及青年民众的学习、就业、家庭、婚恋、住房、医疗等，也涉及其薪资福利、卫生保障、父母赡养、子女教育等。

其一，利益因素是青年政治社会化的主要动力。作为包括青年民众在内的社会成员结成政治关系、获得政治知识、参加政治生活、形成政治情感、建构政治思想的、接受政治文化最为主要的原动力，利益在不同阶级、不同阶层、不同年龄、不同社会地位的社会成员中，往往展现出较大的差异性，亦即有不同的利益诉求。

正是在利益诉求的有力推动之下，包括青年民众在内的社会成员逐步进入政治社会化进程，并且试图通过政治社会化而学习更多的政治知识、累积更多的政治经验。凭借这些政治知识、政治经验等，基于自身的诸多利益诉求，青年民众可以根据时代发展和社会现实开展相应的政治参与、政治斗争，最终逐步推动自身的各类政治主张、政治态度和利益诉求的实现。这也意味着，利益实际上也是包括青年民众在内的各界民众政治社会化的基本内容。

其二，利益因素影响青年政治社会化的途径和方式。为了自身利益的实现，包括青年民众在内的各界民众一般会采取相应的政治行为来表达自身的利益诉求。对此，利益又往往影响着甚至确定着包括青年民众在内的各界民众政治社会化的途径和方式。尤其是对不同国家和地区的青年民众而言，其利益诉求表达途径包括在微信、抖音、推特等网络媒体，进行政治倡议、评论政治事件、转发政治资讯等，或者直接在现实社会组织、参与表达青年民众政治诉求的各类游行示威甚至暴力行动等。在利益诉求的表达渠道较为畅通且多样化、多元化时，包括青年民众在内的各界民众的政治参与水平往往相对较高，利益诉求表达也更为社会各界及政府部门及时认知与了解，进而部分接受或者"批判性"采纳。在此背景下，包括青年民众在内的各界民众所采取的各类政治表达、政治行为就会相对温和、渐进。反之，如果各界民众

① 王伟光：《利益论》，人民出版社，2001年，第74页。

尤其是对青年民众而言,其利益诉求的表达渠道十分狭窄或者闭塞,其利益诉求不被重视、久拖不决,则其政治表达、政治行为会较为激进,甚至不排除诸多极端行为,引发所在国家与社会的局势动荡不安。

(二)政治权力因素

作为政治主体对相关政治客体的制约与管束能力,不同国家和地区的政治权力在本质上表现为特定的力量制约关系,在形式上呈现为特定的公共权力,在执行上往往是政府作为最主要的实施者,而司法机构、立法机构对政治权力的执行及其影响同样不容忽视。在 20 世纪,政治行政机构获得了更广泛的决策和立法职责,控制了四处扩张的官僚机器,并日益成为民主政治和媒体关注的焦点,[①]其在经济社会发展中的作用也日益增强,深刻影响着包括青年民众在内的政治社会化进程。一般来说,政治权力从两个方面影响着青年政治社会化:

1.政治权力在社会生活中的具体作用影响青年政治社会化的发展

以不同国家和地区的政府为主要代表的政治权力在具体举措方面,可以通过推动保障青年民众权益的各类政策的制定、法律法规的施行,积极回应青年民众的政治诉求与利益诉求,充分保障青年民众的各项政治权益,包括青年民众的学习、就业、住房、医疗、婚恋等领域。此类具体举措往往可培养青年民众较为积极而正面的政治态度、价值观念等,从而推动青年民众积极、正面、理想的政治社会化进程。反之,不同国家和地区的青年民众的政治社会化进程将会受到较大阻碍,甚至可能引发青年民众的剧烈乃至极端的政治行为乃至暴力运动。

同时,以政府为主要代表的政治权力对社会生活的干预程度也会影响到青年政治社会化进程。作为国家意志的主要体现,以政府为主要代表的政治权力如果对社会生活的干预程度较大,即所谓“大政府”甚至“从摇篮到坟墓”的“福利国家”,则应当肩负起与干预程度相应的社会责任,为包括青年

---

① 参见[英]安德鲁·海伍德:《政治学》(第二版),张立鹏译,中国人民大学出版社,2006年,第 396 页。

第六章

民众在内的社会成员进入社会政治生活提供各种便利条件。这些便利条件包括较为顺畅、多元的政治诉求表达渠道,较为完备、体系化的政治利益保障的法制法规等,这都会对青年政治社会化的发展产生积极影响。反之,则有可能对青年政治社会化进程形成阻碍,导致与青年民众的各类社会矛盾、社会冲突频发。有鉴于此,一些国家和政府往往对包括青年民众在内的社会民众参与政治生活持较为开放、宽松的态度,并通过制定一系列的法律法规对青年民众的各类权益予以保障。

2.政治权力推行的政治社会化政策直接影响青年政治社会化进程

对于不同国家和地区的政治体系而言,要想得以长期维持并不断发展壮大,就必须与其所存在的社会环境进行必要的"能量交换"。这种"能量交换"在"输入"方面主要表现为争取包括青年民众在内的社会各界对其政治制度的普遍认同和支持,而这种"普遍认同和支持正是通过政治社会化来获得的"①。作为政治社会化的主要推动者,不同国家和地区的政治权力本身所推行的有关政治社会化政策,对包括青年民众在内的社会成员获得政治知识、累积政治经验、适应政治生活以及认同政治制度,具有直接而显著的影响。这主要体现在两个方面:

一方面,政治权力所推行的政治社会化政策就整体而言是否符合历史发展规律。从整体上看,政治权力所传播的政治文化及其所维护的政治制度、政治秩序能否实现其政治社会化的战略目标,关键在于其是否符合历史发展的客观规律。如果政治权力传播的政治文化与维护的政治制度、政治秩序等符合历史发展规律、顺应时代发展的潮流,则政治权力推行的政治社会化宏观政策所起到的作用是进步的,是能够较易得到包括青年民众在内的各界社会民众的支持,所涉及的青年政治社会化也能够基本收到相应的成效。反之,如果政治权力违背了历史发展规律,成为反动、落后的代言,则作为政治社会化重要组成甚至是主要组成的青年政治社会化自然也很难收到预期的或应有的成效,最终也难逃被时代和包括青年民众在内的各界民众所抛弃的命运。

---

① [美]戴维·伊斯顿:《儿童的早期政治社会化过程——对民主参政概念的接受》,《国外政治学》,1985年第2期。

另一方面，政治权力所推行的政治社会化政策是否符合自身的具体国情。政治权力散播的政治文化与所推行的政治社会化宏观政策，就其内部而言，需要符合所在国家和地区的国情、民情，且能够协调一致、运转良好。政治社会化需要具体落实到包括青年民众在内的各界民众，而这些民众在现实中往往受长期的历史文化环境影响，有自身特殊的文化传统、风俗习惯。政治权力所传播的政治文化与所维护的政治制度、政治秩序，应积极考虑与所在国家或地区的文化传统、社会现实相适应，从而易于获得包括青年民众在内的各界民众的拥护和支持。反之，如果政治社会化政策与该国或该地区的文化传统、社会现实相背离，使得包括青年民众在内的各级民众产生抵触情绪或者难以接受，则政治社会化政策有可能遭受严重挫折甚至最终失败。

(三)政治权利因素

作为包括青年民众在内的各界公民依法享有的参与国家政治生活的权利，政治权利就其内容而言，主要包括选举权、被选举权，以及能够参加管理国家、担任公职或享受荣誉称号等。政治权利是包括青年民众在内的社会成员在社会政治生活中的法定资格，也影响到青年民众的政治社会化进程。主要包括：

其一，政治权利赋予的政治资格影响青年政治社会化的范围、方式和程度。在青年民众作为社会个体的政治生活中，其政治资格的法定内容、实现方式和实现程度影响青年政治社会化的范围、方式和程度。就青年民众政治资格的法定内容而言，其选举权、被选举权如果有相关的年龄、地域以及任职经验等政治资质的限制，无疑会影响到青年民众自身的政治权利。例如，在一些国家，一般作为公民行使投票权的最低年龄为 18 周岁。这意味着 14~17 周岁的青年民众依照现行的相关法律体系，其政治诉求、政治利益以及政治社会化的实现途径将会受到一定程度的限制。一些国家对担任公职的人员有相应的资质限制，一般包括是否是本国公民，作为移民是否有资格参与竞选公职；对于一些重要的公职，常常有相应的年龄与资历的门槛。如一些国家对担任国家领导人(包括总统、总理或首相)的年龄规定为"年满 40 周岁"。在南非，因其白人政权在 1948 至 1994 年间，曾长期执行种族隔离政策,使得包括黑人青年在内的各界黑人民众的权利受到较大限制。该情况引发南非长期的政治动荡,冲击了南非经济社会的发展。这种限制黑人民众政治权利的不得人心的种族隔离制度最终被时代所淘汰。

其二,政治权利赋予的权利空间影响青年政治社会化的途径和方式。政治权利赋予包括青年个体在内的社会成员各类政治活动和政治实践的可能空间,也对于青年政治社会化的途径和方式产生着重要影响。在现实中,一些国家对于游行示威的管理较为严格,规定了游行示威需要提前申报且有时间要求(如提前 10 天或提前 7 天)以及游行路线、游行人数等。甚至如果游行的主题不予通过或者游行不被批准等情况出现,包括青年民众在内的各界民众如果还要坚持游行示威的话,单就法律层面而言会被视为"违法",往往要依据法律法规受到相应惩处。在此情况下,基于遵守法律法规的价值观念与面临严厉惩处的巨大风险,一些不被批准的游行示威往往可能被迫取消,然而如果包括青年民众在内的各界民众的政治情感、政治态度被法律法规过于压制而无法通过合法的渠道得以表达,则往往有可能引发较大规模的游行示威,即使这些政治行为按现行法律法规属于"非法"行为。

与此同时,在一些国家和地区,对各类游行示威管理相对宽松,申报获得通过的概率较高甚至有些情况下不需要进行申报。在此背景下,包括青年民众在内的各界民众所进行的各类游行示威一般不会有所谓"违法"风险。较之各类法律法规十分严格的国家和地区,此类社会环境下的青年民众,其政治社会化范围相对会更广,其方式相应也会较多以合法方式进行,青年政治社会化的程度也相对较深。

二、青年政治社会化的基础性影响因素

对不同国家和地区的青年民众而言,其政治社会化的基础性影响因素即宏观影响因素,指的是青年民众所在的社会政治环境。这是不同国家和地区的青年民众从"自然人"转变为"政治人"重要的基础性条件。在青年民众的政治社会化进程中,其基础性影响因素亦即宏观影响因素主要包括:

（一）社会经济发展水平

经济基础决定上层建筑。对不同国家和地区而言,其经济发展水平无疑对其上层建筑产生重要甚至是关键性的影响。青年政治社会化作为上层建筑的重要内容之一,同样会受到所在社会的经济发展水平的影响。

1.社会经济的发达程度是青年政治社会化的重要物质基础

如果一个国家或地区的社会经济发展水平较为发达, 或者处在不断稳步提高的过程, 则包括青年民众在内的各界民众相关的基于物质需求的利益诉求就会相对得到较大满足(同时社会财富的平均富裕程度也有相应较高提升),会给青年政治社会化提供较为有利的客观环境和物质条件,"仓廪实而知礼节,衣食足而知荣辱"①。在此情况下,包括青年民众在内的各界民众在学习、就业、住房、医疗、社会保障等领域的基本利益诉求能够得到较大程度的满足, 各类社会矛盾尤其是因经济利益引发的诸多矛盾则往往相对缓和,或者各类社会矛盾因社会财富与政府宏观调控政策的调整逐步"钝化"而逐步缓和、消解,社会政治氛围整体相对宽松,青年民众适当的精力、物力、财力往往消耗在各类社会娱乐与享受现实生活之中。与此同时,从社会发展的宏观角度来看,发达的经济一般可以使政府具备足够的财力、物力进而以适当方式方法平衡各类社会矛盾。相关国家和地区的政府面对巨大的社会压力和政治压力, 通常也有意愿付出一定的经济代价平衡各类社会矛盾、满足包括青年民众在内的各类民众的诸多合理诉求。

实际上,社会经济发展水平较高的国家或地区,大都是经济经过较为长期的快速发展,其"上层建筑"与"经济基础"相互关系也因长时间磨合往往较为协调一致, 包括青年民众在内的各界民众的相关诉求与政治表达渠道通常也较为顺畅。二战后的社会发展也证明,经济水平较为发达的国家较少出现大规模的政治动荡。反之,如果一个国家或地区的社会经济长期处于贫困、落后状态,包括青年民众在内的各界民众在学习、就业、住房、医疗、社会保障等领域的利益诉求十分迫切但无法被政府和社会及时解决, 往往会引

---

① 《史记·管晏列传》《管子·牧民》。

发包括青年民众在内的各界民众的强烈不满，乃至导致相关的游行示威及较大规模的社会运动,给青年政治社会化带来客观上的困难和障碍。

2.社会经济的活动方式影响青年政治社会化的方式和内容

在网络经济时代，不同国家和地区大量的社会经济活动通过虚拟空间进行,并成为线下实体经济的重要补充。在现实生活中,社会经济活动通常是指在一定的社会组织与政治秩序之下，包括青年民众在内的各界民众为自身生存发展而经劳动过程或支付适当代价,以取得及利用生活资料的各类活动。对青年民众个体而言,线上虚拟空间中的政治社会化正在逐步追赶线下真实环境中的政治社会化。以中国特色的"双十一"网络购物节为例。

每年的 11 月 11 日的"双十一购物节",无论提前购物"错峰出行"的淡定一族，还是"枕戈待旦"准备零点秒杀的"剁手党",都在被购物节所席卷、参与这场商业消费变革。2019 年的研究报告显示,消费领域的个性化消费正在崛起,有近九成的消费者愿意尝试购买各类新产品。[1]在网络经济背景下、新的消费人群、消费供给及消费场景开始大量涌现,而青年民众则成为其中的重要力量甚至是主力军。实际上,对于一年一度的"双十一",这场由几个中国单身青年戏谑调侃而成的所谓"单身节"逐步发展起来的电商购物狂欢,已经成为时下青年民众最为追捧的购物热潮,也深刻影响着中国的经济发展模式与经济增长速度。

繁荣的网络经济只是不同国家和地区现实社会经济发展方式的缩影。依托统一的网络协议和网络标准，遍布全球各地的互联网向包括青年民众在内的各国民众提供可靠、便捷的联通渠道与交流平台。互联网及其产生的各类"蝴蝶效应",也影响到青年政治社会化的发展速度与更新途径。为避免包括青年民众在内的各界民众基于互联网冲击乃至"倒逼"所在社会的政治秩序、政治关系、政治制度的正常平稳发展,一些国家已经提出在青年政治社会化的过程中,基于互联网与现实政治建立各类网状机制。这种兼顾网络虚拟社会与现实社会的网状机制尝试引导包括青年民众在内的各界民众之间理性互动、多维互动与交叉碰撞的理性客观发展,稳步扩大其间接政治社

① 参见《"双 11"购物趋势凸显消费变革》,新华网,2019 年 11 月 11 日,http://www.xinhuanet. com/info/2019–11/11/c_138544849.htm,2021 年 10 月 9 日最后查阅。

会化。这种基于网络空间与现实社会相结合的举措实际也会影响到青年政治社会化进程。

(二)社会文化

政治社会化是不同国家和地区的政治文化形成、发展、传递和变迁的过程,而政治文化又是社会文化的重要组成。因此,社会文化对青年政治社会化过程也有重要影响。

1.民族文化背景差异影响青年政治社会化进程

就社会文化而言,尤其是在现代社会,世界各国的社会文化基本都是民族文化。基于不同的地理环境、历史传统、文化习俗等原因,各民族在长期的发展过程中往往形成带有自身特色的思维方式和心理定式,从而影响不同民族文化背景下的青年政治社会化进程。如对青年政治认知而言,面对同样的政治现实、政治现象,其所包括的"理解"环节明显受到民族文化背景的影响和限定。在现实生活中,西方国家民众在结婚时,新娘喜欢穿白色婚纱,因为在西方一些国家的民族文化中,白色象征着纯洁;而对中国民众而言,结婚时的礼服往往是红色的,象征着喜庆。另外,作为东方文明主要代表的中国,其传统世界观是一种没有主权意识、主权观念的"天下"理念,[①]而西方发达国家的世界观则更注重主权个体的所谓"无政府逻辑"。中国的"天下"理念只有距离上的远近和关系上的亲疏,即所谓"服"(抑或"服国")的概念,[②]没有所谓善与恶、对与错、黑与白、正义与邪恶等"二元对立"。此类社会文化差异也会深刻影响到世界各国青年民众对各类政治事物的政治认知,从而影响到青年政治社会化进程。

青年政治情感同样也是受民族文化系统影响的一种社会建构。不同国家和地区的青年个体对政治情感的认知、对政治情感的表达,相关民族文化在其中发挥着重要作用。在我国民族文化的传承中,造就了包括青年民众在内的较为内敛的政治情感,表现为倡导政治情感及其情绪的相对平和、低

---

① 参见赵汀阳:《天下体系:世界制度哲学导论》,江苏教育出版社,2005 年。

② 参见尚会鹏:《伦人与服国——从基本人际状态的视角解读中国国家形式》,《国际政治研究》,2008 年第 4 期。

调、不喜张扬,"先天下之忧而忧,后天下之乐而乐""不以物喜,不以己悲""中庸""知足"。与之相对,西方一些国家的民众往往基于自身民族文化尤其是个人主义,更多强调包括青年个体的感受和情绪的表达,追求"自由",其集体观念意识相对较低。

2.社会文化的历史与现实影响青年政治社会化的内容和进程

包括青年民众在内的各国民众不断创造着自己国家与民族的历史,但这种创造并非随心所欲、天马行空,而是基于从过去继承下来的各类物质基础、经济条件、文化习俗等社会文化的历史与现实,如地理疆域、社会制度、民族传统等,根据时代潮流与经济社会发展进行相应的发展与创造。无论是"直接碰到的"还是继承下来的,都与一个国家或民族的社会文化有着不可分割的联系。

在内容上,每个国家的社会文化都包含着基于其民族与国家历史的光荣与辉煌,以及领土版图、文化传统等长期积淀而成的历史基础,也有基于现实社会经济发展水平、政治发展水平及军事力量发展等现实因素。因此,不同国家和地区的社会文化发展特定阶段上的价值观念、历史记忆等会不同程度影响到青年政治社会化的内容和进程,包括政治认知视角、政治参与模式、政治制度发展状况等。

3.社会文化水平分布不均衡影响青年政治社会化的现实与未来

基于世界各国的总体情况,一般而言,在社会文化水平较高的地域和社会群体中,青年政治社会化的广度、深度和速度往往大于社会文化水平较低的同类对象。这种社会文化水平分布的不均衡,无疑会影响青年政治社会化的现实发展与未来走向。

在社会文化水平较高的地域中,如一些国家的港口城市或者贸易中心,在政治社会化方面存在若干特点:①这些地域的"经济基础"与政治制度、行政管理等"上层建筑"的实际运作往往磨合较好,其经济发展水平也较高,包括青年民众在内的各界民众的生活水平一般也有较高水准;②这些地域包括政治参与、政治权利等相关法律法规或者法治观念、政治惯例等较为开明,"仓廪实而知礼节,衣食足而知荣辱"。因此,在此类地域,包括青年民众在内的各界民众的文化知识与政治认知、价值观念等往往也得以有效提升自身的水平。与此同时,和社会文化水平较高的地域相应,社会文化水平较高的社会群体同样往往也意味着更多的文化知识、较好的经济地位与较高的生活质量,以及较高的社会地位与政治影响力,其自身的政治利益、政治诉求通常也能较好地通过各类政治表达渠道而得到不同程度的满足。

从宏观来看,这种社会文化水平较高的地域与社会群体,实际意味着其自身与经济社会发展水平较高、政治管理磨合较好等因素存在"正向伴生关系"。在此类相关地区或包括青年民众在内的相关社会群体,政治体系、政治制度等实际运行通常较为顺畅,其合法性则因该地域或该社会群体的民众支持与拥护而较为稳固。如果这种地域能逐步向所在地区和国家拓展,或这种社会群体能向其他群体及整个社会不断拓展——即提升全国各地和全体民众生活水平、教育文化水平、政治管理水平等,则通常会加强现行政治体系、政治制度的合法性,巩固政府的执政地位。作为有意识地将政治知识、政治价值和政治习惯进行反复灌输的过程,基于较为稳固的合法性基础,面向该地域或该社会群体的政治社会化及青年政治社会化往往能较为顺畅地展开,且稳固的合法性也意味着"制度优势"及"制度完整"权威较高。"任何社会为了能够存在下去,都必须紧紧围绕保持其制度完整这个中心,成功地把思想方式灌输进每个成员的脑子里"[1],青年政治社会化的开展也因此具有较为有利的制度优势与道义优势。与之相反,在社会文化水平较低的地域和社会群体中,青年政治社会化的广度、深度和速度通常相对较低。

(三)政治事件

在现实社会的政治发展历程中,一些政治事件尤其是重大政治事件往往对所在国家和地区乃至世界范围内产生影响和冲击,不单深刻影响到所在国家和地区的政治经济发展,也会深刻影响青年民众的政治认知、政治态度、政治思想、价值观念,并对其青年政治社会化的内容、途径、速度产生不同程度的影响,成为青年民众政治社会化的"催化剂"。对不同国家和地区的各类政治事件而言,其对青年政治社会化的影响。主要体现在两个方面:

---

[1] [美]安东尼·奥罗姆:《政治社会学》,张华青、孙嘉明译,上海人民出版社,1989年,第317页。

1.就过程而言,政治事件会"催化"青年政治社会化的进程

不同国家和地区的政治事件的产生和发展,往往会对所在社会的政治现实形成冲击,并借助报纸、杂志、网络媒体、学校、家庭以及政府等各类传播渠道与社会化媒介,在包括青年民众在内的各界民众之间迅速传播,容易成为所在社会关注的焦点,甚至通过国际新闻媒体的报道而成为国际社会关注的热点。在此过程中,基于不同国家和地区的政治事件的重要性、突发性、复杂性,此类政治事件往往在短时期内给包括青年民众在内的各界民众以较强的"政治刺激"。这种"政治刺激"自身所带有的重要政治动员作用通常是其他政治社会化媒介无法比拟的,也成为青年民众学习政治知识、参与政治生活的"催化剂"。不同国家和地区的青年民众所在的国家和社会中的各种政治态度、政治思想和政治矛盾等,往往会因相关政治事件"催化"而比平时更迅速、更充分、更全面地显示或爆发。在此背景下,不同国家和地区包括青年民众在内的各界成员往往可更深刻、更全面地从中认知各类政治关系及政治矛盾,获得更多的政治知识,为形成更为坚定的政治态度、政治思想累积经验与教训。

与此同时,重大事件尤其是重大政治事件往往在短时期"催化"不同国家和地区社会整体的政治文化,进而产生较为急剧甚至是彻底的改变。较之日常潜移默化的政治文化的发生、发展及传承过程,政治事件尤其是重大政治事件对青年民众所在国家或地区的政治文化的"催化"影响具有急骤性、历史性、全面性等特点。这种作用和影响通常要在政治事件发展到末期、事件结果基本显露出来之后才逐步展示,因此就青年政治社会化进程而言,政治事件的"催化"作用还具有一定的滞后性特点。

2.就效果而言,政治事件会"反哺"青年政治社会化进程

不同国家和地区的政治事件尤其是重大政治事件,往往和国家利益、社会整体利益以及包括青年民众在内的部分社会群体的公共利益息息相关,进而使国家利益和青年民众等社会群体形成密切关联。面对政治事件,不同国家和地区包括青年民众在内的各界民众通常会基于自身已有的政治认知、政治思想、价值观念等产生相应的政治态度,进而引发相应的政治参与。"政治参与是最有效的一种政治社会化方式,它通过刺激、动员、诱导人们参

加政治生活实践,来帮助人们燃起政治热情,感受作为一个政治体系成员的权利、义务和责任。"①这种政治参与介入政治事件过程或作为政治事件的阶段性反应,往往成为不同国家和地区的各类政治事件的有机组成,影响所在国家和地区的政治现实、政治关系。政治事件的结果通常对包括青年民众在内的各界民众的政治认知、政治思想、价值观念形成"反哺",进而影响、调整相关的政治体系、政治制度及其政治文化。简而言之,以政治事件尤其是重大政治事件为契机,相关国家、社会或与之相关的包括青年民众在内的社会群体,通常会形成深刻的具有"反哺"作用的"集体政治实践"。

"天灾无情人有情"。在 2008 年汶川地震造成的重大自然灾害面前,各类舍己救人的英勇事迹、甘于奉献的志愿行动,激发了中国各界民众尤其是青年民众超常的精神力量,凝结而成伟大的抗震救灾精神,并"反哺"包括青年民众在内的政治社会化。据统计,受灾地区累计接受志愿者报名 118 万余人,有组织地派遣各类志愿者 18 万余人;②在各类志愿者中,青年民众占据大多数。面对地震灾害,以青年民众为主体的救灾英雄和青年志愿者们以自己的无私奉献书写着人间大爱,守望相助,凝聚同心,共筑中国梦,进而对整个中国的青年政治社会化形成积极影响。

(四)媒介作用方式

青年政治社会化媒介如果能够发挥其应有的效用,即能够有效传播政治知识、政治情感、政治态度、政治思想、价值观念等内容,则会增加青年政治社会化的强度、广度和深度;反之,则会影响乃至削弱青年政治社会化的相关效果。在青年政治社会化过程中,不同国家和地区的各类媒介实现其青年政治社会化功能主要有两种方式:

1.青年政治社会化媒介发挥政治信息传播功能,吸引各界民众关注,影响青年政治参与

不论是家庭、政治实践、朋辈群体等青年政治社会化的微观媒介,还是

---

① 马振清:《当代政治社会化基本理论》,九州出版社,2017 年,第 224 页。

② 参见《新华社评论员:中国力量铸就重建奇迹——写在汶川地震十周年之际》,新华网,2018 年 5 月 11 日,http://www.xinhuanet.com/politics/2018-05/11/c_129870070.htm,2021 年 9 月 15 日最后查阅。

学校、大众媒体、社会政治环境等青年政治社会化的宏观媒介,都具备传播或报道各类政治事件、政治人物等媒介功能。青年政治社会化的各类媒介可向包括青年民众在内的各界民众传递各类政治信息与新闻资讯,吸引其对相关政治事件、政治人物的关注与评论,进而影响所在国家和地区社会舆论的动态发展,也会引发包括青年民众在内的各界民众的各类政治行为、政治参与。尤其是对不同国家和地区的政府而言,其可以通过大众媒介、学校、社会政治组织等渠道与包括青年民众在内的各界民众就各类政治事件、政治现象进行不同途径、不同层次的政治沟通,使包括青年民众在内的各界民众了解政府的相关政治态度、政治决策。实际上,不同国家和地区的政府本身就是归属社会政治环境的宏观媒介,也可通过诸多渠道和途径发布各类新闻资讯、政策举措,影响青年民众政治态度、政治认知,进而影响青年政治社会化进程。如在欧美等国家和地区,其政治领导、政党、政治机构及利益团体等,经常举行名目繁多的各类新闻发布会、"吹风会"、招待会、座谈会来公布自身的各类政治见解,引导政治舆论和社会民意的走向。

20世纪以来,广播、电视、网络等传媒形式逐步被各国各地区广泛使用,大众传媒对相关社会政治生活的影响以光学声像的速度和规模,逐步拓展到世界各个地区,辐射到不同国家民众生活的各个层面。对青年政治社会化而言,不同国家和地区的大众传媒在散播、传递各类政治信息与新闻资讯时,凭借其作为新闻传媒的专业性、快捷性、大众性,正在青年政治社会化进程中发挥越来越重要的作用。实际上,不同国家和地区的各类大众传媒已经成为具备政治功能的"透视镜",作为所谓"第四权力"直接参与和影响这些国家和地区各界民众的政治生活。不同国家和地区的青年民众通过广播、电视、网络等大众媒体及时、快捷地获取各类政治信息与新闻资讯,观察和体验社会生活、政治生活的各个方面,也直接作为参与者进行各类政治参与,推动着青年政治社会化进程不断深入发展。

2.青年政治社会化媒介通过政治信息的散播与传递,附带自身的政治态度及价值观念,影响青年民众的政治认知

无论是家庭、政治实践、朋辈群体等青年政治社会化的微观媒介,还是学校、大众媒体、社会政治环境等青年政治社会化的宏观媒介,在散播或报

道各类政治信息与新闻资讯的同时，往往无意或有意识地附带传播着这些媒介自身对各类政治事件、政治人物、政治思想的政治态度和价值观念。在世界各国的政治生活中，作为青年政治社会化的对象，青年民众时常处于各类政治社会化媒介的包围之下，长期受到此类政治社会化媒介对其学习、工作、生活以及旅游、交通、餐饮等方面的深刻影响。从不同国家和地区的政府首脑到基层普通公务人员，从太空的科学空间站到海边的度假胜地，从先进喧嚣的繁华都市到静谧蛮荒的偏僻乡村，广播、杂志、报纸、电视、网络等大众传媒对不同国家和地区的包括青年民众在内的各界民众的影响几乎可以说是无处不在。然而正是基于政治社会化媒介的重要作用，此类媒介自身的各种活动必然受到来自不同阶级、不同阶层、不同社会地位、不同行业、不同利益集团等不同程度的影响。在国际政治现实中，西方国家标榜的所谓"客观""公正""新闻自由"等并非绝对的，其所影响和掌控的大众媒体对新闻事件的报道也是有选择性的，有时甚至是反差强烈的"双重标准"。

对于青年政治社会化的各类媒介尤其是大众传媒而言，其对所在国家和地区政治生活的深度介入实际上为青年政治参与提供了不同的渠道。青年民众可以通过大众传媒、学校、社会政治组织以及家庭等媒介，展示自身对各类政治事件、政治现象的看法和立场，表达对各类政府政策的政治态度和政治认知。这种展示与表达通过各类媒介也对相关学校、社会政治组织、政府等社会机构的各类民众以及家庭成员产生了不同程度的影响，其"在当代政治思想教育中扮演了重要的角色"[1]。

三、青年政治社会化的类型

就青年政治社会化的类型来说，因青年政治社会化过程实际贯穿青年民众人生的整个青年阶段，并成为伴随其一生的政治社会化的有机组成，所跨越的时间较为漫长、牵涉的社会关系繁多，存在因划分标准不同导致青年

① ［美］安东尼·M.奥勒姆：《政治社会学导论——对政治实体的社会剖析》，董云虎译，浙江人民出版社，1998年，第370页。

政治社会化出现类型繁多现象。综合来看,依据一些较为权威的划分方式,青年政治社会化的类型主要包括:

(一)按照青年政治社会化所处的政治形态划分

青年政治社会化通常是在一定的政治形态之下进行的,不同国家和地区的政治形态也给处于其中的青年政治社会化打上自身的深刻烙印,导致不同政治形态的青年政治社会化存在诸多差异。基于青年政治社会化所处的政治形态,不同国家和地区的青年政治社会化可以划分为简单政治体系的青年政治社会化、专制政治体系的青年政治社会化和民主政治体系的青年政治社会化。其中:

简单政治体系的青年政治社会化,就其总体而言,通常是古代奴隶制政治体制的政治形态,统治阶级为奴隶主阶级,宣扬和散播、传承的主要是奴隶主阶级的政治意志和政治文化。该体系的青年政治社会化维护的主要是奴隶主阶级的统治地位和统治利益。

专制政治体系的青年政治社会化,通常是封建政治体制的政治形态,统治阶级为地主阶级、农奴主阶级或封建贵族阶级,宣扬和散播、传承的主要是地主阶级、农奴主阶级或封建贵族阶级的政治意志和政治文化。

民主政治体系的青年政治社会化,通常分为两类:①资本主义的政治形态,统治阶级为资产阶级,宣扬和散播、传承的主要是资产阶级的政治意志和政治文化。这种资本主义的青年政治社会化,维护的主要是资产阶级的统治地位和统治利益,较封建社会而言有一定程度的进步性,但同时存在针对无产阶级的各类剥削与压迫,因而也有其落后性。②社会主义的政治形态,统治阶级为无产阶级,宣扬和散播、传承的主要是无产阶级的民主意志和政治文化。就社会主义的青年政治社会化而言,维护的主要是以无产阶级为领导的占据社会成员绝大多数的广大人民群众的统治地位和统治利益,代表着先进社会生产力发展的主要方向。这与资本主义的青年政治社会化在政治制度等方面存在本质区别。

（二）按青年政治社会化的实施方式划分

青年政治社会化的实施方式，通常是指传播各类政治信息的各种政治社会化方式方法，以及相关的政治信息是否直接指向固定的政治对象。依据其实施方式的不同，青年政治社会化可以划分为直接的青年政治社会化和间接的青年政治社会化。

直接的青年政治社会化，指不同国家和地区的学校、政府等社会性机构，运用学校政治教育、政府政治宣传、社会政治宣讲等较为直接的甚至带有强制意味政治社会化方式来推行政治知识、政治文化的散播与传递。

间接的青年政治社会化，所谓"间接"通常是指青年政治社会化所传播的各类政治文化内容并非完全政治性的，但能发挥重要的政治辅助作用，倡导而非强制不同国家和地区的青年民众形成一定的政治思想、政治态度和价值观念。

（三）按青年政治社会化的传递方式划分

就其传递的方式而言，通常可从社会控制论和政治心理学等学科角度出发，将青年政治社会化归纳为明示方式、暗示方式、强制方式，[1]即明示方式的青年政治社会化、暗示方式的青年政治社会化、强制方式的青年政治社会化三种类型。

明示方式的青年政治社会化通常是指政治社会化过程中采用较为直接的方式，不同国家和地区的青年民众可以公开交流有关政治知识、政治态度和价值观念等，包括政府和政治体系认可和支持的各类思想教育、公民教育、爱国主义教育等，以及与之相应的政治参与、政治实践等。

暗示方式的青年政治社会化主要是政治意味较少或非政治的各类知识、态度、情感、认知等在不同国家和地区的青年民众之间传播，一般采取较为间接、自愿或潜移默化的方式，隐含在诚信教育、社会习俗、文化传统、生活礼仪等政治意味较少的途径和渠道之中。

---

① 参见高峰：《美国政治社会化研究》，首都师范大学出版社，2004年，第167~174页。

　　强制方式的青年政治社会化往往借助某种强制性的政治力量，要求不同国家和地区的青年民众作为所在社会政治社会化的对象，必须接受占据社会主流地位或统治地位的各类价值观念、政治思想，带有浓重的强制意味。该过程一般通过中长期的专项政治教育或者短期的强制性灌输进行。

(四)按青年政治社会化的传递方向划分

　　按照青年政治社会化的传递方向，不同国家和地区的青年政治社会化可以分为正向的青年政治社会化、逆向的青年政治社会化。

　　就正向的青年政治社会化而言,通常是指在青年民众的儿童时期、学生时期,家庭、学校等因为具备更多政治知识、政治权威,自上而下地向青年民众传播各类政治知识、政治态度的政治社会化过程。

　　逆向的青年政治社会化,一般是与正向的青年政治社会化相对,包括在家庭、学校等社会性组织与机构,由具有政治知识较为广博、政治态度较为鲜明、价值观念较为先进高尚的青年晚辈(包括青年学生),自下而上传递给年龄相对较大、资历较为丰富、辈分较高的各界民众。

　　另外,还有若干种划分方式,不一而足,包括:①按青年政治社会化的内容划分：可将青年政治社会化大体上划分为三类，即认知的青年政治社会化、情感的青年政治社会化、评价的青年政治社会化。②按政治社会化的结果划分:可分为理想的青年政治社会化、失调的青年政治社会化两类。理想的青年政治社会化通常是指按照政治体系的预期构想与政治需要，设定较为理想的政治角色，并根据角色的目标要求，通过较为整体化一的固定程序,逐步开展各类培养、培育过程。失调的青年政治社会化则与之相反。③按青年政治社会化的媒介关系划分：可划分为一致的青年政治社会化和不一致的青年政治社会化两类。作为青年政治社会化的传播媒介(包括家庭、社会实践、大众媒体、社会政治环境等),如果能协调一致,总体向同一方向相向而行,则有助于青年政治社会化的实现;而各类媒介各自为政,甚至所传播的各类政治信息自相矛盾,则会损害青年政治社会化进程。④按青年政治社会化的政治文化结构划分:基于政治文化的结构,可分为传播主流政治文化的青年政治社会化、传播政治亚文化的青年政治社会化两类。传播主流政治文化的青年政治社会化因其与大多数社会成员所认可和支持的主流政治文化密切关联,相关青年民众可更容易融入相应的社会体系与政治体系。传播政治亚文化的青年政治社会化因所传播的政治亚文化较为"小众",经常局限在规模较小的社会族群或者所谓"圈子"中,甚至引发社会矛盾和冲突。

四、青年政治社会化的作用

作为社会个体政治社会化的有机组成,青年政治社会化发挥着承前启后的重要作用,贯穿青年民众人生的整个青年时期。同时,青年政治社会化所累积的各类政治知识、政治经验等,也将深刻影响着青年群体所在的国家与社会的政治体系、政治制度及其政治发展。因此,青年政治社会化的作用十分重要。

(一)青年政治社会化微观层面的作用

对于不同国家和地区的青年民众而言,青年政治社会化通常包括训练能够满足政治系统需求的青年个体,推动青年实现"政治人格的形成、完善与自我的形成和发展"[1],以及"政治角色的学习及扮演"[2]。

1.青年政治社会化推动青年个体学习各类政治知识

各类政治知识是青年民众所在国家和社会的政治生活的经验总结,也是有关政治活动的诸多政治信息。从社会成员的个体层面来说,了解和掌握必要的或基本的政治知识,既是不同国家和地区青年民众参与各类政治生活的前提与基础,也是青年民众作为社会个体在各类政治关系中发挥自身政治作用的内在要求。不同国家和地区的青年民众这种有关政治知识的学习是青年政治社会化的重要内容与功能。总体来看,青年时期是青年民众作为社会个体,从幼小不断成长进而达到一定年龄而取得公民资格并逐步发挥自身政治作用的重要人生阶段。青年政治社会化则作为青年民众学习与掌握政治知识和政治技能、认识政治现象不可或缺的重要过程。

---

① [美]阿尔蒙德、小鲍威尔主编:《当代比较政治学:世界展望》,商务印书馆,1993年,第50页。
② 肖滨主编:《政治学导论》,中山大学出版社,2009年,第307页。

在家庭、学校、大众传媒、朋辈群体、社会政治环境等青年政治社会化的诸多媒介中,青年民众学习各类政治知识最为专业、最为系统、最为全面的常常是学校。质言之,在青年政治社会化进程中,作为社会个体,青年民众对各类政治知识的学习,逐步提升自身的政治认知,加大自身的政治参与,塑造自身的政治态度,累积自身的政治经验,加强自身的政治素养,最终融入错综复杂的现实政治生活中。各类政治知识的学习有助于青年民众政治心理和政治思想的产生、发展和成熟,推动青年个体各类价值观念和政治人格的形成,并推动青年个体从"自然人"逐步成长为"政治人"。

2.青年政治社会化推动青年个体政治人格的形成和发展

对青年个体而言,其政治人格即"政治自我"的形成,是青年民众作为社会个体在政治上逐步成熟的重要标志, 也标志着青年民众在政治生活中最为基本的政治态度、政治情感及价值观念的初步形成。青年民众政治人格的构建正是通过青年政治社会化进程而逐步形成与发展的, 因此青年政治社会化无疑也是青年个体政治人格的形成过程。

青年政治社会化虽然赋予青年个体以特定的政治人格和政治能力,使之适应参与乃至改造社会政治生活,但这种适应无疑是动态的、双向的;青年个体也在这种参与及改造社会政治生活的过程中, 不断调整和完善着自身的各类政治知识、政治态度、政治情感、价值观念。在现实社会中,青年民众作为社会个体,其政治人格的形成不仅会受到家庭、个人体质、个人气质等先天因素影响,也往往同其作为社会个体,在相关政治知识的学习、政治实践的锻炼等后天的个体选择密切相关。

作为政治社会化的重要组成,不同国家和地区面向青年个体的青年政治社会化需要衔接青年个体的童年与少年(0~13岁)、青年(14~40岁)、中老年(41岁及以上)等不同时期,而青年个体的政治人格实际上在童年时期就已经开始萌芽。在政治人格的形成过程中,通过家庭、学校、大众媒体、社会政治环境等政治社会化媒介,不同国家和地区的青年民众被灌输相应社会的政治文化, 并随着青年个体的成长逐渐接受并内化为特定政治体系的政治知识、政治思想、价值观念。与此同时,青年民众也通过对相关政治制度、政治体系、政治人物、政治事件的认知,形成相应的政治态度、价值观念,进而逐

第六章

步外化成自身的政治行为模式,扮演着该政治体系中所需要的政治角色。正是通过对政治知识的学习和政治实践的锻炼,不同国家和地区的青年民众在青年政治社会化进程中得以不断累积政治知识、政治经验与价值观念;其最终形成的政治人格即"政治自我",无疑也是青年政治社会化重要的标志性成果。

(二)青年政治社会化宏观层面的作用

从政治体系的宏观层面来讲,不同国家和地区的青年政治社会化是影响政治体系是否正常运作与繁荣发展的关键因素之一。

1.青年政治社会化维持与发展特定的政治体系

对不同国家和地区的某种政治体系而言,如果要长期而稳定地维持,它必须与所在的社会环境之间进行必要的"能量交换"。该"能量交换"在"输入"方面主要表现为求得社会成员对其政治制度和政治体系的普遍认同和支持,而此类认同和支持正是通过政治社会化获得的。不同国家和地区的包括青年政治社会化在内的整个社会成员的政治社会化是对相关政治体系所认可与支持的政治文化、政治制度、价值观念的继承与创新的有机统一。在青年政治社会化过程中,不同国家和地区的政治体系为巩固自身的合法性基础,维持其政治统治的正常运行,通常根据自身的文化特点和现实需要而采取各类措施,这包括借助学校、大众媒体、政治实践,以及包括政府主导下的社会政治环境、家庭等各种手段和途径,向包括青年民众在内的社会成员传播甚至灌输占据社会主流地位的各类政治意识(如爱国主义、社会正义)及相关的政治思想、政治情感、价值观念。这就阶段性完成了所谓"任何社会,为了能生存下去,必须紧密地围绕保持其制度完整这个中心,成功地把思想方式灌输进每个成员的脑子里"①。

经历了某种政治体系的诸多政治教育和实践训练,不同国家和地区的青年民众作为社会个体往往会大体遵循该政治体系的基本准则,拥有该政治体系期望的政治知识、政治思想、价值观念等,因而通常会成为该政治体

---

① [美]安东尼·奥罗姆:《政治社会学》,张华青、孙嘉明译,上海人民出版社,1989年,第317页。

系的支持者、维护者。这些青年支持者和维护者逐步累积起来,量的积累产生质的转变,其青年个体的政治认识、政治情感和价值观念等最终会引发社会整体环境相应的发展、演变,从而保障该政治体系的稳定、存在及发展。反之,有可能会干扰甚至危及不同国家和地区的青年政治社会化的整体进程,导致该政治体系各类不稳定状况此起彼伏,甚至发生规模不等的社会骚乱与政治动荡。

2.青年政治社会化传承与发展相应社会的政治文化

政治社会化的重要功能之一就是政治文化的传递、维持与变迁。①鉴于政治文化自身并不能依靠自然遗传的方法传承,因此前人创造的各类政治文化成果只有通过家庭、学校、大众传媒、社会政治环境等政治社会化媒介才能被作为后代的青年世代所接受与继承,并逐步散播与传扬。在此过程中,青年民众作为社会成员的重要组成部分,也作为社会个体,通过家庭、学校、大众传媒、社会政治环境、政治实践等政治社会化媒介,学习现实政治体系所认可、支持的各类政治文化,并结合自身对政治知识、政治事件、政治制度及价值观念等,逐步将其内化为自身的政治人格。这种对相关政治文化的传承、维护,由青年个体不断汇聚,形成青年民众的群体效应,并作为社会成员的重要组成部分,带动其他社会群体对相关政治文化的接受、认同与传承,从而逐步稳健政治文化的存在,维护政治体系的稳定。

需要指出的是,不同国家和地区的青年民众所要传承与维系的政治文化并非一成不变,而是通过社会的教化、媒介的传播和青年民众作为社会个体的政治实践而不断发展与创新,这实际是一个动态过程。当政治体系遇到重大变革、重大事件(如震惊世界的"9·11"恐怖袭击事件),或者所在社会的生产力获得新的发展甚至飞跃时,政治体系所支持和认可的政治文化通常也会做出相应调整。而当社会生活随着时代发展产生诸多重要变化(如微博、微信的使用与智能手机的普及),往往也会在政治文化中得以体现。作为社会成员的重要组成部分,青年个体也常常根据自身对政治文化的理解、时代发展的诸多特点以及青年民众自身的活力,对政治文化做出一定程度的创

① 参见肖滨主编:《政治学导论》,中山大学出版社,2009年,第307页。

新,推动所在国家和地区政治文化整体的创新与发展。

3.青年政治社会化整合社会政治资源、推动社会政治发展

各类政治知识、政治思想、价值观念及各类政策方针等,通过不同国家和地区的各种政治社会化媒介被不断传达和灌输,包括青年民众在内的各界民众容易受到影响乃至最终接受,进而作为社会个体的价值观念、政治思想、政治人格等的有机组成,内化为其社会个体内在的、稳定的政治思想、价值观念等行为规范和思维结构。在此过程中,青年政治社会化逐步实现其政策方针、政治主张向青年民众个体及群体的散播、传递,进而获得青年民众形式不同、程度各异的理解与支持,推动所在社会的政治体系整合、优化更多的政治资源,推进政治体系的繁荣稳定与未来政治的健康发展。

鉴于政治体系自身与政治文化之间存在密切关联,不同国家和地区政治体系的繁荣与稳定不但需要相应的政治文化作为重要支撑,还要求此类政治文化能随政治体系的演变而不断创新与发展。鉴于这种关联通常是通过政治社会化予以实现,因此作为政治社会化重要组成的青年政治社会化也与之紧密相关。当政治制度有了充实、调整、发展甚至变更,需要通过包括青年政治社会化在内的政治社会化改变旧有的政治文化,进而建立起与新政治制度、新政治体系相适应的新政治文化。同时,不同国家和地区如果要实现政治制度、政治体系的发展、变革甚至引发重大社会革命,往往需要先行调整相应的政治文化,凝聚包括青年民众在内的各界民众的政治共识,以作为各类变革乃至革命的前提和基础。如果能获得包括青年民众在内的社会主流民意的支持与拥护,通常可为后续的各类政治变革与政治发展累积坚实的社会民意基础与政治思想基础,从而逐步推动政治体系、政治制度的发展与变革。

思考题

1.何为青年政治社会化? 其含义包括哪几个方面?

2.青年政治社会化的实践性主要表现在哪几个方面?

3.如何理解政治实践是实现青年政治社会化的重要途径,青年民众参与各类政治实践,需要具备哪些基础条件?

4."朋辈群体"其自身显著的特征有哪些?学校、大众传播工具、社会政治环境作为青年政治社会化的重要媒介,其各个侧重点各有什么不同?

5.影响青年政治社会化的个体性因素有哪些?如何认识政治权力因素对其造成的影响? 青年政治社会化的类型又包括哪些内容?

6.社会经济发展水平、社会文化、政治事件、媒介作用方式作为影响青年政治社会化的因素,各有什么不同? 青年政治社会化又发挥哪些作用?

第六章

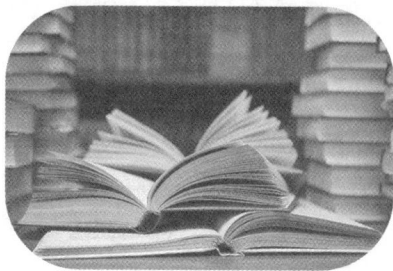

第七章
青年政治发展

本章教学目标:

    通过本章的学习,使学生认知青年政治发展的相关基础知识,具备辨析青年政治与政治发展不同关联类型的基本能力,强化分析青年政治与政治革命、政治改革、政治民主等彼此关联的综合素质。

本章教学基本要求:

    了解:青年政治发展的基本概况;

    理解:青年政治发展的历程、类型划分与关联;

    掌握:青年政治发展不同类型的关联特点。

第一节　青年政治与政治变革

一、青年政治与暴力革命

(一)政治革命的意涵

"革命"概念本身由来已久。在中国古代典籍中就有"革者,改变之名也"①。历史记载的中国第一次"革命"是成汤代夏桀的"民主"革命,②所谓"汤武革命,顺乎天而应乎人"③。这里的"革"即变革,"命"即天命,因古代认为天子受天命,故更替朝代,二字连用以为"革命",指的是实施社会变革以顺应所谓"天命",即从神权政治出发的"革命"意涵。在西方,"革命"(revolution)一词源于天文学,原意指宇宙中的相关星体在自身的运行轨道上旋转一个周期后,回到最初的出发点,往往引发一些不确定的天文现象。古希腊、古罗马也曾有学者用类似的词汇描述人世间的政治动荡。"革命"作为政治术语首先被意大利人在 15 世纪末用来描述政治现象,通常指用暴力推翻政治统治而改朝换代。近代以来,随着时代的发展,"革命"一词的意义有所扩大,常用来形容社会领域或思想领域发展过程中产生的深刻转变,如辛亥革命、土地革命、文学革命、产业革命、绿色革命、科技革命等。

革命如果发生在政治领域即为各类政治学研究中的政治革命。对于政治革命,通常是指在不同国家和地区社会利益诸多矛盾尖锐对抗的基础上,社会政治力量为变更政权和社会利益关系而反抗旧有政治权力与政治统治的各类政治活动。政治革命一般又可分为暴力革命与非暴力革命两个主要

---

① (唐)孔颖达:《周易正义》。

② 参见《尚书·多方》。

③ 《周易·革卦·彖传》。

类型。

暴力革命通常采用流血政治斗争、武装斗争乃至战争方式,用武力打碎各类旧的国家机器(即军队、警察等武装力量和机关),推翻旧有的统治阶级、统治阶层或统治集团的政治统治,并建立一整套新的政治秩序、政治关系或政治制度。对无产阶级革命而言,其既是政治革命,也是社会革命,是与旧制度的彻底决裂,是对整个社会关系乃至社会中的每一个人的全面、彻底的改造。对此,马克思主义认为:"无论为了使这种共产主义意识普遍地产生还是为了达到目的本身,都必须是人们普遍发生变化,这种变化,只有在实际运动中,在革命中才能实现,因此革命之所以必需,不仅是因为没有任何其他的办法能推翻统治阶级,而且还因为推翻统治阶级的那个阶级,只有在革命中才能抛掉自己身上一切陈旧的东西,才能建立新社会的基础。"①因此,政治革命是"社会进步和政治进步的强大发动机"②。在现实社会中,世界各国的政治革命大多数是暴力革命。

(二)青年政治与暴力革命

在政治革命及暴力革命进程中,青年民众作为社会成员的重要组成,也是最具活力和革命激情的社会群体,通常是各类政治革命与暴力革命的先锋力量与主力军。一般来说,社会财富的分配不均,社会两极分化的日益加剧,包括青年民众在内的各界民众社会生活的恶化乃至极度贫困化,往往会激化不同阶级、不同阶层及不同利益集团的各类矛盾、冲突和对抗,进而引起社会生活中不同程度的政治危机、经济危机、社会危机或意识形态危机。当诸多危机导致的各类社会矛盾日益激化时,就容易引起政治革命乃至暴力革命。

在各类政治革命以及暴力革命中,青年民众常常是其各类政治革命的先锋与主力。这是由青年民众自身的两个重要特点所决定的:

1.青年民众作为社会成员的重要组成,是各类政治革命中的利益相关方

作为社会成员的重要组成,青年民众有自身的各类诉求与权利,其公共

---

① 《马克思恩格斯全集》(第3卷),人民出版社,1995年,第78页。

② 《马克思恩格斯全集》(第1卷),人民出版社,1995年,第512页。

利益诉求及政治权利主要包括国家安全、社会稳定、经济繁荣等,其个人利益诉求及政治权利主要包括求学、就业、住房、社会福利、医疗卫生、职业发展等。从某种程度上来说,青年民众的利益诉求与政治权利也可简化或概括为"衣食住行"或"生存与发展"等内容。在现实社会中,如果社会矛盾日益激化,作为社会成员的重要组成,青年民众的各类利益诉求及政治权利往往受到波及,不可能独善其身或置身事处,更何况青年民众有时候还是各类革命的发起者或者导火索。

一般而言,各类政治革命往往会引发青年民众自身利益与统治阶级、统治阶层或统治集团的利益矛盾与冲突:一方面,作为被统治阶级的青年民众,因其所涉及的人数众多,其利益诉求与政治权利如果受到较大损害,产生的通过革命改变现状的斗争愿望更为强烈,其具有的革命影响力也更为巨大,"民不畏死,奈何以死惧之"[①];另一方面,即使是作为统治阶级的青年民众,也会因惧怕革命的风潮可能损害其根本利益诉求与核心政治权利,往往迫于国内外政治形势,采取各类举措避免社会动荡、稳定政治局势。

2.青年民众作为最具生理和心理活力的社会成员,也最具革命斗争的激情与热情

基于与敌对势力展开激烈交锋而具有强有力的身体等生理性特征,作为社会成员中最具活力和激情的社会族群,青年民众也是暴力革命中进行各类战争或流血斗争的武装力量(如军队、警察以及民兵、游击队等各类武装组织)的主力。尤其是对于被统治阶级的青年民众,其所涉及的人数众多,利益诉求与政治权利受损往往十分严重,且通常会在同属于被统治阶级的家人、朋友等支持之下,斗志昂扬冲在最前,成为各类政治革命的先锋和主力。

历史上的各类革命,通常都是由相关进步阶级或进步人物领导,以青年民众为主体的军事力量为主力,通过暴力方式实现的政治革命,因而也涌现了大量的青年英雄人物。近年来,在一些国家爆发的各类带有"颜色革命"意味、导致社会动荡不安的形形色色的所谓"革命",其先锋和主力通常也是青年民众。

---

① 《老子·第七十四章》。

二、青年政治与非暴力革命

社会革命的主要形式是暴力革命，但暴力革命并不是实现政治革命的唯一方式。当革命的力量占据较大优势甚至绝对优势，国际国内环境大大有利于革命阶级或革命阶层，旧的统治阶级或统治阶层的力量相对受到较大的削弱而难以与革命力量进行对抗时，非暴力革命一定程度上就成为可能。恩格斯曾就"能不能用和平的方法废除私有制"的问题做出了"但愿如此"的回答;[①]在马克思晚年，随着西欧各国民主制度的发展，也认为在像美国、英国和荷兰那样的国家，"工人可能用和平的手段达到自己的目的"[②]。

(一)非暴力革命内涵及其发生

所谓非暴力革命，一般是指在国内外形势的发展尤其是包括青年民众在内的各界民众人心向背等国内政治形势的强大压力之下，原有的统治阶级、统治阶层或统治集团迫于压力及权衡自身政治利益得失，不得不交出其所执掌的政权，从而实现新旧政治权力之间的非暴力性变更。非暴力革命实际也是被压迫阶级或阶层通过基本属于合法的、非暴力的方式(有时会带有一定程度的强制性手段)来追求民主、和平、自由、独立的革命运动。

在现实社会中，非暴力革命包含着政治革命力量进行革命斗争的一系列非暴力手段。非暴力革命通常会采取游行示威、政治集会、政治选举、政治结社、政治不合作与政治不服从等相对较为和平但带有一定程度强制意味的方式，而非各类武装起义与武装斗争。非暴力革命总体上基本依循所在国家和社会已有的法治轨道进行斗争，迫使统治阶级、统治阶层或统治集团充分认识并大体接受被压迫阶级或被压迫阶层的政治诉求与利益需求。在国际社会中，这类非暴力革命运动通常涉及居于统治地位的国家与被压迫被统治的国家，常见于殖民国家与殖民地国家，或者霸权国家与被压迫国家。

---

① 参见《马克思恩格斯选集》(第一卷)，人民出版社，1995年，第239页。

② 《马克思恩格斯全集》(第18卷)，人民出版社，1995年，第179页。

此类非暴力革命运动,通常是为了避免流血牺牲,希望缓和阶级矛盾、社会矛盾及国家利益矛盾而实行。鉴于革命运动的复杂性,非暴力革命运动通常也有可能伴随着零星的或者阶段性的暴力运动或暴力行为。

20世纪50年代末60年代初,非洲的民族解放运动进入新的高潮,以青年民众为主力的争取民族与国家独立的斗争席卷了整个非洲大陆。[1]作为殖民国家的英国和法国,为了维持自身在非洲的殖民统治,不得不付出沉重的经济、政治、军事等代价,其殖民统治则因非洲国家尤其是青年民众风起云涌的革命行动而风雨飘摇。屡受失败与打击之后,迫于包括青年民众在内的非洲各界民众追求国家与民族独立的形势,加之英法国内形势及国际战略格局的发展,英法被迫先后决定承认非洲殖民地国家逐步独立,并尝试推行"非殖民化"政策。随着英法政策的转变,1960年非洲有17个国家独立,使该年以"非洲独立年"载入史册;1961—1968年间,又有17个非洲国家宣布实现了独立。[2]英法在非洲的殖民统治由此基本终结。

(二)青年政治与非暴力革命关联

非暴力革命一般采取各类政策方针、政治措施及政治行动,迫使统治阶级、统治阶层或统治集团部分甚至完全实现被压迫阶级或被压迫阶层的政治诉求与利益需求。在此过程中,非暴力革命的具体措施主要包括游行示威、政治结社、政治集会、各级政治选举、政治不合作与政治不服从等较为和平的方式,其先锋和主力往往是广大的青年民众。一定程度上来看,以广大青年为主体、参与人数众多、社会影响巨大同时肩负社会正义与公正色彩的群众运动是非暴力革命实现其政治目标的直接手段。

与此同时,青年民众不但因其高涨的政治参与热情,时常成为各类非暴力革命运动的主力军,而且基于年龄优势,通过各类政治实践不断累积政治经验,巩固和强化自身的政治态度、政治思想与价值观念,这些青年民众会随着社会的不断发展与革命的不断深入,逐步成长为相关国家和地区政治

---

[1] 参见袁明主编:《国际关系史》,北京大学出版社,2005年,第249~250页。

[2] 参见方连庆、王炳元、刘金质主编:《国际关系史(战后卷)》(上册),北京大学出版社,2006年,第377页。

运动的领导力量。非暴力革命自身为保证其非暴力属性,甚至还需要一定程度上约束革命民众尤其是青年民众的各类暴力倾向和暴力行为,使其总体上基本依循所在国家和社会已有的法治轨道进行政治斗争。对此,以青年民众为先锋和主力的印度"非暴力不合作运动"较为典型,并最终在国内外诸多因素的共同作用下赢得了印度的自治与独立。

三、青年政治与政治改革及其目标

"改革"通常是对事物的改造和革新。从哲学角度来讲,改革就是对事物本身的辩证否定及"扬弃",是事物自身发展的连续性及非连续性的辩证统一。就阻止政治革命的发生而言,答案很简单但很难在实际中推行,即进行社会改革以消除滋生政治革命的各类社会不公正。在现实社会中,"改革"的概念被广泛地运用到不同的领域,以概括和说明这些领域发生的类似于革命但又不同于革命的诸多变革,如社会改革、经济改革、土地改革、教育改革等概念。世界上不同国家和地区政治生活领域的重要变革通常被称之为政治改革。

(一)青年政治与政治改革的运作

青年政治与政治改革的运作存在密切关联。

其一,青年民众作为社会成员的重要组成,也是政治改革所要满足的各类利益的社会群体。就政治改革自身而言,其是政治关系与政治体系的自我调整、自我完善。具体来说,不同国家和地区的统治阶级或统治阶层根据经济社会现实、社会群体的权利关系与利益矛盾,结合包括青年民众在内的社会成员对政治权力和政治权利的诸多诉求,有计划、有步骤地推行各类旨在改进政治体系、调节政治关系、化解政治矛盾、巩固政治基础、维护政治统治的政治进程。青年民众作为现实社会的重要组成,政治改革的成败也同样需要考虑其自身的各类合理需求。整体而言,青年民众的各类合理需求包括经济利益、政治利益、文化利益等方面,具体来说则一般包括教育、就业、婚恋、医疗、住房、社会保障等,就细节而言可以包括教育公平与公正、工作薪资待遇、网络参政议政等。

其二,青年民众作为具备政治改革激情与热情的社会群体,也时常负责落实政治改革的各类具体举措。政治改革并非一时的人事调整和政策变动,也不是新任的各级政治领导人对其前任所施行的各类施政方针、人事布局及领导风格的简单改变,而是有计划、有目标地对相关国家和地区的政治体系进行兴利除弊甚至"伤筋动骨""脱胎换骨"的深层改造。这种政治改革通常是基于现实社会较为严峻的政治经济形势,而政治改革的目标则是让所在的国家及社会及时摆脱困境,变得更为繁荣与富强,往往能够获得各界民众尤其是青年民众的认可与支持。作为具备政治改革激情与热情的社会群体,也作为现实社会群体的重要组成,大量的青年民众(14~40岁)也时常身处基层或者工作一线,在政治改革领导集团的指导下,负责落实政治改革的各类具体举措。基于年龄、经验及管理层级等原因,不同国家和地区基层或身处工作一线的各类人员(如基层公务人员、公益组织志愿者等)主体或主力通常为青年民众。政治改革举措的具体落实,包括如何依据政治改革的宏观规划结合所在单位、机构、行业及地区的具体情况与文化传统,积极稳妥地实施与执行,保障政治改革的顺利进行,一定程度上会深刻影响到政治改革的进度,甚至在某些条件下最终影响到政治改革的兴衰成败。

(二)青年政治与政治改革目标的实现

对于政治改革的目标,一般来说主要遵循三个原则,即合理性原则、可行性原则、过程性原则。这三个原则同样与青年民众存在密切关联。

其一,青年政治与政治改革目标实现的合理性原则密切关联。青年民众作为社会群体的重要组成,其自身合理的利益诉求(学习、就业、婚恋、住房、医疗保障、社会福利等)及政治诉求(如政治权利、政治参与)同样是社会政治生活中各类矛盾所涉及的,也与社会、政治、经济、文化等领域的发展息息相关。成功的政治改革通常能够基本满足包括青年民众在内的各界民众的利益诉求与政治诉求,进而获得包括青年民众在内的各界民众的支持,从而不断巩固统治阶级或统治阶层的执政地位及社会基础。反之,如果政治改革不能满足青年民众合理的利益诉求与政治诉求,则这种不考虑众多社会民

第七章

众利益与诉求的政治改革将很难获得青年民众的积极拥护与支持，其政治改革进程也将大概率地受到包括青年民众在内的各界民众的重重阻碍而步履维艰，甚至会损害统治阶级或统治阶层的执政地位，瓦解其合法性基础。如中国古代"王莽改制"那种不切实际的所谓"改革"，很可能会加剧社会动荡，甚至导致政权颠覆。

其二，青年政治与政治改革目标实现的可行性原则密切关联。政治改革的目标如果总体上与所在国家和地区的经济社会发展的客观实际基本吻合，而且具有实际可操作性，则政治改革的领导集团通常会考虑青年民众作为社会群体重要组成的合理利益与政治诉求，也考虑到青年民众的政治态度及政治参与程度，往往能得到青年民众及其他社会群体的支持与拥护。即使因短期内对青年民众造成一定的经济利益损失乃至部分政治权益的束缚，但因后续的经济社会发展及政治发展能够更为顺畅，青年民众的各类权益及政治诉求同样能够最终得以保障，则青年民众大体上能比较理解与宽容，从而有助于政治改革进程的不断推进。反之，如果政治改革的目标不切实际、脱离现实，其可操作性很低，可能会激化包括青年民众在内的社会不同群体的社会矛盾，导致社会动荡乃至政治革命。

其三，青年政治与政治改革目标实现的过程性原则密切关联。如果政治改革的目标与政治改革相吻合，有其长期及短期等不同阶段的各类规划及其配套的各类政策与具体措施，改革过程也能根据实际情况而不断调整其目标及相应的应对措施，则意味着政治改革进程的各项具体措施进展基本比较顺畅，能够考虑到包括青年民众在内的社会各界的合理利益与政治诉求，争取较多的社会力量与民众支持。尤其是就政治改革的长期目标而言，可能要历经十年、二十年或更长的时间，需要历经一代人甚至几代人的长期努力才能真正实现。政治改革中的青年民众不单是当前社会成员的重要组成，更是未来社会各项建设与各项政治改革事业的生力军、主力军。特别是对部分青年民众而言，有可能经过不断历练而成为未来社会发展的领导者。反之，如果政治改革的目标与政治改革不够吻合或者南辕北辙、生搬硬套，包括青年民众在内的社会各界的合理利益与政治诉求也较难得到保障，导致政治改革的前景黯淡，甚至因后继乏力而中途夭折。

四、青年政治与政治改革的方式

一般而言，政治改革的方式与暴力革命疾风骤雨式的变革方式存在较大差别，这些差别实际也是政治改革的特点。

(一)青年政治与政治改革的特点

就世界各国的诸多政治改革而言，其表现出来的若干特点可以归纳为：总体上一般采用自上而下的、渐进的、和平的方式推进政治改革进程，在具体策略上主要采取缓和矛盾的方式稳步实施政治改革的各类目标，在实施步骤方面则主要采用"先经济后政治"的办法。青年民众作为现实社会的重要组成与未来社会建设的生力军、主力军，也与这些政治改革的特点密切关联。

1.青年政治影响政治改革自上而下的、渐进的、和平的实现

较之疾风骤雨、改天换地的政治革命，政治改革本身整体上较为温和，通常采用自上而下、渐进、和平的方式，以期达到政治改革各类目标的实现，而青年政治在其中的作用同样不容忽视。

(1)整体而言，政治改革是渐进的过程，会受到统治阶级、统治阶层的严格控制，试图通过政治改革逐步累积各类量变，最终实现预期的政治目标即所谓质变。青年民众作为社会群体的重要组成，其自身的合理利益与政治诉求(包括学习、就业、住房、婚恋、医疗保障、社会地位等)，同样需要被政治改革的领导层在改革实施之初即通盘考虑在内。作为社会群体中政治情感最为奔放、政治热情最为高涨、政治爆发力最强的社会群体，青年民众的政治立场与政治参与对政治改革的兴衰成败十分重要。

(2)具体来说，如果青年民众基于自身巨大的社会影响力、高涨的政治热情而支持某项政治改革，将会深刻影响到社会民众整体的舆情导向，有助于形成支持政治改革进程的社会舆情氛围。反之，如果青年民众反对某项政治改革甚至不惜以游行示威等激进形式强烈反对，同样也会对政治改革进程造成重大影响，成为冲击政治改革进程的"利器"和先锋。

(3)从长远看，较之暴力革命的疾风骤雨，因为政治改革采取的是一

种较为和平的方式,通常会花费较长时间,甚至需要一代人乃至几代人的时间。在此进程中,青年民众除了作为受政治改革影响的现实社会重要群体,还是未来政治改革进行各项社会建设的生力军、主力军,原有的青年群体的作用不是降低,而是历经时间的积淀,其政治态度、政治参与和价值观念对各项经济社会建设、对政治改革兴衰成败的影响在不断增强。

2.青年政治影响政治改革采取措施缓和社会矛盾的实现

这主要包括两个方面的原因:

(1)政治改革进程的出发点和归宿就是需要缓和乃至消除相关领域的诸多社会矛盾,从而有助于国家、地区和社会的长远利益与繁荣发展。这不单关系到青年民众作为社会成员重要组成的现实利益,也关系到青年民众作为社会建设主力军的未来利益。如果政治改革确实符合包括青年民众在内的各界民众的主流民意,符合时代发展潮流,则从现实利益及未来利益出发,青年民众较之其他社会群体相对更容易接受政治改革的理念与实施,甚至有意愿牺牲部分眼前利益、投身政治改革事业而争取国家和社会及自身群体的长远利益。这种牺牲及付出实际上同样是一种有效缓解社会矛盾的做法,同时也可为其他社会群体做出榜样,从而使更多的社会矛盾得以缓和。

(2)在政治改革实施过程的不同阶段,包括起始(策划)阶段、发展阶段、收尾阶段,不可避免地会遇到各类矛盾。如果政治改革总体上能够获得大多数甚至绝大多数青年民众的认同和支持,即青年民众作为社会群体的重要组成,通常有意愿通过各类政治参与给予政治改革应有的支持与拥护,甚至积极投身其中。这种支持与拥护往往有助于扩大支持政治改革的力量与声音,同时也在一定程度上能够压制各类反对政治改革的消极因素。

3.青年政治影响政治改革"先经济后政治"的实现

依据政治改革"先经济后政治"的实施路径,如果经济变革能够在一定时期内有效促进社会经济的发展与民众整体生活水平的提高,青年民众作为社会群体的重要组成,其自身的相关经济利益诉求能得到基本满足,则青年民众通常会和其他社会群体一道,总体对经济改革持积极、支持的政治态度,同样也会对后续能够巩固经济改革"果实"的改革举措保持信任与期望,进而推动政治改革各项措施的有效推进。反之,如果经济变革未能在一定时期内推动社会经济的发展与繁荣,甚至引发经济危机与社会混乱,导致青年民众对作为政治改革初级阶段的经济改革产生不同程度的抵触与反对,则后续的政治改革举措也很难获得有力支持,甚至遭到强烈反对,无疑会冲击政治改革的最终实现。

(二)青年政治与政治改革的分类

就世界各国的政治改革而言,诸多政治改革基于当时各自的社会经济政治形势而走过了具有本国特色的道路,其改革的具体方式也往往千差万别。如果按照推行改革涉及的社会经济领域、实现改革目标的方式来划分,政治改革一般可以分为两类,即多项分进性政治改革、综合性政治改革。作为现实社会的重要组成和未来社会建设的主力军,青年民众与政治改革的分类同样存在密切关联。

其一,青年政治影响多项分进性政治改革的实现。对多项分进性政治改革而言,如果政治改革的领导集团能够根据所在国家和社会的现实政治状况,大体按照各界民众的主流民意,顺应时代发展的历史潮流,制定相关的多项分进性的改革规划(如经济发展、高等教育、社会保障)并稳步有序推进,则这种多项分进性政治改革相对会较为顺畅地进行。作为社会成员的重要组成,如果多项分进性政治改革涉及青年民众的利益诉求与政治权利短期内损失较小,或者基本与改革前持平甚至长期来看有所增加的情况下,青年民众对多项分进性改革一般会持较为积极正面的态度,同时也常常作为各类基层工作人员具体落实与执行相关政治举措。这无疑会积极推动多项分进式政治改革的深入开展与最终成功。反之,如果政治改革的领导集团未能根据所在国家和社会的现实政治状况制定相关多项分进性政治改革举措,则这种多项分进性政治改革的进程往往较难有效推进,甚至会引发青年民众采取不同形式的反对,影响其最终成功。

其二,青年政治影响综合性政治改革的实现。对综合性政治改革而言,如果政治改革的领导集团能够根据所在国家和社会的现实政治状况,大体按照各界民众的主流民意,顺应时代发展的历史潮流,制定相关的综合性改革规划并稳步有序推进改革进程,则这种综合性政治改革相对会较为顺畅

第七章

地进行。作为社会成员的重要组成，尤其是作为未来社会各项建设的主力军，鉴于综合性政治改革一般会深度涉及青年民众的利益诉求与政治权利，且这些诉求与权利长期来看较之改革前往往是有所增加，青年民众通常对此类综合性政治改革持积极的支持态度。除了作为现实社会的重要成员而在各个领域积极支持政治改革进程，青年民众还会在自身负责的各项工作领域具体落实与执行相关的综合性改革措施。基于青年民众的精力、能力以及热情，特别是该类政治改革的长期性，综合性政治改革一般会在青年民众的具体执行过程中较为顺利。反之，如果政治改革的领导集团未能根据所在国家和社会的现实政治状况制定相关的综合性改革规划，也未能反映各界民众的主流民意、顺应时代发展的历史潮流，则这种综合性政治改革往往较难得到作为社会成员重要组成及未来社会各项建设主力军的青年民众的支持与拥护，改革进程也往往步履维艰，甚至最终失败。

五、青年政治与政治改革的条件

对政治改革来说，需要一定的社会条件作为政治改革的基础。按照政治改革基础的主客观性，可将政治改革的条件划分为客观条件、主观条件两大类。

（一）青年政治与政治改革的客观条件

从宏观角度而言，影响世界各国政治改革进程乃至成败与否的客观条件一般包括经济条件、政治文化条件和社会条件三大要素。作为政治改革进程中发挥重要作用的青年民众，与此三大要素存在较为密切的关联。

1.青年政治与政治改革的经济条件密切关联

（1）青年民众的政治态度、政治情感、政治参与等影响"经济基础决定上层建筑"。如果经济条件较为雄厚，政治改革的领导集团与领导者也可拥有适当的物质资源调动包括青年民众在内的各界民众进行政治改革的积极性，同时弥补因政治改革而短期利益受到损失的社会群体。从社会发展的长远趋势来看，改革之后社会整体收益通常会更大，尤其是对青年民众而言，往往会"失之东隅，收之桑榆"，对政治改革的抵触与反对也会被逐步扭转。

第七章

因此,较之经济条件较差的国家和社会,在经济条件较为雄厚的情况下,推进同等难度的政治改革通常更为顺畅。但在一些情况下,如果经济条件十分薄弱、落后,"物极必反"以至于"穷则思变",包括青年民众在内的各界民众都期望改变现状,则有可能导致政治改革的幅度、广度、深度都较大。这方面最为典型的案例之一就是先秦时期的商鞅变法。①

(2)青年民众的政治态度、政治情感、政治参与等影响"上层建筑"反作用于"经济基础"。通过政治改革推动的经济条件改善与社会经济发展,通常带来一定程度物质利益方面的各类收益,使包括青年民众在内的社会成员的利益诉求得到一定程度上的满足,进而支持和拥护政治改革推进、巩固政治改革成果。更为现实的是,社会经济发展带来的"经济红利"也可不同程度弥补政治改革带来的社会"阵痛",为政治改革所需要的社会稳定奠定重要基础。

实际上,不论是"经济基础决定上层建筑",还是"上层建筑"以自身的特殊价值反作用于"经济基础",青年民众作为社会成员的重要组成与未来社会建设的主力军, 常常在基层一线及各条政治改革的不同级别具体落实与执行相关的改革举措,进而影响政治改革自身发展。

2.青年政治与政治改革的政治文化条件密切关联

政治改革的顺利进行必须具备一定的政治文化条件, 即需要相应的政治态度、政治心理、政治思想等。青年民众对政治改革的政治文化条件的重要影响主要体现在:

(1)就政治态度而言,作为创新意识强烈、创新热情高涨、陈旧包袱最少的社会群体,青年民众对顺应时代发展的政治改革一般会持积极、正面的政治态度,期望通过政治改革兴利除弊,解决现实社会的各类矛盾,并为经济与社会的未来发展奠定坚实基础。青年民众往往会通过不同形式的政治参与、政治行为(包括游行示威、政治集会)对政治改革表达自身的支持与拥护,从而影响其他社会群体的政治态度。

(2)就政治心理而言,相当数量的社会民众会安于现状、接受新生事物较为保守迟缓、害怕政治改革伤及自身既有利益而患得患失。就青年政治心

---

① 参见《史记·秦本纪》《史记·商君列传》《战国策·秦策一》。

理来说,青年民众往往陈旧包袱较少,眼光因常侧重自身的"来日方长"而较为长远,对短期利益的若干损失一般能够深明大义而非患得患失。这种"榜样的力量"也会深刻影响到社会其他群体的政治心理。

(3)就政治思想而言,相当数量的社会成员往往习惯于旧有的思想意识与价值观念即所谓"传统文化",对于政治改革则常视之为"另类""非主流"甚至"异端邪说"。青年民众受陈旧观念的影响较小,对新生的带有强烈变革意味的政治思想通常相对容易接受和尝试。综合而言,青年民众作为社会成员的重要组成,其自身对于政治改革较为客观、公正、积极的政治态度、政治情感、政治思想无疑会对社会其他成员与群体产生重要影响,有助于各界民众对政治改革达成"基础性共识",影响政治改革的政治文化氛围。

3.青年政治与政治改革的社会环境密切关联

就不同国家和地区的青年民众与政治改革社会环境的关系而言,鉴于政治改革不单对现实社会产生诸多影响,也会对未来社会发展产生重要影响,包括涉及社会各界利益诉求与地位影响此消彼长。

(1)作为受到这种利益诉求与地位消长影响的现实社会的重要成员,如果青年民众能够对短期内因政治改革而受到的若干权利损失持积极、信任、包容的政治态度,无疑在保证青年民众对政治改革的积极、正面的支持与拥护的同时,也为其他社会群体做出不同程度的示范。这种对政治改革正向、积极的作用无形中也降低了不同社会群体因利益诉求与政治地位此消彼长而影响社会稳定的诸多风险。

(2)作为未来社会的主要建设者,青年民众自身的政治态度、政治情感、政治思想及价值观念伴随政治改革进程而逐步发展与成熟。在现实社会中,政治改革进程的各类成功与波折、辉煌与失误等内容与过程,实际在不断塑造与充实着青年民众的政治态度、政治情感、政治思想及价值观念。作为政治改革的亲历者,青年民众这种亲身体验无疑有助于其自身珍惜和巩固来之不易的政治改革成果。

(3)作为各界民众中思维最为活跃、言行最为激进、精力最为充沛的社会群体,青年民众自身的政治参与、政治行为通常也是影响政治改革所需要的社会稳定的重要因素,在某些情况下甚至是最主要的不确定因素。青年民众需要将其活跃的思维、激烈的言行、充沛的精力控制在积极、正面的范畴，尤其是避免成为社会保守势力、既得利益集团甚至外国干涉势力干扰、阻碍及反对政治改革进程的"急先锋"。

（二）青年政治与政治改革的主观条件

政治改革的主观条件，即政治改革所涉及社会成员等有关"人"的诸多因素。作为社会成员的重要组成与未来社会建设的主力军，青年民众与政治改革的相关主观条件存在密切关联。

1.青年民众影响政治改革规划的目标和计划制定

就政治改革合情合理的改革目标和现实可行的改革计划而言，如果政治改革的目标太高、改革计划可操作性不强或不够周详，极有可能导致改革进程遇到诸多波折乃至重大反复，甚至最终半途而废。

（1）合情合理的改革目标，需要考虑到作为现实社会重要组成与未来社会建设主力军的青年民众的合理诉求与政治权利。鉴于不同国家和地区的青年民众作为现实社会的重要组成，政治改革的目标需要考虑到在短期内，其合理诉求与政治权利有可能受到部分损失，但其损失应当保持在一个相对较为合理的范围内，能为其所接受而不至于引发抵触甚至强烈反对。政治改革的长远规划应保证青年民众能够从政治改革中有诸多收益，包括社会地位的适当提高、经济条件的适当改善、政治作用的适当加强，以及宏观层面的国家和社会综合实力的有效增强，从而能够获得青年民众的积极支持和拥护。如英国"脱欧"曾因未能积极稳妥处理英国青年民众的诸多利益而引发争议。

（2）现实可行的改革计划，同样需要考虑作为现实社会重要组成与未来社会建设主力军的青年民众的可能反应。作为现实社会思维最为活跃、言行最为激进、精力最为充沛的社会群体，不同国家和地区的青年民众的政治参与、政治行为是否影响政治改革进程与经济社会稳定，应当纳入改革计划范畴。如果改革计划能在执行中顾及包括青年民众在内的各界民众的合理反应，能随着改革进程的不断深入而适当调整相应的进度和具体内容，妥善处理各类矛盾，政治改革往往能够获得包括青年民众在内的各界民众的支持与

第七章

拥护,并能较为顺利地进行。反之,如果改革计划可操作性不强或者好高骛远、不切实际,不能顾及青年民众及其他各界民众的合理反应,则改革进程有可能因包括青年民众及各界民众的反对而步履蹒跚乃至挫折失败。

2.青年民众影响政治改革的具体执行

不同国家和地区的青年民众对政治改革具体执行的影响主要包括两个方面:

(1)政治改革需要的改革执行者,一般应具有改革意识、时代担当、行政能力及能够把握有利时机。如果没有此类执行者,政治改革的目标和具体举措很难得到应有的贯彻落实,政治改革也将成为"水中花""井中月",可望而不可即。在现实中,作为社会成员重要组成的青年群体,其自身具有朝气蓬勃、精力充沛、求新求变意识强烈的特点,加之其资历相对较浅,因而往往成为基层或一线的各类具体改革措施的执行者。这些青年通常负责政治改革的具体贯彻与落实,能够把握有利时机,因时而动、因地制宜,并将政治改革从纸面的政策文件变为一个个现实的成功案例。与此同时,作为未来社会建设的主力军,不同国家和地区的青年民众在具体执行各类政治改革措施的同时,也随着改革进程的深入而不断成长,并随着年龄的增长与阅历的丰富、经验的积累,逐步成为中层乃至高层的各类政治改革的领导者。

(2)作为各界民众中思维最为活跃、言行最为激进、精力最为充沛的社会群体,青年民众自身的政治参与、政治行为等,时常理性和感性并存、冷静与激情同在。如果被一些突发事件或受内部保守势力及外部干涉势力纵容、蛊惑、煽动,青年民众有可能基于自身较为浅薄的政治知识与政治认知,以及自身不够成熟的政治态度、政治情感、政治思想及价值观念,做出一些不理智、非理性的政治行为、政治参与等。这种包括游行示威、政治集会、网络倡议、网络"呛声"、"街头政治"等青年政治行为与政治参与,[1]经常引发其他社会群体的大量关注,在各类反对政治改革势力的推波助澜之下,往往成为冲击政治改革进程、影响社会稳定、造成重大政治风险的重要因素。[2]

---

[1]　参见刘明主编:《街头政治与"颜色革命"》,中国传媒大学出版社,2006年。

[2]　参见阚道远:《"颜色革命"的新趋势新特征及其政治影响——兼论防范重大政治安全和意识形态风险》,《思想理论教育导刊》,2019年第7期。

3.青年民众影响政治改革对社会成员的宣传

对不同国家和地区的青年民众而言，其自身影响到政治改革对社会成员进行的各类宣传主要包括：

（1）作为政治改革的宣传者与推广者，青年民众需要首先面向自身所在的青年群体做好宣传与推广。青年群体自身作为社会成员的重要组成，需要通过各类政治宣传及时了解政治改革的必要性、重要性、预期收获及相关政策方针。不单是现实社会的有关利益诉求与政治权利在政治改革中的实际消长，青年民众往往同样重视、甚至更为重视未来社会中自身的社会地位、政治作用，以及届时国家和社会因政治改革引发的变化——这种变化更多应该是国家更为富强、社会更为繁荣，自身的社会地位更为重要，政治作用更为显著。"知己知彼，百战不殆。"青年人自己懂得最需要什么，最担心什么。由青年民众负责向青年群体宣传推广政治改革，适得其所。

（2）青年民众需要面向其他社会群体做好政治改革的宣传与推广。较之其他社会群体，青年民众则因其青春形象更具有亲和力，也更容易为社会所接受。同时，青年民众精力充沛，其创新意识较强，也可积极拓展宣传渠道、增强宣传作用。作为"各类社会关系的综合"，青年民众也基于自身的政治热情，将自身对政治改革的政治态度、政治情感、政治思想与价值观念，通过家庭、学校、新闻媒体等传播媒介向整个社会广泛的扩散。与上述积极、正面的作用相反，如果青年民众因某些政治改革损害了自身的利益诉求与政治权利，或者损害了国家利益与社会利益，从而对某些政治改革举措持反对态度，青年民众也会通过各类传播媒介，以不同方式方法，向社会各界表达自身的反对意见与政治诉求，以期获得更多的民众支持与理解、拓展自身的社会影响与政治作用。

4.青年民众影响政治改革的进程维护与成果捍卫

对青年民众而言，其在政治改革的进程维护与成果捍卫的主要作用包括：

（1）在政治改革进程中，青年民众经常担任政治改革进程的维护者。符合社会各界主流民意、顺应时代发展潮流的政治改革，同样会积极照顾到青年民众的利益诉求与政治权利，一般也能使国家更为富强、社会更为繁荣、经济更为发达。不同国家和地区的青年民众不单是政治改革的重要参与者，实际上也是政治改革的重要受益者,其利益与权利也一定程度有所增强。保守势力、干涉势力试图干扰、阻碍政治改革进程的各类做法,实际上也会冲击青年民众的利益与权利。对此,青年民众往往会通过各类政治活动,包括政治行为、政治参与、政治集会,以及通过诸多新闻媒体,向社会各界尤其是向社会保守势力显示支持和拥护政治改革进程的青年力量与青年声音,从而壮大支持和拥护政治改革进程的进步力量。

(2)在政治改革取得成功后,青年民众通常成为政治改革成果的积极捍卫者。政治改革进程中的青年民众在经历了政治改革的时间洗礼之后,在不断累积政治改革经验与阅历的同时,随着时间的流逝与年龄的增长,逐步成长为未来社会的主要建设者,其自身的社会地位、政治作用、政治权利与利益诉求不断增强。各类保守势力和外部干涉势力试图破坏政治改革的成果甚至进行政治复辟的行为,会损害青年民众在政治改革成果中已经获得的政治地位和政治利益、经济利益等。对此,不同国家和地区的青年民众往往采取各类措施和行动,积极捍卫政治改革的成果,保护自身因政治改革而得到的已有成果及各类利益。如商鞅变法,即使商鞅被"车裂",但"秦法未败",商鞅的各项政治主张依然被秦国新君、官僚阶层与秦国民众长期贯彻执行下去。①

第二节　青年政治与政治民主

一、青年政治与政治民主的基础性建设

政治民主通常指的是某个国家或地区的政治统治形式与社会治理方法。这种形式和方法,不论东方国家还是西方社会均"古已有之"。按中国史书记载,在传说中的尧舜禹统治时期,民心所向、选贤任能一直是执政者施

① 参见《史记·秦本纪》《史记·商君列传》《战国策·秦策三》。

政的重要民意基础。当时以禅让制为代表的"贤明政治",也一直被后世儒家所推崇,但该时期的政治民主制度无疑是非常粗糙、非常原始的。其后的夏、商、周等王朝时期,则留下不少影响至今的有关政治民主萌芽的理念,如"民惟邦本,本固邦宁"[①];"民之所欲,天必从之""天听自我民听,天视自我民视"[②];"圣人恒无心,以百姓心为心"[③]。与之相对的西方社会,按照有关古希腊历史著作记载,直到公元前 5 世纪,经过长期的政治斗争和多次的政治改革,雅典才逐渐建立起带有民主制色彩的城邦国家。这种城邦形式的政治民主,一定程度上体现出较为原始的自由、平等及法治等特性,成为现代西方政治民主的早期或萌芽形式。较之古代,现代政治民主的发展通常主要存在政治民主的基础性建设、制度性建设和公民教育三条基本途径。

对于政治民主的基础性建设而言,涉及经济、社会和文化等方面的基础性建设。青年政治与之密切相关,主要体现在:

(一)青年政治影响政治民主的经济基础性建设

作为现实社会的主要成员,青年民众对政治民主的经济基础性建设有重要关联:

第一,政治民主需要发展社会经济、提高民众收入水平和生活水平,关系到作为现实社会重要成员的青年民众的切身利益。社会经济发展不但涉及青年民众自身基于美好生活的各项经济诉求等现实权益(如就业、社会保障、卫生医疗、住房),而且也涉及作为保障自身生存权和发展权等相关的政治权利(如反对社会生活中的各类种族歧视、就业歧视,保障社会安全、保卫国家不受侵略)。2010 年 11 月,因学费上限增加近两倍,英国曾爆发数万高校青年学生游行示威,抗议学费大幅上涨,声称学费大幅上涨将会剥夺普通家庭出身的年轻人接受高等教育的权利。[④]因此,青年民众通常对于能够实

第七章

① 《尚书·夏书·五子之歌》。

② 《尚书·周书·泰誓》。

③ 《老子·第四十九章》。

④ 参见《学费上限增加近两倍 数万英国大学生抗议涨学费》,中国网,2010 年 11 月 11 日,http://finance.china.com.cn/news/gjjj/20101111/163258.shtml,2021 年 9 月 24 日最后查阅。

现经济社会发展、提升民众收入和生活水平的政治民主以各种形式的支持,包括认真履行自身不同的社会角色,做好自身的本职工作,不断为包括青年民众在内的各界民众行使自身政治权利累积必要的物质基础。

第二,如果"上层建筑"的诸多因素阻碍了"经济基础"的发展,影响到民众尤其是青年民众自身的收入水平和生活水平的提高,作为现实社会的重要成员、也作为比较激进的社会群体,青年民众通常会通过各类政治参与方式如游行示威、选举投票甚至暴力活动,表达自身的经济诉求与政治权利。

实际上,青年民众的诸多政治行为、政治参与往往会迫使政府和社会各界通过各类政治手段不断调整和完善经济社会中的各类关系,推动社会经济不断发展。"仓廪实而知礼节",只有社会经济水平不断提高,包括青年民众在内的社会成员才能从谋生的基本生存压力中解脱出来,有足够的时间和精力关注和参与各类政治活动,推动政治民主的不断发展。青年民众也需要通过发展经济提高自身收入,从而在现实中实际检验政治民主在经济基础性建设领域的成效。

(二)青年政治影响政治民主的社会基础性建设

第一,作为现实社会重要组成的青年民众是政治民主的社会基础之一。青年民众作为现实社会的重要组成,其自身的各类政治认知、政治态度、政治思想、价值观念等,以及青年民众包括游行示威、政治投票、政治集会等政治参与乃至政治暴力,直接影响到政治民主的发展。如果政治民主的发展能够获得青年民众强有力的支持,某种程度上意味着约占据社会成员相当比例的社会成员愿意支持或乐见政治民主不断发展。鉴于青年民众会通过家庭、学校、单位、朋辈等群体及平台,散播自身对于政治民主不断发展的支持或积极态度,引发政治民主获得更多的支持力量。

第二,作为社会成员中最容易发生激进行为的社会群体,青年民众直接影响到政治民主所需要的社会稳定,从而影响到政治民主的社会基础性建设。青年民众的政治立场、政治诉求及各类政治参与,通常应当被通盘考虑在政治民主发展相关的社会基础性建设当中。鉴于青年民众政治认知相对浅显,政治素养有待提高,容易凭借自身的满腔热忱而在外界各类刺激之下,发生激进政治行为甚至政治暴力乃至社会动荡,因此需要注意和降低青年民众相关政治行为、政治参与对政治民主发展的各类负面效应。随着青年民众日益成长为未来社会各项建设的生力军、主力军,这种对于经济基础性建设的政治认知、政治态度、政治思想以及价值观念无疑会日益增强,进而不断加强青年民众对政治民主的经济基础性建设的影响。

(三)青年政治影响政治民主的文化基础性建设

第一,作为现实社会政治民主的文化基础性建设的重要组成,不同国家和地区的青年民众的政治文化直接影响到社会整体的政治文化。青年是现实社会成员的主要组成,其政治知识、政治态度、政治思想及价值观念正处在快速成长期,因此也是培养具有民主意识与法治精神的合格公民的主要对象。如果青年民众经过家庭、学校、大众传媒、社会政治组织及社会政治环境等长期熏陶及各类政治培养与训练,部分具备甚至完全具备政治民主具有的各类文化特点,能够较好地克服各类非民主的政治文化影响,无疑将加强政治民主的文化基础性建设,推动政治民主稳健发展。反之,如果青年民众拥有各类非民主、反民主的政治思想观念,以及非理性的、狂热的、偏激的政治理念,无疑将会侵蚀、削弱甚至冲击政治民主的文化基础性建设。

第二,作为未来社会各项建设的生力军、主力军,青年民众政治文化的不断发展将影响政治民主文化基础性的发展。如果经过长期熏陶及相关培训,不同国家和地区的青年民众成为具有一定政治文化素养的合格公民,其通常会随经济社会的发展而政治地位日益提升,甚至有可能成为包括政府机构在内的各类单位、行业等的重要人物,从而对政治民主发挥更大的影响。这也意味着未来的国家和社会能够较大程度克服各类非民主、反民主的政治文化,推动政治民主的稳健发展。反之,如果现实社会的青年民众拥有的是包括非理性的、狂热的、偏激的政治思想,将可能对国家和社会及其政治民主发展形成冲击。

第
七
章

二、青年政治与政治民主的制度性建设

（一）青年政治影响政治民主的制度建立

政治民主制度通常包括政治制度和法律制度。对此,青年政治影响政治民主制度的建立主要包括:

第一,青年民众影响政治制度的建立与发展。政治制度的建立无论是革命途径还是改革途径,作为社会成员重要组成及具备高昂的革命精神与改革意识的青年民众往往在其中发挥着重要影响。在确立政治制度之后,需要不断充实和完善,使之有利于包括青年民众在内的各界民众广泛参与政治生活,提高各级机关的工作效率并巩固其政治基础。与此同时,政治权力主体按照政治民主的发展需要,不断改进与完善法律法规与运行机制,从而不断巩固和发展基于政治制度的政治民主制度性建设。鉴于政治制度的建立及其生存、发展往往需要十几年或几十年,作为未来社会建设的主力军,不同国家和地区的青年民众既能影响到政治制度的建立,也能深刻影响到政治制度的生存与发展。

第二,青年民众影响法律制度的建立与发展。对于国家和社会而言,在建立政治制度的过程中,一般需要及时确立相关的宪法(或宪法精神)及其所属的一系列法律法规或惯例。青年民众作为现实社会的重要组成,一方面是包括宪法在内的法律法规所涉及的政治对象,其包括政治态度、价值观念等在内的各类利益诉求和政治权利,会受到宪法和法律法规不同程度的支持及约束;另一方面,在相关政治事件、政治思潮的影响下,青年民众基于自身的利益诉求与政治权利引发的政治参与,也会对包括宪法在内的各类法律法规的修订与完善产生影响。这就需要及时明确宪法在国家政治生活中的关键地位,同时根据包括青年民众在内的各界民众的利益诉求和经济社会发展的现实,制定和完善各项具体法律法规,逐步实现社会发展和政治生活有法可依、有法必依、违法必究。

（二）青年政治影响政治民主的运行规范化

运行规范化通常是将民主政治运行的各类规则及规范，通过制定包括宪法在内的各类法律法规、形成相关惯例或判例等形式固定下来并予以确认，进而逐步形成政治民主具体运行的相关各类体制机制。

青年政治会对政治民主运动的规范化产生影响，主要包括：

第一，青年民众自身的各类诉求与政治权利影响政治民主的运行规范化现实进程。作为一个渐进的不断充实与完善过程，政治民主的运行规范化需要妥善处理作为社会成员重要组成的青年民众的各类利益诉求与政治权利。包括青年民众内部、也包括青年民众与其他社会群体之间的各类利益诉求及政治权利的碰撞与博弈，最终通过政治民主的运行规范化进程予以妥善处置。其中，青年民众的各类游行示威、政治集会、网络政治乃至暴力活动，会对政治民主的运行形成影响乃至冲击。因此，政治民主的运行规范化最终需要体现与规范包括青年民众在内的各界民众利益诉求与政治权利的"最大公约数"，即社会整体利益。

第二，青年民众自身的各类诉求与政治权利影响政治民主的运行规范化未来发展前景。政治民主的运行规范化并非一蹴而就，也并非静止不动，而是随着时代的演变和社会经济的发展而呈现动态发展的长期过程，各类矛盾、冲突与博弈往往层出不穷、此起彼伏。这种磨合需要足够长的时间，在此过程中，随着时间的流逝，青年民众的社会地位与社会影响力将会逐步提高，成为未来社会建设的主力军及领袖人物，其政治态度、价值观念等对政治民主及其运行发挥越来越大的影响。

（三）青年政治影响政治民主的过程程序化

基于法治原则，依据宪法与法律推动政治民主的过程程序化既是政治民主的重要保障，也是政治民主成熟与成功的重要标志。青年政治对政治民主的过程程序化影响主要包括：

第一，政治民主的运行过程程序化的标准及内容需要获得青年民众的理解与支持。对于政治民主运行过程的相关程序的设置，不同国家和地区的政治权力主体一般会基于时代潮流、政治经济现实、文化传统与习俗状况及包括青年民众在内的各界民众的接受程度,制定相关程序化的总体原则、各类具体标准及相关反馈机制。这需要作为社会成员重要组成的青年民众的理解与支持。如果青年民众较为认可并积极支持与热烈拥护,则政治民主过程程序化通常可较为顺畅地开展;反之,则有可能引发青年民众游行示威、政治集会乃至暴力行动, 进而迫使政治权力主体适度甚至大幅度调整政治民主的过程程序化的相关内容。

第二,青年民众影响政治民主的过程程序化具体举措的实际运行。一方面,青年民众作为社会成员的重要组成,其自身对政治民主过程程序化具体举措的接受程度以及抵触及反对,会影响到过程程序化的实际运行状况,因此政治权力主体通常根据包括青年民众在内的各界民众的回应及执行效果,不断根据时代潮流与社会经济状况进行调整、完善。另一方面,在政治民主过程程序化具体举措的执行方面, 青年民众往往是不同国家和地区基层及一线的各类工作人员。这些人员不单包括各类基层公务员、律师、警务人员等,也涉及政党党派、政治社团等政治机构的基层或一线的各类人员,直接关系到政治民主过程程序化具体举措的实际效果。

三、青年政治与政治民主的公民教育

作为政治民主发展的重要途径, 不同国家和地区的政治权力主体需要通过政治民主的公民教育, 不断提高包括青年民众在内的各界民众的政治知识、政治素养与政治能力,强化其民主意识与法治观念。

(一)青年政治影响整个社会文化教育水平的提高

政治民主及其不断地充实、完善与发展有赖于社会文化教育水平的提高。不同国家和地区的青年民众作为社会成员的重要组成,其不断成长对整个社会文化教育水平的提高产生重要影响:

第一,青年民众是社会文化教育水平的重点提高对象。基于生理和心理等因素, 不同国家和地区的青年民众正处于学习文化知识与政治知识的重要时期,在政治领域的可塑性较强。如果能在青年时期学到正确的文化知识与政治知识,树立正确的政治态度、政治思想及价值观念,青年民众往往会成为政治民主发展的重要推动者,并且不断影响其他社会群体共同推动政治民主发展。反之,如果青年民众没有学到应有的、正确的文化知识与政治知识,甚至是文化基础薄弱,不单会影响其在政治民主中正确行使政治权利,甚至会影响和冲击政治民主的正常发展。

第二,青年民众影响社会文化教育的未来发展。不同国家和地区的青年民众在现实社会中所学习和掌握的各类文化知识与政治知识,会随着其年龄的增长和政治阅历的不断丰富而日益强化,进而随其逐步成为未来社会各项建设的生力军、主力军乃至政治领导集团的重要人物而影响到政治民主的未来发展。简言之,青年民众的政治认知、政治思想以及价值观念,无论是正确的还是错误的,是完善的还是片面的,是激进的还是缓和的,都将随青年民众未来地位的提升而对政治民主产生重要影响。

(二)青年政治影响政治知识教育及政治技能传授

第一,青年民众影响现实社会的政治知识教育及政治技能传授。青年时期是学习和掌握民主政治、法治意识、公民素质的政治知识与政治技能的重要人生阶段,具有较强的可塑性。就政治知识内容而言,不同国家和地区的青年民众一般需要学习和掌握政治人物、政治事件、政治制度、政治思想、价值观念等;就政治技能内容而言,青年民众一般需要学习和训练如何进行政治参与、如何分清相关法律法规的界限、如何掌握各类间接与直接的政治实践技能与经验。不同国家和地区的青年民众对于政治知识及政治技能的学习与掌握程度,通常会不同程度地影响到其他社会群体,进而对现实社会的政治知识教育及政治技能传授产生重要影响。

第二,青年民众影响未来社会的政治知识教育及政治技能传授。这主要包括:一方面,不同国家和地区的青年民众随着政治知识及政治技能的积累,以及年龄与阅历的增加,逐步成长为未来社会各项建设的主力军。在此过程中,青年民众通常会从政治知识及政治技能的学习者逐步转变为政治知识与政治技能的传播者、教授者,或者在政治知识与政治技能的某些方面成为专家人士,进而推动政治民主的传承与发展。另一方面,"江山代有才人出,各领风骚数百年"。随着时代的发展,不同国家和地区的青年民众基于各类政治实践累积的经验教训,往往会进一步充实和丰富民主政治、法治意识、公民素质的相关政治知识及政治技能,从而直接影响到政治知识教育与政治技能传授。

(三)青年政治影响政治权利的行使与利益诉求的实现

第一,青年民众的各类政治实践、行使政治权利与实现利益诉求密切关联。面对复杂多变的政治现实,青年民众对于民主政治、法治意识、公民素质的政治知识及政治技能的学习与掌握,往往需要经过实践的检验才能最终为自己所深刻解析并灵活掌握。青年民众需要通过包括政治参与、政治集会等不同形式的政治实践,亲身体验和累积政治经验,进而影响其他社会民众,最终逐步推动政治民主的发展。

第二,"纸上得来终觉浅,绝知此事要躬行。"政治实践会使不同国家和地区的青年民众不断在现实中认知和学习政治民主,熟悉政治民主的运作规则,掌握政治民主的基本技能,从而能积极有效地参与民主政治进程。同时,政治实践也使青年民众能够审视自身的各类政治知识与政治技能,形成实践对理论的"反哺",并且进一步加强青年民众对各类政治知识与政治技能的理解与掌握。这将会使民主政治的公共生活、公民的共同利益、个人利益三者密切关联,深化其对政治民主的政治态度、政治思想与价值观念,进而不断推动政治民主的发展。

思考题

1.为什么说青年民众常常是其各类政治革命的主力军?

2.实现政治改革的目标要遵循何种原则?青年政治与政治改革有什么特点?

3.如何将青年政治与政治改革进行分类?青年政治与政治改革的条件是什么?

4.青年政治与政治民主基础性建设密切相关,主要体现在哪几个方面?

5.青年民众在政治改革进程中,维护与成果捍卫主要体现在哪里?

6.为什么要强化青年民众的政治能力、民主意识与法治观念?

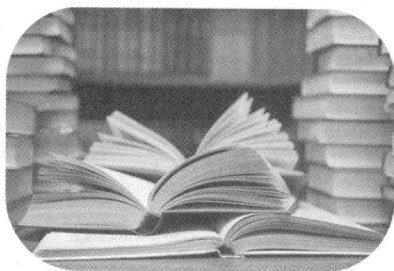

第八章
青年政治与世界发展

本章教学目标：

    通过本章的学习，使学生认知青年政治与当代世界及其未来的基础知识，具备辨析青年政治与当代世界及其未来不同层次、不同领域内在关联的基本能力，强化分析青年政治与当代世界、当代中国的政治与经济社会发展等不同特点的综合素质，强化青年学习政治知识和专业知识的政治担当及社会责任。

本章教学基本要求：

    了解：青年政治与当代世界内在关联基本概况；

    理解：青年政治与当代不同国家和地区发展的不同层次、不同领域的关系；

    掌握：青年政治与当代世界、当代中国的政治与经济社会发展等不同领域的相关特点。

第一节　青年政治与当代世界

一、青年政治与当代世界政治发展

在人类社会的历史长河中，大量的青年英杰以开拓进取的豪迈志向与杰出事迹，鼓励着更多的青年民众以昂扬的斗志投身各项社会事业中去，不断推动着人类社会的繁荣与进步。21世纪以来，当代世界政治的发展日益受到全球化冲击，"国内政治国际化"与"国际政治国内化"呈现双向互动、互相影响的态势，"地球村""环球同此凉热"也日渐成为不同国家和地区经济社会发展不得不面对的客观现实。在此背景下，作为当前社会成员的重要组成、网络时代的重要用户，以及未来社会发展建设的生力军、主力军，青年民众的地位和作用在不同国家和地区经济社会发展的过程中日益重要，以青年民众为行为主体的青年政治也因此对世界政治与经济社会发展产生越来越大的影响。

（一）以民族和国家边界为基础的传统政治边界日渐模糊

21世纪以来，全球化正加速向世界各国各地区深入发展，愈来愈广泛的信息技术联系和日益频繁的世界范围内的各类人员交流，引发世界性社会空间宽范围、深领域的深度重构，整个世界日益具有"跨边界"和"跨世界"的特征。包括青年在内的不同国家和地区各界民众的生活也突破原有的时间与空间限制，在全球范围内不断发展与延伸，出国旅游、海外留学等理念早已深入各界民众生活之中。

随着世界各国在政治、经济贸易等领域的相互依存日益加强，社会文化、人文教育等领域的相互借鉴与交流融合日渐加深，全球化进程强烈冲击着世界各国的政治、经济、文化、科技的变革和发展。在此背景下，不同国家和地区的各界民众尤其是青年民众之间的交流交往日益增多，各国民众尤其是青年民众的思想观念、政治意识、价值取向也日益复杂化、多元化。原先因时间和空间隔离形成的地理层面的分离、物理层面的分隔逐步被淡化，人与人之间的各类联系日益紧密，以民族和国家边界为基础的传统政治边界则日益模糊化。由于通信光缆和卫星技术的迅速发展与广泛应用尤其是智能手机的广泛普及，电话信息、电视节目、网络资讯等已经可以在转瞬之间传播到世界各地，各类基于智能手机的网络直播也层出不穷，使包括抖音在内的各类网络软件在世界范围内广受欢迎，日益发挥巨大的政治影响力。

单位:万人

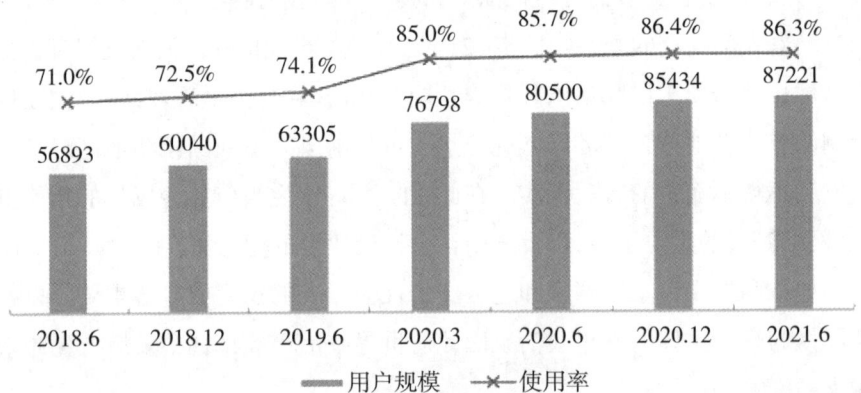

来源:CNNIC 中国互联网络发展状况统计调查　　　　2021.6

图 8.1　2018.6—2021.6 网络支付用户规模及使用率①

(二)国内政治国际化、国际政治国内化双向互进、互相影响

在全球化背景下,各国所面临的许多问题也日益向全球扩散。诸如能源、人口、环境保护、粮食安全、裁军、核安全及公共卫生安全等已经成为全球性问题,单靠个别国家已经无法真正解决。虽然主权国家仍然是国际社会的主要行为体,但因各类国际规范、国际制度与国际组织的快速发展,部分主权国

① 《第48次中国互联网络发展状况统计报告》(2021年9月),中国互联网络信息中心,http://www.cnnic.net.cn/hlwfzyj/hlwxzbg/hlwtjbg/202109/P020210915523670981527.pdf,2021年10月22日最后查阅。

家正在不同程度上失去部分本属于国家的主权、政治职能和政治权力。尤其是在欧洲，包括欧洲联盟在内的一些国际机构已承担起以前主要由国家机构来执行的诸多重要政治职能；英国、比利时等国还存在着提倡实质的自主和脱离国家的地区运动。基于相关国际规则及现实技术因素，各国政府在相当大程度上失去了控制资金从本国流入和流出的能力，而且越来越难以完全掌控各类思想、技术、商品和人员的流动。①同时，也由于信息技术和通信技术的飞速发展及智能手机的普及，世界范围内的人员交流交往日益频密，许多过去被视为纯属国内的事务，现在也进入了国际社会的议程——如基于欧盟的组织规则，欧盟内部相关国家需要强制性限制本国的财政赤字。凡此种种，导致原先以民族与国家为现实界限的政治边界日益模糊，使得国内政治因其"溢出效应"而日益国际化，而国际政治则因为网络的普及、社会的多元化而日益国内化，且呈现双向互进、互相影响的局面，有时甚至因"共振效应"引发巨大的政治混乱与局势动荡。

以震惊世界的"9·11"事件为例。该恐怖袭击事件不仅摧毁了美国纽约的世贸中心大楼，夺去了近 3000 名无辜民众的生命并致使 7 万余人的健康遭受终身伤害，更深刻改变了美国的对外政策与世界安全格局。②"9·11"事件后，美国把主要精力、财力、物力转向反恐，并先后发动了阿富汗战争、伊拉克战争。然而这两场反恐战争久拖不决甚至"越反越恐"，造成阿富汗、伊拉克等相关国家包括青年民众在内的无辜民众伤亡惨重，也导致相关国家发生各类人道主义危机。美国自身经济社会发展也受到反恐战争沉重拖累，引发其国内包括青年民众在内的各界民众反战情绪高涨，并导致国内诸多政治势力之间的政治对立严重。与此同时，反恐战争也深刻影响到 21 世纪的国际战略格局，并引发了新一轮的国际政治和地区势力的分化组合。③

① 参见[美]塞缪尔·亨廷顿：《文明的冲突与世界秩序的重建》(修订版)，周琦等译，新华出版社，2017 年，第 13 页。

② 参见《9·11 十五周年 全球反恐路漫漫》，人民网，2016 年 9 月 12 日，http://usa.people.com.cn/n1/2016/0912/c241376-28708041.html，2021 年 9 月 22 日最后查阅。

③ 参见[美]埃里克·施密特、汤姆·尚卡尔：《反恐秘密战：美国如何打击"基地"组织》，洪漫译，新华出版社，2015 年。

(三)青年政治在当代世界政治发展进程中的作用日益凸显

青年群体既是当代各国社会成员的重要组成,也是各国未来社会建设的主力军,发挥着"承前启后"的作用,地位十分重要且特殊。在全球化背景下,随着信息技术的广泛应用尤其是智能手机的普及,作为智能手机和信息技术主要使用者的青年民众的喜怒哀乐与所爱、所憎及其现实中的各种言行,都有可能借助互联网而被迅速放大,形成所谓"蝴蝶效应"。与此同时,随着全球化的发展,各个国家之间、各个民族之间、各个地区之间的相互依存的不断加深,包括青年在内的世界各国民众的交流日益增强,需要共同面对诸如气候变化、恐怖主义、生态环境等全球性问题,为全球治理与时代使命提出了更加迫切和现实的需求,也为包括青年政治组织、青年政治社团及青年个人等在世界政治舞台的发展提供了更多机遇。与此同时,对青年民众而言,因其更有活力、精力、意愿从事各类交流交往和社会公益活动,他们有更多的机会成为某个国际组织的服务人员及管理人员,或全球公益事业的志愿者甚至组织者、发起者。青年民众也可以通过参与各种政府机构、政党组织来直接体现自身政治价值、影响各国政治发展。

2019年9月,联合国在纽约总部首次举行青年气候峰会,来自140多个国家和地区的数百名青年企业家、活动家及创新代表在会上展示了各自的气候危机解决方案。[①]联合国秘书长在青年气候峰会表示,青年人的参与及表现的热情对推动世界各国政府加快气候行动至关重要。[②]在联合国气候行动峰会前夕举行的青年气候峰会是联合国第一次为青年民众举办有关气候行动的峰会,旨在促进青年民众参与国际社会减少排放的努力。鉴于环境问题具有突出的代际效应,青年民众对气候问题的关心与积极参与对解决全球气候变化而言,不仅具有当前的政策行动意义,也具有未来的战略方向意义;实际上,青年民众比老年民众表现出明显的环境关注优势。不容忽视的

---

① 参见《气候峰会将提出切实可行的应对气候变化措施》,新华网,2019年9月18日,http://www.xinhuanet.com/2019-09/18/c_1125009937.htm,2021年9月17日最后查阅。

② 参见《古特雷斯:青年人参与对推动气候行动至关重要》,新华网,2019年9月22日,http://www.xinhuanet.com/world/2019-09/22/c_1125024701.htm,2021年9月17日最后查阅。

是,在现实中确实也有极少数青年民众在国内外多种因素的推动下,走向经济社会发展和历史发展的反面。

二、青年政治与当代世界经济社会发展

自工业革命以来,青年群体作为新崛起的知识群体,以其特有的朝气蓬勃、聪明才智与青春锐气,已经深刻影响并继续影响着世界经济社会的生产方式和生活方法的发展变化。

(一)青年群体是当代世界经济社会发展的主要动力

不同国家和地区的青年民众历来是经济社会发展中最具活力和潜力、也是最富有创造热情和创新意识的社会群体,是新思潮、新理论的传播者与推动者,在世界经济社会发展过程中常常走在前列。同时,青年民众因为社会经验较少、社会包袱较少,因而也愿意接受新事物、新观点,能够勇于尝试各类不同的经济生产和社会生活方式。更为重要的是,随着近现代以来经济社会的发展和基础教育的大范围普及,不同国家和地区的青年民众基本都受过较为良好的教育,对知识的渴求欲望较强,且从生理条件来说,精力旺盛,也能够借助社会教育资源而不断自我学习、自我提高,因而较之社会其他群体拥有较强的知识优势和科学素养。在全球化背景下,青年社会影响力民众已经跨越国境,不断推动着当代世界经济社会的发展。

作为影响世界经济与创新的知名财经人物,微软公司的比尔·盖茨和苹果公司的乔布斯(1955—2011)在青年时期的创业都是从小公司起步,并且凭着青年特有的激情与热情,对技术发展精益求精,顺应时代发展与市场需求,进而逐步发展壮大的。脸书网站的马克·扎克伯格,腾讯公司的马化腾、百度公司的李彦宏等大量的商界领袖也是在年轻时就开始创业,并历经各种挫折最终成功。在现实中,在全球化背景下,作为社会成员的重要组成,不同国家和地区的青年民众成为世界各国政府和决策者在制定相关经济社会发展规划与政策时不容忽视的政治力量,青年民众也有适当的机会与方式表达自身的经济社会利益诉求,并参与制定及实施符合经济社会整体利益

的各类政策。随着经济社会发展实践经验的日渐丰富,不同国家和地区的青年民众日益成为当地经济社会发展的主要力量甚至是关键力量。

(二)青年民众也因自身特点而引发诸多经济社会问题

在现实中,不同国家和地区的青年民众因其自身社会经验较少、就业经验相对不足等原因,时常会引发一些社会问题。如青年民众的就业问题,可能由于现实中社会产业结构不合理、青年的技术素养不能适应就业需要,以及青年自身眼高手低导致理想与现实差距过大,导致部分青年民众的就业问题较为突出,这无疑会给当地经济社会发展带来种种不稳定因素。同时,作为网络使用的主力军,数量庞大的青年民众在各类网络应用领域不同程度存在一些问题,包括沉溺网络不能自拔而耽误学习与工作,无视网络的虚拟性而发生不切实际的网恋,以为网络是不受任何管束的而肆意进行各类网络诈骗,以及经不起网络错误信息的误导与诱惑而触犯法律。这些涉及青年群体的让许多国家和政府头疼的难题,也一定程度从侧面甚至反面证明了青年在当代经济社会领域的重要地位。

就业是青年发展的核心问题,关系到社会经济发展和青年民众的政治社会化进程,通常也是不同国家和地区社会发展的重要基础。如何解决青年民众的失业问题、促进和指导青年就业是各国政府青年工作的重点内容。对此,不同国家和地区的政府通常会制定相关青年就业的诸多政策,实施青年就业的诸多举措,包括面向青年民众的各类教育和技能培训、大力倡导机会平等、调动青年民众就业的积极主动性。然而在一些国家和地区,此类举措并未能完全达到各自的预期目标。究其原因,职业技能较少、薪金期望过高、对工作未能尽心尽力等青年民众自身原因造成的问题占据一定比例。这导致在一些国家和地区,青年民众的失业问题未能得以根本解决,从而对相关国家和地区的社会稳定、经济发展造成负面影响。

(三)青年民众影响世界各国经济社会发展综合实力的此消彼长

在网络时代,和平、发展、交流、合作成为当代世界的时代潮流。不同国家和地区以经济和科技为主要内容的综合国力竞争日趋激烈,国际社会的

第八章

力量组合与利益分配正在发生新的深刻变化，世界经济社会发展不平衡的状态日益加剧，围绕资源、市场、科技、人才的竞争更加激烈。在现实社会中，以经济和科技为主要内容的综合国力竞争，归根到底还是人才的竞争，因此包括青年民众在内的各类人才作为影响各国经济社会发展的重要资源，其作用和地位不断在上升。

许多国家都把科教兴国作为国家战略和经济社会发展的重要基础，大力培养包括青年专业技术人员、青年创业者等各类人才。基于"创业革命"的社会环境影响，美国等西方发达国家的各类高校面向青年民众有关创新创业的高校教育也应运而生。这些国家的一些知名高校自 20 世纪80 年代起就逐步开设与创业教育相关的诸多课程，以适应社会经济变革与发展的现实需要。在注重"内功"的同时，经济与科技实力较强的国家还往往通过提供名校留学深造机会、给予较好的工作条件和较高的工资待遇等方式，大量吸引包括高水平留学生、青年科技工作者在内的各类高级人才为本国所用。

三、青年政治与当代世界文化发展

作为一种社会现象，文化是人们长期创造而形成的产物，同时又是一种历史现象，是社会历史的积淀物。文化通常被认为是凝结在物质之中又游离于物质之外的，或有形或无形，且可被传承的相关国家或民族的各类历史、传统习俗、生活方式、文学艺术、伦理道德等。对不同国家和地区的青年民众而言，其对世界文化的发展演变有特殊的重要作用，对世界文化的未来也有特殊的重要影响。

(一)青年民众是最富有创造热情和创新意识的文化群体

基于自身旺盛的精力、蓬勃的活力等鲜明的生理特征，以及奔放的热情、创新的激情等群体特征，作为社会文化发展中最具活力和潜力的社会群体，不同国家和地区的青年民众也是社会成员中最富有创造热情和创新意识的文化群体。

青年民众作为社会成员的重要组成部分，历来是包括经济改革在内的各类改革的主力军,是文化新思潮、文艺新理论、文学新风尚、文明新趋向的主要的推动者、创作者及传播者,往往走在自身所在国家和地区的时代文化前列,引领时代文化风潮。青年时期是生命中精力最为旺盛的人生阶段,不同国家和地区的青年民众具有愿意或易于接受新事物、新观点、新风尚、新理论的族群特点,同时也往往拥有较强的知识基础和文化优势,其表现在文化现象上是热情活泼、引领风潮、个性鲜明、张扬外露。作为从童年逐步走向社会、走向成熟的社会成员,青年民众对于各类文化存在爱挑剔、善模仿、追逐流行时尚的特点,这对世界各国流行文化的发展与兴衰至关重要。这也使青年族群的文化需求和文化特点成为世界各国文化平稳发展不容忽视的重要因素。同时,作为不同国家和地区的社会成员的重要组成,青年业已成为各国文化发展重要的参与主体之一。通过不同途径参加各类文化活动,青年民众可以逐步认知所在国家和地区的文化与社会现状,继承与发展相关文化价值观念,并且随着文化经验与文化知识的不断累积而日益成为世界各国文化发展的主导力量。

(二)青年民众对世界各国的文化发展还具有特殊的反哺作用

在以往的社会发展与文化传承及传播过程中,青年民众作为经验不足的非主流群体或者单纯的受众对象,只是各类文化的接受者和受教育者,对文化和知识的传播而言仅是单向流动,其传播场所则主要通过家庭和学校的方式进行。而在网络时代背景下,随着教育水平的发展、青年民众主体意识的增强与青年民众自我意识的觉醒,以及青年民众作为网络的主要使用群体,原有的单向、单一的文化灌输和知识传播已经不能满足青年自身的实际需要。借助网络的时代便利,青年民众在线下和线上的各类所思、所想、所憎、所爱及在现实社会的各类表现,作为青年民众的各类"亚文化"现象而不断超越时空的限制,通过网络和现实两个层面反向传输给其他社会成员及其相关社会族群。

一段时间以来,在 QQ、微博、微信等基于汉语的各类网络新媒体中,涌现出了一大批"新兴语言"即所谓"火星文""网络新成语"等。这些网络新兴事物在以汉语为基础的青年网民及少年网民中曾被大量使用,但对于不经常上网的民众而言形同"天书"。这些作为所谓"时尚"的网络亚文化,自身带有好玩、神秘等特色,个性鲜明,容易被关注,因而被以汉语为基础的不同国家和地区的青少年网民迅速接纳,并借助大量的网络聊天工具和便利的社交平台迅速拓展影响。就世界范围而言,基于互联网,包括抖音、微信、脸书、推特等以短视频、靓图、软文为主的自媒体平台,同样也在不同国家和地区的各界青少年民众中"大火",进而迅速在世界范围内拓展影响。

实际上,作为一个"创意为王"的地方,互联网领域的各类事物只要足够新奇、足够吸引眼球,能够引发不同国家和地区的各界民众关注,就有可能流行起来。然而这些所谓"创意"因为缺乏应有的文化底蕴做依托,在不同国家和地区容易来得快、去得也快,虽然灿若流星但存在短暂。一旦互联网有了新热点、新事件、新平台,这些网络流行事物大多数很快就会被不同国家和地区的包括青年网民在内的各界民众遗忘。不过,基于互联网,确实也有经过广大青年网民、少年网民的广泛使用与网络传播,对原有的文化事务与文化现象产生重要影响,如网络虚拟社会、网络生存、电子竞技,以及新近流行的"元宇宙"等,甚至相应年代的青年民众也被划分为所谓"E世代"。

四、青年政治与当代世界未来

当代世界的国际形势发展中出现了深刻变革和复杂调整,即基于世界多极化、经济全球化、社会信息化三大趋势相互影响、相互作用,世界各国的国家利益出现新变化、综合实力出现新消长、内外政策出现新变动,且相互之间交织互动。作为各国社会成员的重要组成和未来社会各项建设的生力军、主力军,不同国家和地区的青年民众深刻地影响着当代世界的现实走向与未来趋势。

(一)青年群体是世界各国社会发展的晴雨表及重要推动力

青年民众在历史发展中总是以朝气蓬勃、积极进取的形象出现,是不同国家和地区社会发展的晴雨表及重要推动力,也是社会重大变革的推动者、受益者。尤其是近代以来,不同国家和地区先后爆发了规模大小不等、政治诉求各有不同、斗争形式多样的青年运动,改变了一些国家和地区的社会结构和政治生态。诸如近代欧洲建国型民族主义运动、英国宪章运动、巴黎公社革命、美国黑人青年民权运动,以及中国的五四运动、一二·九运动等。可以说谁掌握了青年,谁就掌握了未来。一定程度而言,人类社会不断发展演变的历史,就是一部青年群体不断求生存、求发展、求进步的恢宏历史。青年民众在国际事务和国际交流中的积极影响和重要而特殊的政治作用,也早已为国际社会所公认。

鉴于青年对世界各国及未来发展的重要性,联合国曾先后把 1985 年、2010 年 8 月至 2011 年 8 月确定为"国际青年年"。1985 年国际青年年的主题是"参与、发展、和平",突出青年对世界和平与稳定的参与性。决定宣布后,受到了当时国际社会的普遍重视和广泛响应。此后,联合国大会于 2009 年 12 月通过了"国际青年年"的决定(2010 年 8 月至 2011 年 8 月),表明国际社会十分重视青年及青年群体在世界各国经济社会发展中的特殊作用,并已逐步将同青年相关的议题纳入全球、区域和国家的发展议程。与之相应,1995 年,联合国大会还通过了《到 2000 年及其后世界青年行动纲领》[①],较系统地提出了具有世界意义的青年政策框架和行动指导原则,"为改善青年人状况的国家行动和国际支持提供了政策框架和切实可行的指导方针,促进了各国青年的发展"[②]。2006 年,世界银行首次以青年为主题,发布了第 29 份年度报告《2007 年世界发展报告——发展与下一代》,并指出青年是未来进步的关键,从而进一步凸显了青年在世界发展中的重要地位。近年来,世界不同国家和地区出现的以青年民众为主力、以生态环保为诉求的各类罢课和游行活动,显示出青年政治和青年民众在气候变化领域的巨大能量。借助互联网等新闻媒体的推波助澜,凭借在生态环保领域的诸多表现,一些国家和地区不断涌现各类"走红"所在国家和地区乃至全球的"青年环保先

---

① 《到 2000 年及其后世界青年行动纲领》(联合国大会 1995 年 12 月 14 日第 50/81 号决议通过),联合国官网,https://www.un.org/zh/documents/treaty/files/A-RES-50-81.shtml,2021 年 9 月 22 日最后查阅。

② 中国青少年研究中心、团中央国际联络部课题组:《联合国〈到 2000 年及其后世界青年行动纲领〉实施十周年(1995—2004)特别调查:中国青年发展报告》,《中国青年研究》,2005 年第 11 期。

锋",甚至频繁出现在有关气候、环保等问题的国际会议与各类活动场合。

(二)青年群体是世界各国社会发展承前启后的重要力量

伴随着科学技术的进步和经济社会的发展，不同国家和地区的社会日益"青年化"。特别是互联网带来的虚拟化生存及各类人员社会流动性的加强，当代社会日益呈现"青年化社会"的特质。某种程度而言，谁能赢得青年，谁就能赢得世界的未来。

在现实中，作为社会成员的重要组成部分，世界各国的青年群体人数众多。按照青年政治学的青年界定，其年龄标准即 14~40 岁，青年民众约占全球人口一半，在一些国家甚至占比更大，可谓是推动世界发展的强大动力。"青年是整个社会中一部分最积极最少保守思想的力量。"①青年群体精力充沛，学习能力强，思想包袱较少，陈旧落后的观念较少，有兴趣、有精力且也敢于在不同领域尝试冒险与创新；青年阶段则是社会成员个体从懵懂、青涩向成熟转变的关键时期，需要大量吸收各类人文和社会知识，进而在这些知识与能力的基础上不断成长，其可塑性较强。尤为重要的是，青年族群的思想意识与价值判断不仅可以影响作为同一年龄阶段或者同一社会群体的朋辈群体，还具有特殊的发散性：其向上亦可以影响年长的一辈，包括父母、祖父母和长辈亲友，向下则可以影响其晚辈（主要是比其更为年轻的未成年人）等社会群体。其社会影响的发散性使青年族群在世界各国的政治、经济生活中具有独特的影响力。青年民众的问题之所以显得很重要，很大程度是因为其是整个社会的"缩影"。作为各国社会发展承前启后的重要力量，青年民众不单只会关注当前的权利与权益，也会关注未来有关自身及经济社会的各类发展问题。

鉴于 2019 年欧洲国家极端天气情况增多而造成的经济与社会发展的重大损失，欧洲诸多国家的青年民众认为，应对气候变化不力最终将使青年自身在未来承受各类不良后果。这直接导致 2019 年 5 月底的欧洲议会选举中带有环保主义色彩的绿党的异军突起。气候变化第一次成为欧洲议会选

第八章

举的核心议题,而这要归功于青年学生们提供的"历史性动力"。在未来的欧洲甚至世界政治中,气候变化的相关议题将越来越重要,"气候政治"正在崛起。作为欧洲国家经济社会发展承前启后的政治角色,欧洲青年民众与其父辈相比,不单会关注当前社会焦点议题和青年民众自身的群体利益,也更加密切关注未来的发展,因而在气候变化等环境保护领域更为关注,也更加注重具体行动,绿色低碳的简约生活方式颇为流行。

(三)围绕青年政治展开的各类国内外斗争日益尖锐

对当代世界而言,青年政治与不同国家和地区的社会问题密切相关。"青年人是反抗、不稳定、改革和革命的主角。"[①]在历史上,不同国家和地区拥有大批青年的时期往往与这些国家和地区发生各类社会运动的时期相重合。特别是各国在政治、经济、文化、社会等领域积聚的矛盾日益尖锐的趋势下,青年群体作为不同国家和地区社会经验较少、容易冲动莽撞、辨别能力较弱、容易被诱惑和误导的社会组成,使一些外部势力干涉相关国家和地区的内部事务有了可乘之机。

21 世纪以来,源自缺乏政治权力、社会地位低下、资产财富较少的青年民众的所谓"草根政治",借助当今世界互联网的大范围传播和智能手机的日益普及,以令人印象深刻甚至难以预料的速度,前所未有地突破了旧有的民族与国家的政治界限而在世界范围内不断拓展着自身的政治影响力。迫于青年政治和网络时代社会变革的诸多压力,一些国家和地区原有"金字塔"形的精英政治逐步向平民政治转化,日益呈现"扁平化"趋势。部分国家和地区以青年民众为先锋和主力,在外部政治势力的挑拨与煽动下爆发的社会动荡甚至"颜色革命"时有发生。2010 年爆发的中东北非地区的阿拉伯社会剧变,即所谓"阿拉伯之春"就是典型案例。

这场社会剧变并非偶然的社会政治运动,而是有关国家国内外各类因素共同作用的必然产物。就剧变原因而言,阿拉伯地区的人口年轻化是其中

---

① [美]塞缪尔·亨廷顿:《文明的冲突与世界秩序的重建》(修订版),周琪等译,新华出版社,2017 年,第 97 页。

的重要因素。① 2008 年发生的源自美国的金融危机,加剧了对欧美经济有较强依赖性的中东地区的经济困境,大量青年民众因此失业,日常生活也失去保障,进而导致民众的怨愤直接指向当事国家的政府。同时,随着阿拉伯地区人口结构日趋年轻化,作为"反抗、不稳定、改革和革命的主角"的青年民众,在经济困难的环境中急需更为重视并被妥善安置。但在金融危机冲击之下,中东北非地区的各国政府财政状况捉襟见肘,提供的就业岗位无论是数量还是质量都难以满足大量青年民众的就业需求与生活期望,导致大批青年民众对现状严重不满,成为各类反政府运动的主角。同时,这些青年民众基本受过一定的教育,且熟谙互联网及各类社交软件。这使得青年民众能够迅速通过网络媒体而组织起来,各种不同的政治主张、经济诉求、不满情绪通过网络空间和街头现实不断宣泄,最终导致大规模的反政府运动迅速爆发。

　　这场社会剧变目前已经跨越第十个年头。在外部势力尤其是美英等国干涉下,从利比亚、埃及、突尼斯、伊拉克、也门到叙利亚,这场社会剧变给当事国家造成了巨大的经济损失和严重的人道主义灾难,也使地区局势进一步恶化。以青年民众为先锋和主力的这场社会剧变,既没有给所在的国家及民众带来经济社会的繁荣、更为完善的民主法治,也没有带来社会秩序的和谐稳定,更没有向当事国家的青年民众提供更多的就业机会和发展空间。国际社会所看到的,仅仅只是该地区各种政治矛盾、社会矛盾的激化与升级,包括经济衰落、政治分裂、社会动荡、难民危机和极端主义的兴起,所谓"阿拉伯之春"已经变成"阿拉伯之冬"。②

第八章

---

　　① 参见李翠亭:《"阿拉伯之春"的历史后果——兼论美国对阿拉伯世界的民主输出》,《武汉大学学报(人文科学版)》,2014 年第 1 期。
　　② 参见李翠亭:《"阿拉伯之春"的历史后果》,《武汉大学学报(人文科学版)》,2014 年第 1 期;安高乐:《"阿拉伯之冬"的原因及对美国中东政策的挑战》,《印度洋经济体研究》,2014 年第 4 期;田文林:《落入寒冬的"阿拉伯之春"》,《人民日报(海外版)》,2014 年 12 月 25 日。

第二节　青年政治与当代中国

一、青年政治与当代中国政治发展

作为当代中国社会的重要组成以及未来中国社会各项建设的生力军与主力军，中国青年民众的地位十分重要而特殊，青年政治与当代中国政治发展也存在密切关联。

(一)青年民众是当代中国政治发展的生力军乃至主力军

回溯历史不难发现，中国近代史上的戊戌变法、辛亥革命、五四运动、一二·九运动等救亡图存的爱国运动，通常都是其所在时代的各类青年有识之士的振臂疾呼和迅猛行动；中国工农红军艰苦卓绝的两万五千里长征更是一批革命青年创造的历史奇迹与伟大史诗。抗日战争、解放战争、社会主义建设以及改革开放事业，同样也浸润着、记载着千千万万中国青年可歌可泣的青春风采、爱国热忱、奉献精神与不同时代的历史担当。

21世纪以来，面对世界百年未有之大变局，国际政治格局的机遇和挑战并存。作为此次国际政治变局中具有体系意义的主要国家行为体、主要发展变量，中国在国际权利财富和政治利益分配格局中正前所未有地从所谓"边缘地带"走进世界舞台的中心，引发世界各国的瞩目。在此背景下，伴随着中国在民族复兴征程中的阔步前行，新时代建设中国特色社会主义事业同样需要千千万万的青年民众为之不懈努力与艰苦奋斗。尤其是"攻坚克难"遇到的政治、经济、文化、社会等诸多问题和难题，在时间上有较大跨度，不仅是当代青年应该在当前参加，而且还期待着长期、持续参与这些重要事务的妥善解决。新时代的中国青年需要而且确实能够承担起这一神圣使命，在新时代的各项建设中发挥先锋队和排头兵作用，以自身蓬勃的青春力量与勇敢的时代担当,不断助力中华民族的伟大复兴。

"志不求易,事不避难。"① 2020 年初,作为 1949 年以来传播速度最快、感染范围最广、防控难度最大的重大突发公共卫生事件,新冠肺炎疫情开始在神州大地肆虐。面对无情的疫情,千千万万个在抗疫一线的青年医护人员和"90 后""00 后"们,不顾生命风险,在严峻的现实中"逆行",践行着自身的青春担当、青春责任与青春使命。这些时代青年奋战在祖国各地的医院、社区、工地、厂房,以及运输医疗物资、分发各类生活物资的各条战线,一支支青年突击队面对危难依然奋勇向前,一个个青年奉献者在亲情与职责的取舍中留下感人瞬间。肆虐的新冠疫情下,广大青年"逆行者"们用自身的英勇无畏的实际行动,证明了并继续证明着新时代的中国青年是好样的,是政治可靠、业务精干、责任心强、堪当大任的。广大中国青年英勇无畏地走在时代前列,面对抗击新冠肺炎疫情中的各类艰难险阻,用自己的青春和汗水让世界刮目相看,展现出当代中国青年的青春"蝶变",成为爱国担当的青年生力军。对此,正如习近平总书记回信勉励北京大学援鄂医疗队全体"90 后"党员所指出的:"在新冠肺炎疫情防控斗争中,你们青年人同在一线英勇奋战的广大疫情防控人员一道,不畏艰险、冲锋在前、舍生忘死,彰显了青春的蓬勃力量,交出了合格答卷。"②

(二)青年民众在维护国家利益方面的作用日益重要

进入 21 世纪以来,随着国际金融危机后各国综合实力的此消彼长,西方发达国家在国际社会的影响力逐步下降,而排外的狭隘的民粹主义逐渐兴起。与之相对,随着改革开放的深入和综合国力的蒸蒸日上,中国文明复兴的历史趋势日益明朗。世界上第一次呈现一个非西方大国的经济实力对西方全面超越的未来可能性,而中国的发展模式对世界各国尤其是发展中国家具有巨大的吸引力,正在改写大航海时代以来西方持续领先世界的历

---

① 《后汉书·虞诩列传》。

② 《习近平回信勉励北京大学援鄂医疗队全体"90 后"党员 让青春在党和人民最需要的地方绽放绚丽之花》,人民网,2020 年 3 月 17 日,http://jhsjk.people.cn/article/31634860?isindex=1,2021 年 9 月 22 日最后查阅。

史轨迹。在此世界百年未有之大变局背景下，就文明意义及从制度体系而言，世界秩序已进入新旧格局交替的"丛林地带"。

对此，一些霸权主义国家和干涉势力出于自身狭隘的政治利益与国家战略，凭借"国内政治国际化""国际政治国内化"的网络浪潮尤其是网络虚拟空间的不断扩展，试图利用中国青年民众的缺乏社会经验、冲动易变，挑拨中国国内矛盾，制造各类政治事端，进而给中国文明复兴的历史进程增添阻碍，减缓中国前进的脚步。与之相对，作为网络使用主力军的中国青年民众纷纷用自己的实际行动有力地回击了各类痴心妄想。从2008年北京奥运的境外圣火传递捍卫到针对西方反华势力的"饭圈"出征，从边防哨所"一不怕苦，二不怕死"忠诚无畏地执勤巡逻，到海外青年留学生通过集会游行等不同形式反击形形色色的分裂势力，从联合国等国际社会的各类会议到反击国外不良商家的诸多种族歧视与分裂意图……无论是在网络虚拟空间还是在现实社会，广大中国青年秉承深厚的爱国传统，在维护国家利益方面的重要作用日益显现且不断为社会各界所认知、所支持。

二、青年政治与当代中国经济社会发展

（一）青年民众推动了新时代中国的经济社会发展

青年民众的朝气蓬勃与勇于奉献从不同领域、不同层次有力地推动了新时代中国的经济社会发展。青年民众有朝气、有活力，富于开创和探索精神，直接关乎国家的未来发展、各行各业开拓创新的希望。在时代的大潮中，随着青年民众文化程度与科学素养的不断提高、经济社会发展水平的不断增长，以及社会整体氛围的日益包容，除了坚守本职工作、勤勉奉献外，也有越来越多的青年抓住历史机遇，积极投身创业创新实践，同样有力地推动了新时代中国经济社会的发展与进步。

对这些创新创业的青年而言，虽然像比尔·盖茨、乔布斯、扎克伯格等青年时期就开始创业的世界知名成功人士难以复制，但就国内诸多行业而言，并不缺乏年轻时就开始创业且已取得巨大成功的业界翘楚和中坚人物。

移动互联网接入流量

单位:亿 GB

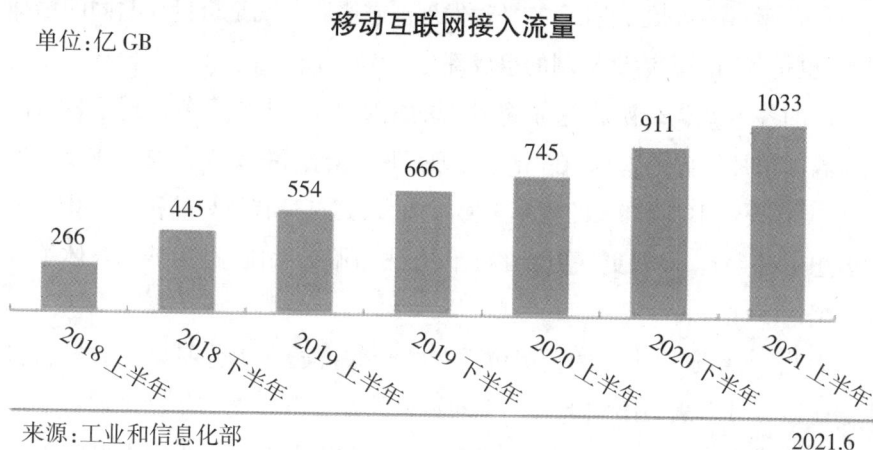

来源:工业和信息化部　　　　　　　　　　　　　　　　　　　2021.6

图 8.2 移动互联网接入流量①

当前,在国家各级部门不断推进"大众创业,万众创新"②(简称"双创")的时代背景下,曾经"两耳不闻窗外事,一心只读圣贤书"的高校"象牙塔",迎来了青年民众创新创业的广阔舞台。对新时代的青年学子而言,创新与创业早已不再陌生,而是发生在身边且触手可及。较之日本,中国式创新创业的重大区别在于年龄阶层不同——中国式创新创业最大群体是青年民众,尤其是刚刚走出校门,甚至还在学校里面,部分青年学生就已经开始尝试不同形式、不同水平的创新创业。综合来看,各地以青年民众为主力的"双创"为推动中国经济结构转型和深化企业事业单位的相关机构改革,增添了宝贵的青春新动能,也为青年民众如何融入现实社会潮流、服务地方和国家经济发展大局,让青年个体成长与地方经济社会发展、国家宏观需求得到更好的契合,提供了现实而可行的路径选择。

与此同时, 青年民众还以积极投身各类社会公益事业的青年志愿者形

① 《第 48 次中国互联网络发展状况统计报告》(2021 年 9 月),中国互联网络信息中心,http://www.cnnic.net.cn/hlwfzyj/hlwxzbg/hlwtjbg/202109/P020210915523670981527.pdf,2021 年 10 月 22 日最后查阅。

② 《国务院办公厅印发〈关于建设大众创业万众创新示范基地的实施意见〉》,中国政府网,2016 年 5 月 12 日,http://www.gov.cn/xinwen/2016-05/12/content_5072748.htm,2021 年 9 月 22 日最后查阅。

式,不断推动着中国经济社会的平稳发展。志愿服务既是全世界共同的精神财富,也是各国国家治理机制的组成部分。作为不同国家和地区包括青年民众在内的各界民众奉献爱心、服务社会的重要方式,志愿服务体现了各界民众对高尚精神境界的追求,在"赠人玫瑰、手有余香"中实现自我价值及人生意义。①在现实中,就广大的青年志愿者而言,其自身有较高的科学文化素质和思想道德素质,掌握更好更新的工作方法与服务手段,在年龄和身体等方面占据诸多优势。

因此,青年志愿服务的经济效益与社会效益通常十分明显:一方面,青年志愿服务可以满足不同地区、不同类型的社会群体尤其是社会弱势群体对社会保障的各类特殊而迫切的现实需求,弥补各级社会保障尤其是基层社区、乡村地区在资金和服务人员方面数量与质量的不足;另一方面,青年志愿服务也能运用更新更好的工作方法与工作理念,对我国社会保障体系进行深入探索和创新,打通"最后一公里"进而助力经济社会的和谐健康发展。对青年志愿者而言,往往哪里有需要,哪里就有青年志愿者的身影——不论是汶川大地震的救援现场,还是玉树重建家园的各界援助队伍,不管是抗击新冠疫情的危险前线,还是各地基层防控的社区、乡村,青年志愿者们的无畏勇气、坚强意志、专业态度与奉献精神,都给社会各界乃至世界各国民众留下了深刻印象。在这场没有硝烟的战"疫"中,青年志愿者们"不仅以青春的担当再次诠释志愿精神,也让社会核心价值得以充分彰显"②。

(二)青年民众需要固本扶元、正确引导

与其他国家和地区的青年民众类似,中国的青年民众同样因社会阅历较浅、年轻且精力旺盛、爱冲动冒险等原因,容易面对中国经济社会发展进程中的部分问题产生不同程度的义愤、批判等不满情绪,甚至在外部政治势力挑拨下导致"亲者痛,仇者快"。对此,青年民众需要及时地固本扶元、正确引导。

---

① 参见《推动新时代志愿服务事业持续健康发展——中央文明办负责同志答记者问》,《人民日报》,2020年6月6日。

② 青小平:《志愿精神与时俱进》,《中国青年报》,2020年4月10日。

　　作为网络使用的主力军,当代中国青年的成长进步已经深深"嵌刻"在互联网及其营造的网络虚拟空间之中,其思想观念的塑造、求知求学的满足、人生梦想的充实、社会生活的融入等,往往离不开互联网建构的虚拟空间的精神家园、知识平台及信息源泉。包括青年民众在内的社会各界的衣食住行已经和互联网密切关联。如同一枚硬币的两面,互联网既有其积极的一面,也有其消极的一面。在网络环境中,以智能手机为主要载体的网络新媒体,使以青年民众为主体的广大用户可以随时随地第一时间"发声"且身份隐秘,进行各类新媒体的播发与收看收听。以转发、群发为手段的各类信息传播与扩散,也充分运用了互联网的快捷优势,其散播速度十分迅速且影响巨大。基于互联网,广大素不相识身在不同地方的网友可以实时互动,围绕感兴趣的话题各抒己见、深入交流。在传播过程中,各类"海量"信息与资讯并非完全真实且经过认真核实,而是存在不同程度的主观性、随意性、片面性,加之快速传播的形式,使得网络媒体的各类信息鱼龙混杂,甚至夹杂大量虚假信息,对青年民众时常形成较为直接的心理暗示及消极影响。进入自媒体时代后,"国际问题国内化""国内问题国际化"双向互动日益频繁,来自网络虚拟空间的诸多不良干扰同诱惑与现实社会的各类问题产生程度各异的"共振效应",对青年民众的各类影响逐步加强。

　　虽然互联网的影响无处不在,网络虚拟空间日益向现实社会渗透,但对中国现实社会的了解和参与,更多需要青年民众在现实社会与网络空间学习各类政治知识、社会规律、法律法规等知识的同时,克服包括历史虚无主义等不良影响,及时甄别各类消极信息,去伪存真,汲取正确的知识与营养,促进自身的健康成长。与此同时,青年民众需要通过各种身体力行的方式深入社会现实,亲身进行各类社会实践,从中认知和体验中国社会的主流发展态势,体味民族复兴历史进程的重要意义,明确青年民众自身的历史使命与时代担当。具体到现实学习与工作,青年民众需要从眼前做起,从自身做起,从本职做起,努力践行社会主义核心价值观,助力中华民族的伟大复兴。

第八章

三、青年政治与当代中国文化发展

作为当前中国社会的重要组成和未来中国社会各项建设的生力军、主力军,青年群体与当代中国文化发展密切关联,关乎国家的未来,影响着甚至在一定程度上决定着中国未来的国民精神和主流文化。作为创新意识强烈、创新激情热烈、创新精力旺盛的社会群体,青年民众结合时代发展与青年理念及"后浪"风貌,不断自下而上进行各类文化创新已经成为社会现实,从而不断推动当代中国文化的发展。

(一)青年文化推动了当代中国文化的不断发展

作为社会文化系统中最有活力的文化体系,青年文化因应青年自身发展的特点,充满各类创新元素与青春活力。青年民众因其青春与活力而思维非常活跃,喜欢追求新鲜事物而不拘泥于传统模式。就个体而言,在继承中国优秀传统文化的基础上,青年民众往往能够把世界时尚潮流、未来文化发展及政治价值理念、社会审美倾向密切关联并融入自身的日常生活。就整体而言,根据时代变迁与社会变革,青年民众不断创新着自身文化的形式与内容,将网络时代的发展特点、青年民众的青春特质融入自身所处的青年文化之中,最终汇聚成具有强烈青年个性和前卫文化倾向的诸多流行元素与社会时尚。这些青年民众的文化言行不断向现实社会各类惰性挑战、推进青年文化发展的同时,也不同程度赋予中国文化以创新与发展。

21世纪以来,随着网络时代的冲击与新媒体技术的发展,以智能手机网络为平台的交流形式迅速成为青年民众的新宠。借助微信、微博、QQ空间、抖音等自媒体平台进行自我表达,已成为青年文化的青春特色与时尚文化的时代象征。基于时代与青年的特色文化创新,青年文化获得了顽强的生命力和成长空间,不断为社会先进文化发展注入新的青春活力与青春元素。青年文化自身也在网络时代与时俱进,吸引青年民众的各类关注,不断创造满足青年民众自身需要的各类文化产品。

实际上,青年文化的诸多元素不论是积极向上、催人奋进、"正能量满满"还是带有消极、颓废色彩,其对传统社会文化的秩序、道德、观念、社会价值是推动还是挑战,都会对中国文化的整体发展产生不同程度的影响,显示出青年文化自身的创新与活力。抖音、微信、微博等自媒体也日益成为 21 世纪中国青年文化的重要标志。"问渠那得清如许,为有源头活水来。"这些青年文化现象在引起社会各界关注的同时,也为社会主流文化的发展注入了更多的新鲜"活水",引发社会主流文化不同程度的被动性接纳乃至主动性变革。

这种青年民众的"文化反哺"实质是青年文化对社会主流文化积极而主动的影响过程,是受教育者对教育者反过来施加影响而向教育者传授社会知识、价值观念和行为规范的一种自下而上的"反向社会化"的过程。①对既有的中国社会文化"存量"而言,基于时代发展和社会进步的青年文化的创新有一定程度的风险,但也更有其希望。在文化政策"顶层设计"与宏观方向引导、法律法规保障等多重因素共同作用下,青年群体的文化生产、文化消费正凭借青年自身的青春活力与蓬勃的创造力,推动着民族复兴进程中的中国文化日益焕发着勃勃生机,展现着独特魅力,并且依托互联网向世界不同国家和地区的各界民众不断拓展着中国文化的深刻魅力。

(二)青年文化中的消极因素需要及时规范与纠正

需要注意的是,青年文化中虽然积极向上的元素占据主流,但也同样存在一些消极因素。这些消极因素需要及时规范与纠正,以推动青年民众自身的健康成长与青年文化的健康发展。

在网络时代,作为中国网民中最为活跃和数量庞大的社会群体,青年民众通过四通八达的网络,不仅可以获取学习与工作所需的各类资源和机会,也可产生各类网络消极现象,使青年文化中的消极因素有所增长。在现实社会中,包括高校学生在内的一些青年民众长期沉迷互联网,对真实生活中的各类责任与义务视而不见;个别青年民众参与网络色情和网上赌博,甚至在诱骗乃至胁迫之下走上犯罪道路。也有少数青年民众面对各类网络游戏,经不住诱惑而为之耗费大量时间与精力,甚至因此荒废了学业、事业。一些青

---

① 参见周晓红:《现代社会心理学》,上海人民出版社,1997 年,第 162 页。

年学生未能按高校相关规定进行学习深造，使近年来部分高校出现清退本科生、研究生的现象。

同时，青年民众所面临的社会问题和承受压力不断加大——学习、就业、结婚、买房等，需要承担父母的期望、社会的价值、家庭的责任、个人的志向等。理想和现实的差距可能会在青年民众中滋生各类悲观消极情绪，在网络空间和现实社会产生各类不当言行，对网络安全与社会秩序造成一定程度的危害。社会现实中的就业问题和生活压力，也使得"月光族""盲盒"等在青年文化现象中不断涌现。一些青年民众尤其是部分高校学生不再崇尚节俭，而是盲目追求不切实际的所谓"高消费"，甚至陷入"校园贷""套路贷"乃至最终酿成悲剧。青年民众中还存在所谓"愤青"的文化现象，在青年民众和社会各界的影响也不容小觑。应该看到的是，"网络空间的虚拟性、网民身份的隐匿性，使一些人在言谈时无所顾忌"[1]。部分"愤青"试图凭所谓"书生意气"和偏激观点吸引各界关注，可能被一些境外势力利用，其过激言论也会对青年民众和社会舆论造成消极影响。

青年民众在不断的成长与发展期间，也和互联网的成长与发展类似，总是会伴随着形形色色的诸多不足与缺陷。这就需要相关部门和社会各界及时加强指导和管理，针对相关暴力网站、黑客事件、垃圾邮件、虚拟财产失盗、木马病毒等互联网问题予以治理和打击，及时清朗网络秩序和网络规范，从而不断推动青年文化的健康发展，进而推动青年群体自身的健康成长。

四、青年政治与当代中国文明复兴

2019年4月30日，习近平总书记在纪念五四运动100周年大会上的讲话中指出："青年是整个社会力量中最积极、最有生气的力量，国家的希望在青年，民族的未来在青年。今天，新时代中国青年处在中华民族发展的最好时期，既面临着难得的建功立业的人生际遇，也面临'天将降大任于斯人'的时代使命。"[2]伴随着中国经济社会的快速稳健发展、中国在国际社会的地位

---

① 夏春涛：《历史虚无主义思潮的产生背景、主要特征及其危害》，《史学理论研究》，2019年第3期。

② 习近平：《在纪念五四运动100周年大会上的讲话》，人民出版社，2019年，第6页。

与影响力的日益提高，中国青年民众的民族自豪感也随之日益增强，建设中国特色社会主义道路的信心更为坚定。这就意味着，在中华民族伟大复兴的历史进程中，作为现实社会的重要组成与未来各项建设的生力军、主力军，当代中国青年积极充分发挥自身的应有作用，无论是在信心层面还是在能力层面都具有十分坚实的现实基础。

（一）青年群体是推动中国历史进步与现实发展的重要主体

中国历史上诸多伟大的社会变革和历史演进，都离不开当时所在社会进步青年民众的积极参与及有力推动，从中也涌现出大批的青年才俊。

中国近代的戊戌变法、辛亥革命、五四运动等历次救亡图存的运动，都是大批时代新青年的振臂疾呼和迅猛行动。从梁启超"少年强则中国强"的预言，到新中国成立初期毛泽东"早上八九点钟的太阳"的比喻，中国社会经历了天翻地覆的政治变革。在党领导各族人民进行革命、建设、改革的伟大历史征程中，更是青年英雄辈出。改革开放以来尤其是21世纪以来，伴随着全球化进程的深入进行，我国也逐步与世界各国开展涉及经济、政治、文化、教育、科技、体育等领域的全方位交流与合作。依托中国自身雄厚的资源禀赋、庞大的国内市场、巨大的人口基础、齐全的工业门类、强劲的制造能力，我国深度介入了"地球村"的经济社会建设与贸易往来，所提出的共建"一带一路"也使互联互通、美美与共成为时代的重要潮流。对此，作为网络使用主力军的青年民众，其在政治、经济、文化、科技等领域的作用比过去诸多历史时期都显得更为重要；即将到来的人工智能社会，也将使青年民众在学习能力、创造能力等方面的综合提升比过去来得更为迅猛。这些政治、经济、文化、科技、社会等领域发展的"迭代效应"，使青年民众在现实社会许多领域已经发挥着重要影响与政治作用，在部分领域甚至起到了主导作用。

"五四运动以来的100年，是中国青年一代又一代接续奋斗、凯歌前行的100年，是中国青年用青春之我创造青春之中国、青春之民族的100年。"[①]回望中国青年的辉煌过去，更需要当前中国各界青年秉承正确的爱国信念

---

① 习近平：《在纪念五四运动100周年大会上的讲话（2019年4月30日）》，人民出版社，2019年，第5页。

与青年理想、青春梦想,投身新时代中国特色的社会主义建设与中华民族伟大复兴的历史进程。

(二)青年政治也成为国内外矛盾斗争的重要战场之一

作为中国当前社会的重要组成、未来中国社会各项建设的生力军与主力军,也作为制衡全体社会成员政治权利的重要力量,青年民众的政治价值及其政治影响亦即青年政治有其客观存在的必然。不论是在现实社会还是在虚拟空间,社会各界均无法忽视也无法回避青年民众及其青年政治的重要影响与政治作用。较之世界其他国家与地区,作为经济社会发展过程的常见现象,中国同样不同程度地存在着经济社会问题的多样性、政治对某些经济社会问题解决的滞后性与局限性,这也不同程度地增加了青年政治的社会价值。"青年学生是最冲动的、最易被煽动的群体。"[①]包括高校学生在内的中国青年民众年轻、精力充沛、富有活力、思想较为单纯,其追求社会平等、经济独立和振兴中华的奋斗目标,对个人与国家的未来、对时代与社会的发展既有美好憧憬又饱含诸多迷惘。同时,中国的青年民众通常也存在对解决各类经济社会问题较为激进的立场,常期望短时间内一下子解决众多问题,而不考虑问题存在的诸多现实原因与妥善解决的实际困难及具体障碍,往往"恨铁不成钢",将各类政治生活与政治斗争过于"理想化"。

在网络时代,这些青年民众凭借自身较高的科学文化素质,能够迅速学习与掌握互联网及新媒体的各类技能,并依托网络空间与新媒体平台,发表对诸多社会事物与政治现象的想法与评价,表达青年民众自身的各类意见与建议,以期努力实现自我所预想的个人价值。青年民众强烈的正义感、革新意识、高涨热情、旺盛斗志以及社会经验单纯、社会阅历浅薄等特点,一定程度也决定了其易受某些政治势力的利用而制造各类青年政治事件,进而破坏中国社会的稳定与和谐。

"青年要顺利成长成才,就像幼苗需要精心培育,该培土时就要培土,该浇水时就要浇水,该施肥时就要施肥,该打药时就要打药,该整枝时就要整

---

① [美]塞缪尔·亨廷顿:《变化社会中的政治秩序》,王冠华、刘为等译,生活·读书·新知三联书店,1989年,第231页。

枝。"①随着中国综合国力的不断增长、国际地位的不断提高,国际社会某些霸权国家及出于本国一己私利的国家,为了其自身狭隘的国家利益,需要树立所谓"战略竞争对手",因此将国际政治斗争的矛头逐步转向欣欣向荣的中国。这也导致基于国家利益、意识形态、安全战略、国际秩序等领域的各类或明或暗的摩擦与斗争十分尖锐。国内外各类反华政治势力还不断通过网络空间与现实社会等各类途径,侵蚀与威胁我国国家安全与国家利益。

其中,围绕中国青年民众,以电影、电视、报纸、杂志等传统形式,以及微信、微博、脸书等各类网络媒体,还有留学、参访、旅游等较为隐蔽的方式,西方一些政治势力不断散播西方的价值观念与政治理念,诋毁与攻击中国的政治思想、政治制度、价值观念等。尤其是在网络空间,铸魂还是"蛀魂"、固根还是"毁根"、"塑人"还是"毁人"、昂扬还是颓废、法治还是混乱……各类无声与有声、无形与有形的较量异常激烈。在此背景下,引导青年民众树立和形成正确的价值观念、政治态度、政治思想等,显得十分重要而紧迫。近年来我国台湾及香港等地区,在各类敌对势力的挑拨与蛊惑煽动下,曾发生过若干影响较大的青年政治事件。这些以青年民众为主体的政治事件,对当地的社会稳定、经济发展与民众生活均产生了诸多负面影响,且其政治影响早已扩散到这些地区之外。

(三)青年只有将自身发展与国家紧密结合才能充分体现自身价值

青年时期是学习知识、苦练本领、拓宽视野、增加才干、累积经验的人生黄金阶段。"黑发不知勤学早,白首方悔读书迟。"在新时代,随着社会经济与先进科技的快速发展,知识更新的速度在不断加快,相关的新技术、新模式、新业态、新职业及新型岗位层出不穷。时代大潮为青年民众施展自身所具备的才华、能力与素质提供了十分广阔的展示舞台,同时也对青年民众所具备的能力与素质提出了更高的现实要求。这更需要青年民众立足现实、着眼未来,努力学习科学知识,提高自身素质,掌握过硬本领,使自己的价值观念、业务技能以及政治素养紧跟时代发展的实际需要。

---

① 习近平:《在纪念五四运动100周年大会上的讲话》,人民出版社,2019年,第14页。

　　"世界百年未有之大变局"如同一枚硬币的两面,既是政治与经济社会发展的严峻挑战,同时也是难得的历史机遇。作为中国当前社会的重要组成和未来中国社会各项建设的生力军、主力军,青年民众的政治责任与时代担当责无旁贷。在实现中华民族伟大复兴的征程上,面对包括新冠肺炎疫情、中美贸易战、两岸关系与国家统一、维护世界和平稳定、促进世界繁荣发展等各类复杂多变的情况,以及应对国内外诸多程度不同的各类挑战、克服经济社会发展与政治发展的各类阻力,迫切需要迎难而上、挺身而出的担当精神。"宝剑锋从磨砺出,梅花香自苦寒来。"青年民众如果能够勇挑时代重担、勇斗重大风险、勇克诸多难关,中华民族的伟大复兴一定程度上就能充满生机与活力、充满后劲与希望。诚如抗击新冠肺炎疫情中涌现"与逆行者同行"①,各界青年可以、也应当充分保持"初生牛犊不怕虎"的青春魄力,勇担时代责任,勇敢负重前行。时代的大潮也会"大浪淘沙",各类把承担责任、负重前行视为"犯傻""吃亏",一味逃避责任的思想及行为,都难以真正成就青春事业,也难以真正品味奋斗之趣、人生之乐。

　　一个颠扑不破的真理是,青年民众只有把作为社会个体的"小我",与集体、与时代、与祖国融为一体,同呼吸、共命运,才能更好实现自身的人生价值,并在奋斗中诠释自身的人生诉求。五四运动以来,一大批具有先进思想的爱国青年,正是在"科学和民主"思想的引领下,为之长期不懈的努力奋斗,甚至不惜抛头颅、洒热血,在改变国家与民族命运的同时,也实现了自己的人生价值和人生梦想。21世纪以来尤其是新时代以来,青年民众的成长与历练需要与时俱进,既要"仰望星空",又能"脚踏实地",勇当各行各业的"弄潮儿",勇做中国梦的创造者及实现者。

　　"青年理想远大、信念坚定,是一个国家、一个民族无坚不摧的前进动力。"②"未来属于青年,希望寄予青年。"③"立志而圣则圣矣,立志而贤则贤矣"④,青

① 参见《青春,在"与逆行者同行"中书写芳华》,新华网,2020年03月31日,http://www.xin-huanet.com/comments/2020-03/31/c_1125791475.htm,2020年8月24日最后查阅。

② 习近平:《在纪念五四运动100周年大会上的讲话》,人民出版社,2019年,第6页。

③ 习近平:《在庆祝中国共产党成立100周年大会上的讲话》,人民出版社,2021年,第21页。

④ (明)王阳明:《教条示龙场诸生》。

年民众的志向会影响自身的人生发展轨迹，也会影响到其人生梦想与人生价值。青年时期如果能够根据自身情况和时代发展的潮流，将自身发展与国家、与社会、与集体紧密结合，立下较为宏远的志向并能够矢志不渝地为之上下求索，就能激发推动自身不断进取、不断努力的洪荒之力，"一寸光阴一寸金"的青春岁月就不会随波逐流，更不至于浑浑噩噩，虚度美好光阴。

"天下难事，必作于易；天下大事，必作于细。"①正是大量的时代青年以及社会各行各业的时代英模，为国家、为社会、为集体默默奉献着自己的青春、热情与才华，不断推动着中国社会前进的步伐。中国经济社会的快速健康发展，也必将进一步惠及青年民众的成长、造福青年民众的发展、成就青年民众的功业。青年民众更需要认清中华民族伟大复兴面临的历史机遇，担当中国经济社会发展的具体责任，为中国经济社会的不断发展及中国道路、中国经验、中国模式②贡献青年智慧、汇聚青年力量。

思考题

1.青年政治对世界政治与经济社会发展具有重大影响的表现是什么？

2.国内政治国际化与国际政治国内化双向互进背景下，青年政治在当代世界政治发展中起什么作用？

3.如何理解青年群体是当代世界经济社会发展的主要动力？

4. 青年民众对当代世界及未来发展有哪些重要的影响且主要包括哪几个方面？

5.青年民众在经济发展、文化繁荣、社会进步、国家富强、民族振兴等方面应该发挥什么样的作用？

6.青年应当如何擎起时代之旗，做一个担当民族复兴大任的时代新人？

第
八
章

---

① 《老子·第六十三章》。

② 参见潘维主编：《中国模式：解读人民共和国的60年》，中央编译出版社，2009年，第3~85页。

参考文献

一、经典著作

1.《马克思恩格斯全集》(第 1、3、4、18、37 卷),人民出版社,1995 年。

2.《马克思恩格斯文集》(第一、四、十卷),人民出版社,1995 年。

3.《马克思恩格斯选集》(第一——四卷),人民出版社,2012 年。

4.《列宁全集》(第 35、37、39 卷),人民出版社,2017 年。

5.《列宁选集》(第二、三卷),人民出版社,2012 年。

6.《孙中山选集》(下),人民出版社,1981 年。

7.《毛泽东选集》(第二卷),人民出版社,1991 年。

8.《毛泽东文集》(第六卷),人民出版社,1999 年。

9.《邓小平文选》(第二卷),人民出版社,2001 年。

10.习近平:《在庆祝中国共产党成立 100 周年大会上的讲话》,人民出版社,2021 年。

11.习近平:《在哲学社会科学工作座谈会上的讲话》,人民出版社,2016 年。

12.习近平:《在纪念五四运动 100 周年大会上的讲话》,人民出版社,2019 年。

二、中文专著

1.陈家刚主编:《全球治理:概念与理论》,中央编译出版社,2017 年。

2.陈万柏、张耀灿主编:《思想政治教育学原理》,高等教育出版社,2007 年。

3.陈岳:《国际政治学概论》,中国人民大学出版社,2010 年。

4.陈正良:《冲突与整合——德育环境的系统建构》,中国社会科学出版社,2005 年。

5.方连庆、王炳元、刘金质主编:《国际关系史(战后卷)》(上册),北京大学出版社,2006 年。

6.高峰:《美国政治社会化研究》,首都师范大学出版社,2004 年。

7.龚祥瑞:《比较宪法和行政法》,法律出版社,1985 年。

8.郭俊英主编:《新时代的先声——五四新文化运动展览图录》,北京出版社,2011 年。

9.郭树勇主编:《国际关系:呼唤中国理论——2004·上海·国际关系理论研讨会》,天津人民出版社,2005 年。

10.何怀宏编:《西方公民不服从传统》,吉林人民出版社,2001 年。

11.黄小石等主编:《诸子百家大辞典》,四川人民出版社,1999 年。

12.黄志坚主编:《青年学》,中国青年出版社,1988 年。

13.蒋云根:《政治人的心理世界》,学林出版社,2002 年。

14.金应忠、倪世雄:《国际关系理论比较研究》,中国社会科学出版社,1992 年。

15.李晨荣、谭融编著:《外国政治制度》,南开大学出版社,1997 年。

16.李岗:《跨文化传播引论——语言·符号·文化》,四川出版集团、巴蜀书社,2011 年。

17.李培林等:《当代中国民生》,社会科学文献出版社,2010 年。

18.李义虎:《地缘政治学——二分论及其超越》,北京大学出版社,2007 年。

19.梁守德、洪银娴:《国际政治学概论》,北京大学出版社,2008 年。

20.刘明主编:《街头政治与"颜色革命"》,中国传媒大学出版社,2006 年。

21.刘亚伟、吕芳:《奥巴马:他将改变美国》,社会科学文献出版社,2008 年。

22.卢勤:《个人成长与社会化》,四川大学出版社,2010 年。

23.陆建华主编:《青年学辞典》,安徽人民出版社,1990 年。

24.鹿林:《应用型人才培养的逻辑》,北京大学出版社,2017 年。

25.吕思勉:《中国通史》,新世界出版社,2008年。

26.马振清:《当代政治社会化基本理论》,九州出版社,2017年。

27.马振清:《中国公民政治社会化问题研究》,黑龙江人民出版社,2003年。

28.倪世雄等:《当代西方国际关系》,复旦大学出版社,2006年。

29.潘维主编:《中国模式:解读人民共和国的60年》,中央编译出版社,2009年。

30.浦兴祖主编:《当代中国政治制度》,复旦大学出版社,2005年。

31.钱穆:《国史大纲》,商务印书馆,1997年。

32.施雪华主编:《政治科学原理》,中山大学出版社,2001年。

33.孙关宏、胡春雨、任军锋主编:《政治学概论》(第二版),复旦大学出版社,2008年。

34.孙晓春:《政治社会学》,吉林大学出版社,1995年。

35.唐骁、王为、王春英:《当代西方国家政治制度》,世界知识出版社,1996年。

36.王长江:《政党论》,人民出版社,2020年。

37.王长江主编:《世界政党比较概论》,中共中央党校出版社,2003年。

38.王惠岩主编:《政治学原理》,高等教育出版社,1999年。

39.王浦劬等:《政治学基础》,北京大学出版社,2018年。

40.王伟光:《利益论》,人民出版社,2001年。

41.王希:《原则与妥协:美国宪法的精神与实践(增订版)》,北京大学出版社,2014年。

42.王逸舟:《国际政治概论》(第二版),北京大学出版社,2016年。

43.王逸舟:《西方国际政治学:历史与理论》(第二版),上海人民出版社,2006年。

44.韦民:《小国与国际关系》,北京大学出版社,2014年。

45.吴广川主编:《青年学辞典》,吉林人民出版社,1989年。

46.肖滨主编:《政治学导论》,中山大学出版社,2009年。

47.邢悦编:《国际关系学入门》(第二版),北京大学出版社。

48.徐大同主编:《西方政治思想史》,天津教育出版社,2010年。

参考文献

49.阎学通等:《国际安全理论经典导读》,北京大学出版社,2009 年。

50.阎学通、何颖:《国际关系分析》(第三版),北京大学出版社,2017 年。

51.阎学通、孙学峰:《国际关系研究实用方法》,人民出版社,2001 年。

52.阎学通:《中国国家利益分析》,天津人民出版社,1997 年。

53.燕继荣:《现代政治分析原理》,高等教育出版社,2004 年。

54.杨光斌:《政治学导论》,中国人民大学出版社,2007 年。

55.叶自成等:《中华民族复兴的历史根源:华夏主义——华夏体系 500 年的大智慧》,人民出版社,2013 年。

56.袁方主编:《社会研究方法教程》,北京大学出版社,2000 年。

57.袁明主编:《国际关系史》,北京大学出版社,2005 年。

58.昝涛:《现代国家与民族建构——20 世纪前期土耳其民族主义研究》,生活·读书·新知三联书店,2011 年。

59.张海滨:《气候变化与中国国家安全》,时事出版社,2010 年。

60.张昆:《大众媒介的政治社会化功能》,武汉大学出版社,2003 年。

61.赵汀阳:《天下体系:世界制度哲学导论》,江苏教育出版社,2005 年。

62.《政治学概论》编写组编:《政治学概论》,高等教育出版社、人民出版社,2017 年。

63.中共中央党史研究室:《中国共产党的九十年——新民主主义革命时期》,中共党史出版社,2018 年。

64.中国大百科全书编辑委员会编:《中国大百科全书·政治学》,中国大百科全书出版社,1992 年。

65.中国青年出版社编:《青年工作手册》,中国青年出版社,1982 年。

66.中国社会科学院语言研究所词典编辑室编:《现代汉语词典》,商务印书馆,2010 年。

67.周淑珍:《政党和政治制度比较研究》,人民出版社,2007 年。

68.周晓红:《现代社会心理学》,上海人民出版社,1997 年。

69.朱有瓛主编:《中国近代学制史料》(第二辑·上册),华东师范大学出版社,1987 年。

70.邹学荣主编:《青年学概论》,高等教育出版社,1992 年。

三、外文译著

1.[美]阿尔蒙德、小鲍威尔主编:《当代比较政治学:世界展望》,商务印书馆,1993年。

2.[英]阿兰·瑞安:《论政治》(上卷),林华译,中信出版社,2016年。

3.[美]埃里克·施密特、汤姆·尚卡尔:《反恐秘密战:美国如何打击"基地"组织》,洪漫译,新华出版社,2015年。

4.[美]艾伦·C.艾萨克:《政治学:范围与方法》,郑永年等译,浙江人民出版社,1987年。

5.[美] 安东尼·M. 奥勒姆:《政治社会学导论——对政治实体的社会剖析》,董云虎译,浙江人民出版社,1998年。

6.[美]安东尼·奥罗姆:《政治社会学》,张华青、孙嘉明译,上海人民出版社,1989年。

7.[法]安德烈·莫罗阿:《人生五大问题》,傅雷译,上海三联书店,2008年。

8.[英]安德鲁·海伍德:《政治学》(第二版),张立鹏译,中国人民大学出版社,2006年。

9.[英]巴里·尼古拉斯:《罗马法概论》,黄风译,法律出版社,2004年。

10.[古希腊]柏拉图:《理想国》,郭斌和、张竹明译,商务印书馆,2017年。

11.[美]保罗·肯尼迪:《大国的兴衰》,陈景彪译,国际文化出版公司,2005年。

12.[美]E.G.波林:《实验心理学史》,高觉敷译,商务印书馆,1982年。

13.[美]戴维·波普诺:《社会学》(第一版),李强等译,中国人民大学出版社,1999年。

14.[英]戴维·米勒、韦农·波格丹诺编:《布莱克维尔政治学百科全书》,邓正来等编译,中国政法大学出版社,1992年。

15.[不丹]多杰·旺姆·旺楚克:《秘境不丹》,熊蕾译,九州出版社,2012年。

16.[德]盖奥尔格·西美尔:《社会学:关于社会化形式的研究》,林荣远译,华夏出版社,2002年。

17.[美]格林斯坦、波尔斯比编:《政治学手册精选》(下卷),储复耘译,商务印书馆,1996 年。

18.[美]汉斯·摩根索:[美]肯尼思·汤普森、戴维·克林顿修订:《国家间政治——权力斗争与和平》,徐昕、郝望、李保平译,王缉思校,北京大学出版社,2005 年。

19.[美]吉登斯:《超越左与右:激进政治的未来》,李惠斌、杨雪冬译,社会科学文献出版社,2000 年。

20.[美]加布里埃尔·A.阿尔蒙德、西德尼·维伯:《公民文化——五个国家的政治态度和民主制》,徐湘林等译,东方出版社,2012 年。

21.[美]加布里埃尔·A.阿尔蒙德、小 G.宾厄姆·鲍威尔等:《比较政治学:体系、过程和政策》,曹沛霖等译,东方出版社,2007 年。

22.[美]肯尼思·沃尔兹:《国际政治理论》,信强译,苏长和校,世纪出版集团、上海人民出版社,2014 年。

23.[英]马丁·雅克:《当中国统治世界:中国的崛起和西方世界的衰落》,张莉、刘曲译,中信出版社,2010 年。

24.[美]马斯洛:《动机与人格》,许金声等译,华夏出版社,1987 年。

25.[美]迈克尔·罗斯金等:《政治科学》(第九版),林震等译,中国人民大学出版社,2009 年。

26.[美]莫顿·A.卡普兰:《国际政治的系统和过程》,薄智跃译,中国人民公安大学出版社,1989 年。

27.[美]尼尔·波兹曼:《童年的消逝》,吴燕莛译,广西师范大学出版社,2004 年。

28.[意]G.萨托利:《政党与政党体制》,王明进译,商务印书馆,2006 年。

29.[美]塞缪尔·亨廷顿:《变化社会中的政治秩序》,王冠华等译,上海世纪出版集团,2008 年。

30.[美]塞缪尔·亨廷顿、琼·纳尔逊:《难以抉择》,王晓寿、吴志华、项继权译,华夏出版社,1988 年。

31.[美]塞缪尔·亨廷顿:《文明的冲突与世界秩序的重建》(修订版),周琪等译,新华出版社,2017 年。

32.[美]塞缪尔·亨廷顿:《我们是谁:美国国家特性面临的挑战》,程克雄译,新华出版社,2005 年。

33.[美]莎拉·范·吉尔德:《占领华尔街:99%对 1%的抗争》,朱潮丽译,中国商业出版社,2012 年。

37.[美]G.威廉·多姆霍夫:《谁统治美国·公司富豪的胜利》,杨晓靖译,外语教学与研究出版社,2017 年。

38.[美]威廉·H.斯通:《政治心理学》,胡杰译,黑龙江人民出版社,1997 年。

39.[澳]文森特:《政治理论的本质》,罗宇维译,天津人民出版社,2016 年。

40.[美]西摩·马丁·李普塞特:《政治人:政治的社会基础》,张绍宗译,上海人民出版社,2011 年。

41.[美]小约瑟夫·奈:《理解国际冲突:理论与历史》(第五版),张小明译,上海人民出版社,2005 年。

42.[英]休·希顿-沃森:《民族与国家——对民族起源与民族主义政治的探讨》,吴洪英、黄群译,中央民族大学出版社,2009 年。

43.[古希腊]亚里士多德:《政治学》,吴寿彭译,商务印书馆,2017 年。

44.[美]亚历山大·温特:《国际政治的社会理论》,秦亚青译,世纪出版集团、上海人民出版社,2014 年。

45.[美]詹姆斯·多尔蒂、小罗伯特·普法尔茨格拉夫:《争论中的国际关系理论》(第五版),阎学通、陈寒溪等译,世界知识出版社,2013 年。

参考文献

四、期刊文章

1.安高乐:《"阿拉伯之冬"的原因及对美国中东政策的挑战》,《印度洋经济体研究》,2014 年第 4 期。

2.陈洪兵、张小青、程旭辉:《墨西哥三大政党的青年组织》,《中国青年研究》,2013 年第 11 期。

3.陈玖福:《为中华崛起而读书》,《群文天地》,2013 年第 2 期。

4.陈周旺:《中国政治学的知识交锋及其出路》,《政治学研究》,2017 年第 5 期。

5.陈自满、疏仁华:《"识别"与"总括":试析青年概念的三位一体结构》,《沈阳大学学报(社会科学版)》,2012年第3期。

6.戴维·伊斯顿:《儿童的早期政治社会化过程——对民主参政概念的接受》,《国外政治学》,1985年第2期。

7.邓希泉:《当代青年政治参与新特征新趋势》,《人民论坛》,2012年第13期。

8.邓希泉、李捷、徐洪芳:《中国青年人口与发展统计报告(2018)》,《广东青年职业学院学报》,2018年第4期。

9.邓希泉:《青年法定年龄的国际比较研究》,《中国青年研究》,2018年第2期。

10.董伟武、程银:《"颜色革命"对大学生政治认同的负面影响及化解途径》,《当代青年研究》,2016年第6期。

11.范贤政:《"国体"与"政体"在近代中国的演变与分化》,《学术研究》,2014年第3期。

12.冯溪、刘玮:《符号互动视野下的网络亚文化现象分析》,《陕西行政学院学报》,2010年第01期。

13.郭洪纪:《印度文化中的独特取向与怪异现象》,《青海师范大学学报(哲学社会科学版)》,2011年第4期。

14.郭辉:《对觉悟社存在时间的再思考》,《中国纪念馆研究》,2015年第1期。

15.阚道远:《"颜色革命"的新趋势新特征及其政治影响——兼论防范重大政治安全和意识形态风险》,《思想理论教育导刊》,2019年第7期。

16.李翠亭:《"阿拉伯之春"的历史后果——兼论美国对阿拉伯世界的民主输出》,《武汉大学学报(人文科学版)》,2014年第1期。

17.李晓光、杨江华:《青年群体对气候变化的认知及其影响机制》,《中国青年研究》,2016年第8期。

18.李毅红:《青年概念的当代阐释》,《北京行政学院学报》,2007年第5期。

19.梁守德:《国际政治学在中国:再谈国际政治学理论的"中国特色"》,《国际政治研究》,1997年第1期。

20.梁守德:《试论中国国际政治学理论的中国特色》,《国际政治研究》,1994 年第 1 期。

21.梁守德:《中国国际政治学理论建设的探索》,《世界经济与政治》,2005 年第 2 期。

22.林来梵:《国体概念史:跨国移植与演变》,《中国社会科学》,2013 年第 3 期。

23.刘治海:《中亚国家的"颜色革命"应对策略》,《法制与社会》,2016 年第 6 期。

24.罗英杰:《独联体国家青年政治组织的政治行为浅析—以俄罗斯和乌克兰为例》,《中国青年政治学院学报》,2014 年第 6 期。

25.聂晓静:《互联网对青年政治参与的影响研究》,《中国青年社会科学》,2015 年第 2 期。

26.庞珣:《国际关系研究的定量方法:定义、规则与操作》,《世界经济与政治》,2014 年第 1 期。

27.彭希林:《论青年政治态度的结构、特征与转变》,《中国青年研究》,2012 年第 11 期。

28.彭希林:《论青年政治心理障碍和挫折的调控》,《思想政治教育研究》,2014 年第 05 期。

29.秦亚青:《国际关系理论中国学派生成的可能和必然》,《世界经济与政治》,2006 年第 3 期。

30.邱文利、郭辉:《觉悟社早期组织及活动研究》,《鲁迅研究月刊》,2018 年第 4 期。

31.曲延明:《"颜色革命"与 2000 年代俄罗斯青年政治组织的发展》,《北京青年研究》,2016 年第 1 期。

32.尚杜元、单其悦:《细数那些引导青年的"国家战略"》,《中国共青团》,2015 年第 10 期。

33.尚会鹏:《伦人与服国——从基本人际状态的视角解读中国国家形式》,《国际政治研究》,2008 年第 4 期。

34.石国亮:《国外政党青年工作的基本经验研究》,《中国青年研究》,2006

年第 8 期。

35.侣化强:《国体的起源、构造和选择:中西暗合与差异》,《法学研究》2016 年第 5 期。

36.宋博:《试论颜色革命冲击下转型国家青年政治组织的治理》,《俄罗斯中东欧研究》,2016 年第 1 期。

37.宋雁慧:《放弃还是被放弃:英国青年不参与投票的原因分析》,《中国青年研究》,2011 年第 7 期。

38.孙珊:《五四运动中的周恩来》,《党的文献》,2019 年第 2 期。

39.谭建光、王小玲、苏敏:《青年"勇敢群体"及其特征:以中国青年参与抗击新冠肺炎疫情为研究视角》,《中国青年研究》,2020 年第 4 期。

40.唐士其:《正义原则的功能及其在中国传统思想中的实现:一个比较研究的案例》,《政治思想史》,2017 年第 1 期。

41.王海明:《政党制度新探——以西方政党制度为例》,《武陵学刊》,2014 年第 1 期。

42.王敏:《政治态度:涵义、成因与研究走向》,《云南行政学院学报》,2001 年第 1 期。

43.王天楠:《英格尔哈特代际价值观转变理论及其现实意义探究》,《武汉科技大学学报(社会科学版)》,2014 年第 2 期。

44.吴庆:《论青年政治参与研究的利益分析法》,《中国青年政治学院学报》,2013 年第 1 期。

45.夏春涛:《历史虚无主义思潮的产生背景、主要特征及其危害》,《史学理论研究》,2019 第 3 期。

46.向文华:《国外政治学界独大党体制研究述评》,《当代世界社会主义问题》,2010 年第 2 期。

47.阎学通:《国际关系研究中使用科学方法的意义》,《世界经济与政治》,2004 年第 1 期。

48.杨天平:《学科概念的沿演与指谓》,《大学教育科学》,2004 年第 1 期。

49.张良驯:《青年概念辨析》,《青年学报》,2018 年第 4 期。

50.张良驯:《青年学学科设置的制约因素研究》,《中国青年社会科学》,

2017 年第 3 期。

51.张萍、杨祖婵:《中国志愿服务事业的发展历程》,《当代中国史研究》,
2013 年第 2 期。

52.中国青少年研究中心、共青团中央国际联络部课题组:《联合国〈到
2000 年及其后世界青年行动纲领〉实施十周年(1995—2004)特别调查:中国
青年发展报告》,《中国青年研究》,2005 年第 11 期。

53.中央组织部党建研究所课题组:《英国骚乱的原因及启示》,《党建研
究》,2011 年第 11 期。

54.周秉德:《周恩来为中华崛起读书》,《新阅读》,2019 年第 11 期。

五、外文文献

1.Alan S. Zuckerman, Doing Politcal Science: An Introduction to Political
Analysis, *Boulder*. San Francisco. Oxford: Westview Press, 1991.

2.Bibby and Maisel, *Two Parties—Or More? The American Party System*,
Westview Press, 1988.

3.Deminic Tierney, *The Right Way to Lose a War: America in an Age of
Unwinnable Conflicts*, New York: Little, Brown and Company, 2015.

4.Judith Bessant, Mixed messages: youth participation and democratic prac-
tice, *Australian Journal of Political Science*, Vol.39, No.2, 2004.

5.Muxel Anne. Les jeunes: des intentions de vote disperses? *Les electorate
sociologiques*, 2011(2).

6.Richard S. Katz and William J. Crony, *Handbook of Pary Politics*, Sage
Publications L.t.d, 2005.

7.Samantha M. Shapiro. Revolution, Facebook—Style, *The New York Times*,
January 25, 2009.

后　记

经济基础决定上层建筑。

作为一门古老的学科，政治学也会随着世界各国经济社会条件及政治形势的不断发展而日益演变。在 21 世纪的后冷战时代，随着互联网的日益普及、智能手机的大范围使用，作为现实社会重要的组成部分以及未来社会各项建设的生力军、主力军，青年民众对世界各国经济社会发展与政治发展的作用也日益凸显。在此背景下，基于专著《青年政治学：理论与实践》的前期研究，作为对政治学及青年政治学的理论体系和实践内容进行有益探索的阶段性成果，教材《青年政治学概论》主要介绍了作为政治学研究领域新的研究范式与研究视角——青年政治学的相关理论内容及典型案例。这本教材适用于研修政治学、国际政治学、新闻学、管理学、社会学、思想政治教育等不同方向尤其是关注青年民众对不同国家和地区产生相关政治影响的各类高校学生，也适用于关注政治理论、国际政治、比较政治、新闻传播、基层治理、社会工作、思想政治教育、共青团组织建设等具体范畴，特别是聚焦青年民众对不同地区政治、经济、社会诸多领域发展的重要影响存有浓厚兴趣的各类读者与研究人员。

现实中，基于学业范畴与科研需要，笔者自 2017 年 9 月主持开发建设《青年政治学》本科课程至今，已四年有余；基于《青年政治学》课程的《青年政治学：理论与实践》专著历时一年，已于 2021 年 6 月由新华出版社正式出版；基于专著和课程，自 2021 年 7 月开始，利用暑假闭关修改、完善书稿，历时半年，教材《青年政治学概论》终于付梓出版。至此，有关《青年政治学》课程的开发、建设和青年政治学学科的研究与发展也进入了一个新的探索阶段。

在本教材酝酿和写作的过程中，北京大学王浦劬教授等著的《政治学基础》、复旦大学孙关宏教授等主编的《政治学概论》、华东师范大学吴志华教授等主编的《政治学导论》、清华大学阎学通教授等著的《国际关系分析》、北京大学王逸舟教授所著《国际政治概论》、中国人民大学陈岳教授主编的《国际政治学理论》……诸多政治学及国际政治学知名教材的理论架构与内容讨论给了本教材的框架结构与理论内容以很大的启迪。

北京大学国际关系学院国际政治系长达八年的硕士博士专业化训练，以及导师李义虎教授及张植荣、孙岩、印红标、杨朝晖、节大磊等老师的谆谆教导，给了本教材的写作以强有力的学术支撑与精神激励；也正是在本教材的写作过程中，更为深入地理解了李义虎教授有关以"双重阅读"推动国际政治理论创新的提议，梁守德教授等学者曾在近三十年前提出的有关"国际政治理论中国学派"的若干思考，钱端升教授在 1980 年中国政治学会成立（重建）大会就曾提出的政治学研究应提倡"首创精神"，以及有关"加快构建中国特色哲学社会科学体系"、助力中华民族伟大复兴历史进程的重要现实意义。同时，在北京大学就读时，王缉思、贾庆国、王逸舟、潘维、李寒梅、唐士其、虎翼雄、初晓波、张海滨、王栋、祝诣博等老师和领导的博学严谨与言传身教，以及北京大学自身浓厚的青年爱国传统与严苛治学氛围，也是教材撰写过程中不可缺少的精神力量。

笔者所在的山东青年政治学院，作为全国目前唯一一所以"青年政治"命名的全日制普通本科高校，其与共和国同龄而长期积累的青年政治特质基础给了本书的写作以坚实的现实依托。在学校博士科研启动基金项目"二战后国家统一的德国模式研究"（课题编号：XXPY18077）、中央社会主义学院统一战线高端智库课题"二战后德国统一模式对海峡两岸统一的历史镜鉴"（课题编号：ZK20180212）、山东省社会科学规划重大理论与现实问题协同创新研究专项"新时代台港澳青年政治参与的实现路径、影响因素及其对策研究"（课题编号：21CCXJ20）、山东省人文社会科学课题"新时代鲁台青年儒家文化认同的主要差异及其文化融合策略研究"（课题编号：2022-YYFX-25）的研究过程中，笔者对青年政治学相关的理论与实践的政治认知与学术积累更为深刻，因此本书也是上述科研项目的阶段性成果。学校党委行政领导，包括魏艳菊书记、张书明校长、高峰副书记、陈雨海副校长、王林山副校长、李玉英副校长等，给了本书的写作与相关课程的开发建设以积极的指导与关怀；政治与公共管理学院王玉香院长、丁萍书记等对本教材的撰写与相关课

后记

程的开发建设等提供了强有力的学术指导与建议；还有孟凡兵、冯素珍、田园、陈龙溪、贾东荣、于其欣、张剑、满璐、梁艳、王正坤、卢鹏程、张恩韶、刘蕾、陈建坡、周文龙、杨克、王雪红、亓萌萌、李雪艳、王发龙、范磊等相关的领导、老师、同事，以及我的学生韩立鑫、张闯、谢忠贵、朱学友、刘杰一、赵建群、赵爽、孟夏、王一帆以及葛化博、李柠辰等同学，也为课程开发建设与本教材的写作提供了重要的支持与帮助。图书馆的杜秀馆长、常艳老师等，还为书稿所需的资料查阅等提供了有力保障。本教材写作期间，我的夫人和孩子也给了我不可或缺的理解和支持。

尤其需要指出的是，北京大学国际关系学院原院长、全国政协常委贾庆国教授，山东大学人文社会科学青岛研究院院长方雷教授，还在百忙之中为本书写了序言，使我受到了莫大的鼓舞；天津人民出版社的武建臣编辑，从本教材最初的规划、撰写，以及后续的排版、格式、审校等，认真负责并提出中肯的修改意见与建议，使本教材能够按时高质量地完成和顺利出版。

可以说，本教材是集体努力的成果。在此，对所有关心、指导和帮助过本书写作与出版的各位老师、领导、同事及学生一并表示诚挚的谢意！

"天下难事，必作于易；天下大事，必作于细。"作为政治学与青年政治学教学与科研的有益探索，也作为"加快构建中国特色哲学社会科学体系"的有益尝试，甚至在某种程度上来说是青年政治学在高校教学领域的"首创""奠基"之举，只能"摸着石头过河"；兼之笔者水平所限，因此本教材的缺点、不足之处在所难免，更需要"抛砖引玉"，尚祈有关专家、教师、学生和广大读者不吝批评指教！

作 者

2022 年 1 月 15 日

后记